La Momie et Miss Nitocris

Un fantasme de la quatrième dimension

George Chetwynd Griffith

Writat

Cette édition parue en 2024

ISBN : 9789359941745

Publié par
Writat
email : info@writat.com

Contenu

AVANT-PROPOS

Il devrait être certain qu'au-delà et autour de ce monde de longueur, de largeur et d'épaisseur, il existe un autre monde, ou état d'existence, composé de ceux-ci et d'une autre dimension dans laquelle seuls les êtres qui ont le privilège d'y entrer ou d'y habiter. peut avoir n'importe quelle conception. Maintenant, si ce postulat est accordé, il s'ensuit qu'un habitant de cet État serait libéré des conditions de temps et d'espace qui lient les êtres confinés dans les limites de l'espace tridimensionnel, ou de l'existence. Par exemple, il pourrait se rendre visible ou invisible à notre guise en entrant ou en se retirant de cet État, et en retournant dans celui des Quatre Dimensions, où nos yeux ne pourraient le suivre, même s'il se trouvait à proximité. nous dans notre sentiment de proximité. De plus, il pourrait se trouver à deux endroits ou plus à la fois et faire en sorte que deux corps occupent le même espace, ce qui nous semble inconcevable. Plus étrange encore, il pourrait être à la fois vivant et mort, puisque le passé, le présent et le futur ne feraient qu'un pour lui ; le monde sans commencement ni fin...—Tiré des "Possibilités géométriques", d'Abd'el Kasir, de Cordoue, vers. 1050 APRÈS JC

CHAPITRE I

PRÉSENTE LA MOMIE

"Oh, quelle maman tout à fait charmante ! Imaginez-vous ! - la pauvre chose - morte depuis combien d'années ? Quelque chose comme cinq mille, n'est-ce pas ? Et ne me ressemble-t-elle pas ! Je veux dire, n'est-ce pas, si nous étions tous les deux morts aussi longtemps ?

Tout en disant cela, Miss Nitocris Marmion, la fille aux cheveux dorés et aux yeux noirs d'un des mathématiciens et physiciens les plus célèbres d'Europe, se tenait debout à côté de la mallette de momie que son père avait reçue ce matin-là de Memphis.

"Regarder!" elle a continué. "Je suis presque de la même taille. Juste un peu plus grand, peut-être, mais tu vois que ses cheveux sont presque aussi clairs que les miens. Bien sûr, tu ne sais pas de quelle couleur sont ses yeux - imaginez, papa ! ils sont fermés. pendant près de cinq mille ans, peut-être un peu plus — parce que je pense qu'on comptait alors par dynasties — et pourtant, regardez les traits ! Imaginez-moi mort !

"Imaginez-vous en train de fermer la porte de l'autre côté, ma chère Niti", dit le professeur qui s'était levé de sa chaise et faisait face à sa fille et à la Momie. "Je ne veux pas vous bannir sans ménagement, mais j'ai vraiment beaucoup de travail à faire ce soir, et, comme vous le savez peut-être, titulaire d'un baccalauréat ès sciences de Londres comme vous l'êtes, je dois m'inquiéter du mieux que vous pouvez." Je peux, si je peux le faire, ce problème que Hartley m'a envoyé à propos de la quarante-septième proposition du premier livre d'Euclide.

"Oh oui," dit-elle en s'approchant de lui et en posant sa main sur son épaule alors qu'il se tenait face à la Momie ; « J'ai suffisamment de raisons de m'en souvenir. Et qu'en dit le professeur Hartley ?

"Il dit, ma chère Niti," dit le professeur d'une voix qui ressemblait à une note de crainte, "que lorsque Pythagore réfléchit à ce problème - qui, bien sûr, n'est pas du tout celui d'Euclide - il vit presque à travers l'horizon du monde dans lequel nous vivons. »

"Mais ça," l'interrompit-elle, "ce serait quelque chose comme regarder au-delà des frontières du temps et se diriger vers l'éternité, et ça... eh bien, bien sûr, c'est tout à fait impossible, même pour toi, papa, ou M. Hartley. Que veut-il dire ? "

"Il ne veut pas vraiment dire cela, ma chérie", répondit le professeur, fixant toujours la Maman immobile comme s'il s'attendait à moitié à ce que des lèvres qui n'avaient pas parlé depuis cinquante siècles répondent à la question qui se dessinait dans son esprit. "Ce que Hartley veut dire, ma chère, c'est que lorsque Pythagore réfléchit à cette proposition, il avait presque atteint la frontière qui sépare le monde à trois dimensions du monde à quatre."

" Ce qui, comme dirait notre cher vieil ami Euclide, est impossible ; parce que tu sais, papa, si cela était possible, tout le reste le serait. Viens, maintenant, Annie parle de ton whisky et de ton soda. Range tes problèmes et prends votre dernier verre, et couchez-vous à une heure qui semble respectable. Ne vous souciez pas de votre chère vieille tête à propos de la quarante-septième proposition, de la quatrième dimension et des momies et ce genre de choses, même si cette maman a l'air un peu. comme moi. Maintenant, bonne nuit, et souviens-toi que le bonnet de nuit *doit* être un bonnet de nuit, et que quand tu l'as mis, tu dois vraiment aller te coucher. Tu as beaucoup trop réfléchi cette semaine. . Bonne nuit papa."

"Bonne nuit, Niti, ma chérie. Ne te dérange pas à propos de mes pensées. Les pensées de celui-ci suffisent au cerveau. Parfois, elles sont plus que suffisantes. Bonne nuit. Dors bien et ne rêve pas, si tu peux. aide le."

"Et ne rêve pas , papa, surtout à propos de cette misérable proposition. Prends juste une autre pipe, bois ton whisky et va te coucher. Il y a quelque chose dans tes yeux qui dit que tu veux une longue nuit de repos. Bonne nuit maintenant, et dors bien."

Elle baissa la tête et l'embrassa deux fois sur sa joue grise et maigre, puis, d'un geste de la main et d'un signe de tête rieur vers la Momie, elle disparut par la porte du bureau qui se fermait pour aller rêver ses rêves, qui n'étaient pas très bons. probablement des momies et des problèmes de quatrième dimension, et a laissé son père rêver le sien.

Puis quelques vers d'un poème de "BV", qui lui étaient restés en tête toute la soirée, lui revinrent à l'esprit, et il murmura à moitié inconsciemment :

"'C'était il y a des centaines d'années, mon amour,
c'était à des milliers de kilomètres... ?'"

"Et pourquoi cela ne devrait-il pas être le cas ? Pourquoi devriez-vous, qui étiez autrefois Ma-Rimōn, prêtre d'Amen-Ra, dans la ville de Memphis, vous qui vous teniez presque sur le seuil du Sanctuaire Intime de la Connaissance : vous qui, si votre tes pas ne s'étaient pas détournés vers la voie de la tentation et n'avaient pas parcouru le chemin noir du péché, tu habites peut-être même maintenant sur les rivages de la paix éternelle au pays d'Amenti - oseras-tu *poser* une telle question ?

Le changement soudain du pronom lui semblait faire reculer indéfiniment l'Horloge du Temps.

Il se tenait près de son bureau, toujours face à la Momie, juste au moment où sa fille l'avait quitté après lui avoir dit « bonne nuit ». Il n'était pas homme à s'étonner facilement. Non seulement il était l'un des égyptologues amateurs les plus lus d'Europe, mais il était également un ancien président de la Royal Society, un membre de la Psychical Research Society et, en outre, président d'une commission récemment nommée sur la folie comparée. dont le but était de déterminer, si possible, quelle proportion de personnes hors des asiles étaient folles ou saines d'esprit selon une norme que, d'une manière ou d'une autre, personne n'avait pensé à inventer auparavant : la norme du bon sens.

La voix, étrangement semblable à celle de sa fille et de sa défunte épouse, semblait venir de nulle part et pourtant de partout, et elle avait un écho faible et lointain qui s'harmonisait à merveille avec d'autres échos qui semblaient surgir du profondeurs de sa propre âme.

Où l'avait-il entendu auparavant ? Quelque part, certainement. Il n'y avait aucune possibilité de se tromper sur des tons si irrésistiblement familiers, et d'ailleurs pourquoi lui rappelaient-ils des souvenirs si distincts de tragédies oubliées depuis longtemps, même de lui ? Pourquoi ont-ils immédiatement dessiné devant les fenêtres de son âme un long panorama de vastes villes, de palais splendides, de temples sombres et de tombeaux imposants, dans lequel il a vu tout cela et bien plus encore avec une vivacité de forme, de lumière et de couleur infiniment plus grande qu'il ne l'avait fait auparavant. avez-vous déjà pu faire pendant vos heures de rêve ou d'étude les plus inspirées ?

La voix était-elle vraiment sortie de ces lèvres longtemps silencieuses de la Momie de Nitocris, cette fille des Pharaons qui avait si terriblement vengé son amour outragé, et dont il avait donné le nom à l'unique enfant de son mariage ?

"C'est certainement très étrange", dit-il en se dirigeant vers son bureau et en prenant sa pipe. "Je connais cette voix, ou du moins il me semble la connaître, et elle ressemble beaucoup à celle de Niti et de sa mère ; mais d'où peut-elle venir ? A peine de tes lèvres, ma Royale d'Egypte, morte depuis longtemps," poursuivit-il, s'approchant de l'étui momie et scrutant à travers ses lunettes les traits rigides. Il leva la main et tapota très doucement les lèvres serrées, puis se détourna avec un sourire en se disant à voix haute : « Non, non, j'ai dû laisser ce qu'on appelle mon imagination scientifique me jouer des tours. Peut-être. Je me suis un peu trop préoccupé de ce foutu problème de la quatrième dimension, et pourtant la chose est extrêmement fascinante Si seulement la main de la Science pouvait franchir la frontière ! Si seulement nous pouvions voir le monde en longueur et en largeur ! et dans cet autre monde de tout cela et d'autre chose, combien d'énigmes seraient résolues, combien d'impossibilités deviendraient possibles, et combien de miracles que ces vieux adeptes égyptiens prétendaient si sérieusement opérer ressembleraient à de simples lieux communs. Ah ! eh bien, maintenant pour les réalités, je suppose que c'est Annie avec le whisky.

Alors qu'il se retournait, la porte s'ouvrit et il aperçut un spectacle très étrange, qui, pour un homme qui avait eu un entraînement mental moins sévère que lui, eût été rien de moins que terrifiant. Sa fille entra avec un petit plateau en argent sur lequel se trouvaient une petite carafe de whisky, un verre et un siphon d'eau gazeuse.

"Annie est partie au poste, et j'ai pensé que je ferais aussi bien d'apporter ça moi-même", dit Miss Nitocris en se dirigeant vers la table et en posant le plateau sur le coin.

À côté d'elle se tenait une autre silhouette aussi familière à ses yeux qu'à elle, habillée et fatiguée et ornée de bijoux d'une manière tout aussi familière. À l'exception de la différence vestimentaire, Nitocris, la fille de Ramsès, était la contrepartie exacte en termes de traits, de stature et de coloration de Nitocris, la fille du professeur Marmion. Dans ses mains, elle portait un pot mince au long col en faïence brillamment émaillée et un flacon d'or richement ciselé et scintillant de bijoux, et elle les posa sur la table exactement au même endroit où l'autre Nitocris avait posé son plateau. , et tandis qu'elle le faisait, il entendit de nouveau la voix qui disait :

"Le temps était, est maintenant et sera toujours pour ceux pour qui le temps a cessé d'exister - ce qui est une énigme que Ma-Rimōn peut encore apprendre maintenant, puisque son âme a été purifiée et son esprit fortifié par une dévotion sincère à travers de nombreuses vies. à la recherche de la Vraie Connaissance."

Les deux voix avaient parlé ensemble, l'une en anglais et l'autre dans l'ancienne langue de Khem, mais il avait entendu chaque syllabe séparément et avait parfaitement compris les deux paroles. Il sentit une froide étreinte de peur lui serrer le cœur alors qu'il regardait vers la mallette de la momie et, comme sa peur l'en avait prévenu, elle était vide. Puis il regarda sa fille, et tandis que leurs regards se croisèrent, elle dit sur le ton le plus banal :

"Mon cher papa, qu'as - tu ? Si des gens avancés comme nous croyaient à de telles absurdités, je serais enclin à dire que tu as vu un fantôme ; mais je suppose que c'est seulement ce casse-tête idiot de la quatrième dimension qui t'inquiète. Maintenant, regarde, il faut vraiment que tu prennes ton whisky et que tu te couches. Si tu continues à t'inquiéter du « N jusqu'au quatre », tu auras demain un de tes gros maux de tête et tu ne pourras pas finir. votre adresse pour l'Institut."

Elle tendit la main et prit la carafe. Il traversa la jarre sans aucune résistance apparente. Elle le souleva du même endroit et versa un peu de whisky habituel dans le verre qui se trouvait juste à l'endroit où se trouvait le flacon. Puis elle appuya sur la gâchette du siphon, et le sifflement familier de l'eau gazeuse ramena le professeur, comme il le pensait, à ses sens.

Mais non! Cela ne pouvait faire aucun doute. Là, sous forme matérielle, sur le coin de sa table, se trouvait une contradiction flagrante et tangible avec l'axiome universellement accepté selon lequel deux corps ne peuvent occuper le même espace et que, venus de quelque part ou de nulle part, il y avait deux objets manifestement matériels à travers lesquels son la main de sa fille, sans même qu'elle s'en rende compte, avait passé aussi facilement qu'elle eût traversé un petit nuage de vapeur. Heureusement, elle n'avait aucune idée de ce qu'il avait vu et entendu, et c'est pourquoi, pour elle, il fit un grand effort pour se contrôler et dit aussi fermement qu'il le pouvait :

" Merci, Niti, c'est très gentil de ta part. Oui, je crois que je suis un peu fatigué ce soir. Bonne nuit maintenant, et je te promets que je partirai très bientôt ; je n'aurai qu'une pipe de plus. , et je bois mon whisky, et ensuite j'irai vraiment. Bonne nuit, petite femme, nous parlerons de la Maman demain matin.

Dès que sa fille eut fermé la porte, le professeur Marmion retourna à son bureau. La carafe de whisky, le gobelet et le siphon d'eau gazeuse étaient toujours debout sur le coin de la table, occupant le même espace que le flacon émaillé de vin et le gobelet que l'autre-moi, mort depuis longtemps, de Miss Nitocris. avait posé sur le petit plateau en argent.

Il regarda autour de lui avec anxiété, avec un sentiment plus proche de la terreur physique qu'il n'en avait jamais éprouvé auparavant ; mais ses pires craintes ne se sont pas réalisées. La Reine Nitocris avait disparu et la Momie était de retour dans son écrin, aveugle, rigide et silencieuse, comme elle l'avait été depuis cinquante siècles.

Pendant plusieurs instants, il regarda les traits durs, gris et fixes de celle qui avait été Nitocris, reine de Moyenne Egypte, s'attendant à moitié, après ce qu'il avait vu ou cru voir, que l'âme reviendrait, que l'âme reviendrait. les yeux longtemps fermés s'ouvriraient à nouveau, et que les lèvres longtemps silencieuses lui parleraient. Mais non! Malgré toute la réponse qu'il a obtenue, il aurait tout aussi bien pu regarder les caractéristiques granitiques du Sphinx lui-même. Il se tourna de nouveau vers la table et murmura :

"Eh bien ! Je suppose que ce n'était qu'une hallucination, après tout. Une de ces étranges farces que nous joue parfois l'intellect surmené. Peut-être ai-je trop réfléchi ces derniers temps. Et maintenant, je pense vraiment que je ferais mieux de suivre les paroles de Niti. conseil, prends mon bonnet de nuit et va te coucher.

Mais alors qu'il tendait la main pour prendre la carafe à whisky, il s'arrêta et la retira.

"Qu'est-ce qui m'arrive ?" dit-il en mettant la main sur sa tête. « Cette carafe est à moi — elle est la même, et pourtant elle se trouve exactement au même endroit que cette autre chose — et je m'en souviens aussi. Écoutez, Franklin Marmion, mon ami, si vous n'étiez pas un peu exagéré… homme travaillé, je croirais que tu as beaucoup trop bu. Deux corps *ne peuvent pas* occuper le même espace, c'est ridicule, impossible !

En prononçant ce dernier mot, sa voix s'éleva un peu, et, semble-t-il, un écho revint d'un des coins de la pièce :

"Impossible impossible?"

Il semblait y avoir une note sarcastique d'interrogatoire après le dernier mot.

"Hein ? Qu'est-ce que c'était ?" et il regarda autour de lui le coffret de la momie. Sa Majesté, décédée depuis longtemps, y était toujours couchée, silencieuse et impassible.

"Oh, ça ne marchera pas du tout ! Hartley et la quatrième dimension soient pendus ! Il me semble que c'est ainsi que se déroule la folie si seulement on va assez loin. Je vais prendre ce dernier verre tout de suite et j'irai me coucher."

Il étendit la main, saisit la carafe à whisky et, en retirant son bras, il vit qu'il tenait plutôt dans sa main le flacon émaillé.

"Eh bien, eh bien," dit-il en le regardant à moitié en colère, "si ça doit être, ça doit être."

Il étendit sa main gauche et saisit le gobelet, inclina le flacon, et du bord incurvé tomba un mince filet de vin, qui brillait d'un pâle éclat rubis à la lumière du faisceau électrique qui pendait au-dessus de son écriture. -bureau. Il posa le flacon, et tandis qu'il portait le gobelet à ses lèvres, il entendit sa propre voix dire dans l'ancienne langue de Khem :

"Comme était, et est, et sera toujours ; toujours, mais jamais — jamais, pourtant jamais. Nitocris la Reine, au nom de Nebzec, je te salue ! De tes mains je prends le don de la Connaissance Parfaite !"

Tandis qu'il vidait le gobelet, il se tourna vers l'étui à momie. Cela aurait pu être une fantaisie, cela aurait pu être l'effet de ce vieux vin miraculeux de Cos qui, s'il l'avait réellement bu, devait avoir maintenant plus de trente siècles : cela aurait pu être le résultat de la réflexion qu'il avait menée. je le fais maintenant depuis plusieurs jours et demi-nuits ; mais il pensait certainement que la tête de la reine était soudainement dotée de vie, que les yeux s'ouvraient et que le gris de la peau parchemin s'adoucit en une délicate teinte olive avec une légère rougeur rosée qui transparaissait à travers elle. Les lèvres brunes et ratatinées semblaient se remplir, rougir et sourire. Les paupières se soulevèrent et les yeux du Nitocris d'antan le regardèrent un instant. Il secoua la tête et regarda : la Momie était là, telle qu'elle était lorsqu'il avait ouvert le coffret.

"Vraiment, c'est étrange, presque perplexe", a-t-il poursuivi. "Je me demande s'il reste encore de ce vin ?"

Il prit le flacon, versa un autre gobelet, le remplit et le but.

"Oui," continua-t-il, parlant comme sous une étrange exultation de l'esprit plutôt que des sens, "oui, c'est le vin de Cos. Je l'ai bu. Moi, Ma-Rimōn, le prêtre-étudiant du Supérieur Mystères ; moi, dont les pieds chancelèrent sur le seuil de la Place des Élus, et dont le cœur lui manqua au portail du Sanctuaire, alors même qu'Amen-Ra me faisait signe de le franchir.

" Bon Dieu, quelles absurdités je dis ! Quoi qu'il y ait dans ce vin ou d'où qu'il vienne, je pense qu'il est grand temps que je parte, non pas dans la vieille Égypte, mais dans le Pays de Nod. Il semble que... non, il cela ne m'est pas venu à l'esprit ; en fait, je commence à voir qu'après tout, Hartley pourrait très bien avoir raison sur cette quarante-septième proposition. Eh bien, je ferai ce que disent les Russes, je mettrai mes pensées au lit avec moi. puisque le matin est plus sage que le soir. Tout cela est bien mystérieux. J'espère bien qu'Annie ne trouvera pas ces choses ici le matin lorsqu'elle viendra nettoyer. Je me demande ce que le Musée me donnerait en échange si elles l'étaient. pas, comme je le pense, le tissu non substantiel d'une vision ?

Lorsqu'il entra dans sa chambre et alluma la lumière électrique, il se plaça sous le cluster et leva sa main fermée pour que la lumière tombât sur un scarabée curieusement gravé serti dans un lourd anneau d'or qui lui avait été offert le jour de son dernier anniversaire. par Lord Lester Leighton, un jeune noble riche et accompli qui avait consacré ses loisirs érudits à l'exploration et à la recherche égyptiennes. C'était lui qui avait envoyé la momie de la reine Nitocris dans la maison de Wimbledon Common au lieu de l'ajouter à sa propre collection – pas tout à fait altruiste, il faut l'avouer, car il était très amoureux de l'autre Nitocris qui était encore en vie. la chair.

"Maintenant," dit-il en touchant le scarabée, "si je ne rêvais pas, et si, par quelque moyen mystérieux, la promesse de Son Altesse devait s'accomplir réellement, je devrais pouvoir enlever cette bague sans ouvrir la main. Certainement, n'importe quel être de quatrième dimension pourrait le faire. »

Tout en parlant, il tira sur la monture du scarabée et, à sa grande surprise, la bague se détacha entière. Il n'y avait aucune cicatrice sur son doigt, ni aucune cassure dans la bague.

"Bonté divine!" s'exclama-t-il, regardant avec quelque chose comme de la peur dans les yeux, d'abord sa main, puis la bague. "Alors c'est *vrai* !" Il resta silencieux pendant une minute entière ; puis il posa la bague sur la coiffeuse et murmura : « Quel pouvoir terrible... et quelle terrible responsabilité ! Eh bien, Dieu merci, je suis un homme assez honnête !

En se déshabillant, il éprouva un curieux sentiment de réminiscence qu'il n'avait jamais ressenti auparavant. Son cerveau était non seulement parfaitement clair, mais presque anormalement actif, et pourtant le courant de ses pensées semblait être tourné vers l'arrière plutôt que vers l'avant. Les choses de sa propre vie, la vie qu'il vivait alors, semblaient dériver derrière lui. Les faits qu'il avait appris au cours de sa longue et minutieuse étude de l'histoire égyptienne lui revenaient à l'esprit, non plus comme des faits tirés de livres et de monuments, de peintures murales et de hiéroglyphes, mais comme des entités vivantes. Il semblait savoir, non par mémoire, mais par connaissance immédiate. C'était la différence entre lire l' histoire d'une bataille, par exemple, et y participer réellement. Il se mit au lit et se retourna sur le côté droit en disant :

"Eh bien, tout cela est très extraordinaire. Je me demande ce que tout cela signifie ? Dieu merci, j'ai assez sommeil, et le sommeil est le meilleur de tous les médicaments. Je ne devrais pas me demander si je devais encore rêver de Memphis cette nuit. une maman merveilleusement belle, tout à fait unique — et Nitocris aussi, Bonne nuit, Nitocris, ma royale maîtresse, ça aurait pu être !

CHAPITRE II

RETOUR AU PASSÉ

La Cité des Cent Rois, vaste et sombre, s'étendait à droite et à gauche, loin derrière lui, dans le lointain sombre et doux de la nuit éclairée par la lune. Devant s'étendait le Nil large, lisse et argenté, approchant alors de sa pleine crue et ressemblant à une route large et brillante sortant de l'ombre à travers la lumière et dans les ombres à nouveau - symbole du présent visible sortant de manière invisible. des domaines du passé, et s'évanouissant dans le domaine encore plus flou du futur inconnu. Symbole aussi, dans ses innombrables ondulations sous le vent frais du nord, des générations de l'Homme dérivant sans cesse sur le courant du Temps.

Il se tenait dans l'ombre sombre d'un immense pylône à une extrémité de la large terrasse blanche du palais de Pepi à Memphis – lui, Ma-Rimōn, prêtre d'Amen-Ra et initié des mystères supérieurs.

Nitocris se tenait à côté de lui, les mains jointes derrière elle et la tête légèrement renversée, et tandis qu'elle regardait vers la rivière, le clair de lune tombait pleinement sur la beauté blanche de son visage et dans les profondeurs sombres de ses yeux, là où il semblait se perdre dans le crépuscule qui s'étendait au plus profond d'eux, un crépuscule comme l'ombre d'une âme en peine.

Il regarda son visage et y vit une beauté et un mystère plus profonds encore que la beauté et le mystère de la nuit égyptienne telle qu'elle était en ces temps anciens - le visage d'une belle femme, une énigme des dieux que les hommes pourraient résoudre. devenir fou en cherchant à lire correctement, sans jamais en apprendre le vrai sens.

Le silence entre eux avait été long et pourtant si solennel dans son sens muet qu'il n'avait pas osé le rompre. Puis enfin elle parla, ne remuant que ses lèvres, son corps toujours immobile et ses yeux toujours fixés sur les étoiles ou dans les profondeurs au-delà d'elles.

"Est-ce que cela peut être vrai, Ma-Rimōn ? Les dieux ont-ils en effet permis qu'une telle chose se produise ? Le Père de Tout peut-il avoir donné à son Ministre en chef l'instrument d'un crime aussi ignoble et d'une impiété aussi monstrueuse que celui-ci ?"

Et il répondit lentement et tristement :

"Oui, c'est vrai, Nitocris, c'est vrai que tu es maintenant reine du pays par la volonté du grand Ramsès ; et c'est vrai aussi que l'ombre de Nefer attend maintenant dans les couloirs d'Amenti jusqu'à ce que ses meurtriers soient envoyés. par la main d'une juste vengeance en présence des évaluateurs divins.

" Ah oui, la vengeance, " répondit-elle en se tournant vers lui avec un souffle dans la voix, " cela doit venir ; mais quelle main lancera la lance ou tirera l'arc ? Nous revendiquons une parenté avec les dieux, mais nous ne sommes pas les dieux. , et quelle main mortelle pourrait venger un crime pareil ? »

"La main d'une femme est douce et les lèvres d'une femme sont douces, mais qu'y a-t-il de plus cruel et de plus impitoyable dans le monde en tant que femme ? De même qu'il n'y a rien de plus comparable au Ciel que l'amour d'une femme, de même il n'y a rien de plus comparable à l'Enfer que la haine d'une femme. Ainsi dit l'ancienne sagesse, ô Nitocris ; et par conséquent, comme tu as aimé Nefer le prince, tu détesteras aussi Menkau-Ra et Anemen-Ha, ses meurtriers et les destructeurs de son bonheur promis. "

Elle frissonna pendant qu'il parlait, pas de froid, car le souffle de cette nuit parfaite était presque aussi doux que son toucher et aussi chaud que son propre souffle. Elle se tourna vivement et posa la main sur son épaule. Son contact était aussi léger que la chute des feuilles de roses dans les jardins de Sais, mais il tremblait sous ce contact, et son visage, qui avait été aussi pâle que le sien auparavant, rougit d'un rouge sombre lorsqu'elle le regarda dans les yeux.

" Toi... oui, toi, Ma-Rimōn, toi aussi tu m'aimes, n'est-ce pas... vraiment ? Les étoiles sont les yeux des dieux : elles te regardent. Dis-moi, est-ce que tu m'aimes ? Ton sang bat-il dans tes veines quand je te touche ? Est-ce que ton cœur bat plus vite quand tu t'approches de moi ? Est-ce que tes oreilles sont plus attentives à ma voix qu'à celle d'une autre femme, dis-moi ?

Ses mains se levèrent et saisirent les siennes alors qu'elles reposaient sur ses épaules. Il lui prit la main droite, la pressa contre son cœur et posa la main gauche sur sa joue. Puis il les laissa tomber. Il recula, baissa la tête et dit :

"La Reine est exaucée !"

"Pas la reine, mais la femme, Ma-Rimōn, et comme une femme aime qu'on lui réponde. Et maintenant la femme parlera. Nefer est morte, mais Nefer n'est-elle pas réincarnée sous une autre forme, un autre homme d'une autre constitution, mais pourtant Nefer était... et est à mes côtés maintenant ?

Elle murmura ces mots très doucement et très distinctement, et alors que les mots sortaient d'entre ses lèvres à moitié souriantes, elle fit un demi-pas en avant et leva les yeux vers son visage.

"Pas mort... Nefer... moi !" s'exclama-t-il en reculant. "Les Paraschites n'ont-ils pas fait leur travail sur son corps ? Sa momie ne repose-t-elle pas encore maintenant dans la Cité des Morts ? Comment est-ce possible ? Sûrement, Nitocris, tu rêves."

" Et toi, prêtre et sage, debout au seuil des Saints Mystères, n'as-tu pas appris la loi qui te dit comment, avec la permission des Divins Évaluateurs, les âmes des morts peuvent revenir des salles de Amenti d'exécuter leurs ordres sous d'autres formes mortelles ? Et s'ils avaient ordonné que son âme revienne ainsi ?

" Toi qui lui ressemble tellement que, de son vivant, les yeux des mortels pouvaient à peine distinguer l'un de l'autre. Ne se pourrait-il pas que les dieux, qui prévoient toutes choses, t'aient fait à la même image, peut-être dans ce but précis. ?"

"Non, l'énigme est trop profonde pour moi, comme cette autre énigme que j'ai lue dans tes yeux, ô Reine !"

"Laisse donc ton amour t'aider à le lire !" répondit-elle en s'approchant de lui et en posant à nouveau ses mains sur ses épaules. "Dis-moi maintenant, Ma-Rimōn, que ferais-tu si ton âme attendait maintenant au pays d'Aalu et que l'âme de Nefer m'écoutait avec tes oreilles et me regardait avec tes yeux ?"

"Et si tu..."

"Oui, et si moi aussi je croyais qu'il en était ainsi ?"

Il vit les lèvres douces, rouges et souriantes se rapprocher de lui et sentit le doux souffle sur sa gorge nue. Il vit les yeux profonds se fondre dans la tendresse alors que le clair de lune brillait sur eux, et dans les joues olive pâles, une légère rougeur s'accentua rapidement.

"Nefer ou Ma-Rimōn, je suis mortel", dit-il, attrapant rapidement ses poignets et l'attirant vers lui. "Je suis chair et sang. Je suis homme et tu es femme - et je t'aime ! Je t'aime ! Ah, comme tes baisers sont doux ! Maintenant, que les dieux bénissent ou maudissent, car ils ne pourront jamais t'enlever ce que tu as. donné — et pour cela je te donnerai tout. Tout ce qui a été, et est, et aurait pu être ! Prêtre et sage, Initié des Mystères, que sont-ils pour moi maintenant ! Ô Nitocris, ma reine et mon amour ! Voudrais-je vivre une année de bonheur avec toi plutôt qu'une éternité dans la paix des dieux elle-même ! »

Les paroles de blasphème retentissaient entre ses baisers, et elle les entendait sans résistance dans ses bras, lui rendant baiser pour baiser, et le regardant dans les yeux sous les cils noirs qui cachaient à moitié les siens ; et ainsi Ma-Rimōn, le jeune Initié des Saints Mystères, devint à ce moment-là un homme, et ainsi il commença à apprendre la longue leçon qui enseigne à quelles hauteurs et à quelles profondeurs une femme qui a aimé et haï peut s'élever et tomber amoureuse du pour son amour et sa haine.

"Et maintenant, ma Nefer," continua-t-elle en lui jetant à nouveau ses bras autour du cou, "maintenant, bonne nuit ! Va rêver de moi comme je rêverai de toi, et souviens-toi que, même si les mortels peuvent planifier, le ce sont les dieux qui décident. Nous pouvons essayer de peindre le tableau, mais le contour est dessiné par leurs mains et ne peut pas être modifié par les nôtres. Mais, en ce qui concerne cette question, je jure par le Voile d'Isis, par ces baisers sacrés. la nôtre, et par la couronne d'Uraeus des Trois Royaumes, que, plutôt que d'être vendue comme un bien inestimable pour honorer le triomphe de Menkau-Ra, je me donnerai, comme d'autres l'ont fait autrefois, pour être l'épouse du Père. Nil. Souviens-toi de cela, et souviens-toi aussi que, quelle que soit l'apparence extérieure des choses, je suis à toi et tu es à moi, tel qu'il était, est et sera, jusqu'à ce que la paix de toutes choses vienne.

Puis la vision du rêve passa du clair de lune au soleil, de la nuit au matin ; car c'était l'aube du jour qui devait voir, comme tous les hommes le croyaient, la magnifique cérémonie des noces de la fille de Ramsès avec Menkau-Ra, le Mohar, chef de la Maison de Guerre et le plus puissant de tous les guerriers de le Pays de Khem, maintenant que Ramsès était passé des rives noires du Nil aux rives d'Amenti, et que sa momie attendait l'appel des Dieux Hauts qui devraient la rappeler à la vie dans la plénitude des temps et à l'aube du Paix éternelle.

Jamais même le Pays de Khem n'avait connu une aube plus belle. L'Orient brillait d'argent, rougissait en améthyste et flamboyait d'or tandis que le Restaurateur de toutes choses s'élevait brillant et glorieux dans une splendeur soudaine au-dessus de la Ville au Mur Blanc. Debout sur le toit plat du temple de Ptah, il regardait autour de lui dans les premières lueurs de cette matinée qui venait de se lever, grand du destin, non seulement pour lui et sa bien-aimée, mais aussi pour le Pays de Khem, et peut-être pour le monde.

Le grand fleuve répandait ses bénédictions annuelles sur le pays. Les eaux s'élargissaient en larges nappes brillantes, et la musique lente et douce de leurs ondulations se glissait le long des grands murs d'eau des temples et des palais qui formaient le bord du fleuve de Memphis. Il y a à peine une semaine, les armées victorieuses de Khem avaient franchi la frontière orientale avec leur butin et leurs prisonniers. Il y avait eu des fruits, du pain, de la chair et du vin pour les pauvres, et des banquets de somptuosité royale pour ceux qui pouvaient revendiquer le droit d'entrer dans le cercle sacré qui entourait le trône, le temple et le camp du guerrier victorieux.

Depuis des jours, il entendait le nom de Menkau-Ra la Conquérante crié vers le ciel par les foules qui se pressaient dans les rues et sur les places du marché, et, mêlé à lui, il avait aussi entendu le nom de la jeune fille-reine dont des bras autour de son cou et dont il avait embrassé les lèvres la nuit précédente, et il savait que même maintenant les gens se demandaient pourquoi le Conquérant n'épouserait pas la fille de Ramsès et ne deviendrait pas le père d'une lignée encore plus grande et pourtant des pharaons plus puissants.

Il avait entendu leurs cris calmement et sans colère, car il savait que cette heure volée de doux rapports sexuels avec elle signifiait bien plus que ce que le Conquérant lui-même pouvait gagner – quelque chose qui ne pouvait être conquis par la force, ni même par la volonté des morts. roi. Son âme lui appartenait, et il savait bien que l'homme à qui elle n'avait pas donné son âme ne serait jamais autorisé à poser une main aimante sur son corps.

"Ah oui, le voilà, je suppose", continua-t-il, parlant toujours à voix haute, alors qu'un tintement musical aigu des trompettes d'argent éclatait en direction de la caserne au nord du palais. " Hélas ! si j'étais vraiment Nefer ! Ce meurtrier à la couronne d'or — je suis sûr qu'il l'a tué — il ne se préparerait pas maintenant à son triomphe à la tête de ses troupes victorieuses à travers les rues et les places de Memphis. Si S'il en était ainsi, comme ce jour serait heureux pour l'Égypte et pour nous ! »

Mais, comme le voulaient les divins évaluateurs, il n'y eut pas de triomphe ce jour-là à Memphis. Le soleil s'était à peine levé au niveau du mur le plus élevé du Rameseum que des messagers furent envoyés du palais pour annoncer que la reine Nitocris avait été frappée d'une maladie soudaine et que toutes les festivités devaient être reportées au lendemain. au plus tôt.

Cette nuit-là, alors que la lune descendait bas à l'ouest vers les collines sombres du désert libyen et que l'étoile d'Isis brillait pâle comme une lampe expirante suspendue au-dessus de la ligne terrestre orientale qui s'éclaircissait, il vit sa forme étouffée, un fantôme planant. -comme envers lui alors qu'il l'attendait sur la terrasse. Elle était vêtue comme la plus méchante de ses servantes, tout comme aurait pu l'être une esclave ordinaire qui s'était enfuie pour rencontrer un amant de son espèce. Lorsqu'elle arriva à une allure de lui, il lui tendit les bras. Elle éteignit aussi le sien, et pendant un instant ils se regardèrent en silence dans les yeux, puis elle, voyant que le baiser qu'elle attendait n'arrivait pas, entrouvrit les lèvres et dit en souriant :

"Tu n'as pas à craindre de les embrasser, très chère, ils n'ont pas encore été pollués par les lèvres de Menkau-Ra, bien que toute la ville l'ait salué comme le fiancé de Nitocris."

Puis il sourit à son tour, et leurs lèvres se rencontrèrent dans un baiser si long et si silencieux que seuls les amants donnent et reçoivent.

« Tes paroles sont presque aussi douces que tes baisers, ô Nitocris ! dit-il, "car je préférerais te voir - oui, je préférerais te voir entre les mains des Paraschites - ce beau corps de tes morts - sachant que ton âme attendait la mienne sur les rives d'Amenti, que de savoir que ces douces lèvres avaient été souillées par le contact de quelqu'un comme lui ; et pourtant tu lui as sûrement parlé. N'a-t-il pas revendiqué l'accomplissement de la promesse du grand roi ?

"Ah oui," répondit-elle doucement, alors qu'elle glissait hors de ses bras, "mais c'est une chose de réclamer et une autre d'obtenir. Oui, je lui ai parlé. J'ai tout promis et je n'ai rien donné. Je n'ai pas j'ai même porté ma main à ses lèvres, car je lui ai dit en réponse à toutes les supplications de son amour - et en vérité je te dis qu'il m'aime très tendrement, car sa grande et forte silhouette tremblait comme un jonc dans le vent sous le souffle de mes paroles les plus légères – que, jusqu'à ce que les derniers vœux nous aient fait homme et femme, je serais sa reine et qu'il serait mon sujet et mon esclave, tout comme il l'était du grand Ramsès et avec cela il ; était obligé de se contenter, pensant, sans aucun doute, dans combien de temps il serait mon seigneur et maître, et moi sa – sa reine et son jouet, lié par la loi qui ne peut être enfreinte, pour se soumettre à tous ses caprices et humeurs variés. passion."

"Ton maître, Nitocris ! À toi ! Une telle honte ne pourrait jamais exister. Les Dieux Supérieurs permettraient plutôt à la Mort d'être le Maître de la Vie, ou à la Nuit d'être le Seigneur du Jour. N'y a-t-il pas d'autre moyen ?"

"Oui, il y a un autre moyen, et un seul pour me sauver, Nefer, si vraiment l'âme de mon bien-aimé regarde dans les miens de tes yeux," murmura-t-elle en s'approchant de lui et en posant légèrement ses mains sur ses épaules. "Il existe une autre voie, mais c'est la voie qui mène à travers le mystère des choses qui sont dans le mystère plus profond des choses qui doivent être - la voie de la mort et de la vengeance. Dis-moi, ma bien-aimée, as-tu le courage pour le marcher avec moi ?

Le joli visage, les lèvres suppliantes, les yeux scrutateurs étaient proches des siens. Il pouvait sentir le doux contact de son corps, même les battements de son cœur répondant aux siens. C'était le moment de l'épreuve suprême, la croisée des chemins — vers les hauteurs dont les sommets atteignent le ciel de la Connaissance Parfaite, ou vers les abîmes dont les profondeurs les plus basses sont le toit de l'enfer ; car il n'y a qu'un seul ciel et un seul enfer, et leurs noms sont Connaissance et Ignorance.

C'était là que résidaient l'accomplissement de ses vœux, le renoncement à la vie inférieure avec toutes ses puissantes sorcelleries des sens, avec tous ses délices exquis et ses prix scintillants, sa renommée et ses honneurs, son pouvoir et sa richesse, et, ce qui est le plus cher de tous, l'amour de la femme.

.

Ici, serrée dans ses bras, se tenait Nitocris, les mains toujours légèrement posées sur ses épaules, la tête posée sur sa poitrine, les yeux tournés vers le haut, les rayons des étoiles nageant dans leurs profondeurs lumineuses.

"Nefer, bien-aimée, réponds-moi !"

Les étoiles pâlissaient et le sol solide de la terrasse tremblait sous ses pieds. Il baissa la tête et posa ses lèvres sur les siennes.

"Tu es exaucé, ô Nitocris, même jusqu'à la mort et la vie au-delà !"

Ses lèvres lui rendirent ses baisers – des baisers qui étaient des malédictions – puis, pendant de nombreuses minutes, ils conversèrent à voix basse. Finalement, elle s'échappa de ses bras et le quitta, ses lèvres brûlantes à cause du contact collant des siennes, et son cœur glacé d'une peur plus grande que la peur de la mort.

Il joignit les mains à ses tempes et leva les yeux vers l'étoile d'Isis qui brillait froidement, et à travers le silence, dans un discours que les oreilles de chair n'entendent jamais, les paroles fatidiques lui parvinrent à l'âme :

"Il est donné aux mortels une seule fois de regarder Isis dans les yeux. Celui qui regarde et détourne le regard a trouvé et perdu."

CHAPITRE III

LA MORT-JUPÉE DE NITOCRIS

Le jour des noces de Nitocris la reine avec Menkau-Ra le conquérant était passé dans un éclat de splendeur dorée. Dans toutes les Terres supérieures et inférieures, aucune tête n'était tenue aussi fièrement que celle de Menkau-Ra, aucun cœur ne battait aussi fort que le sien ce jour-là, aucune joue ne s'épanouissait aussi doucement, aucun œil ne brillait aussi brillamment que les joues et le visage. yeux de Nitocris – tant le fonctionnement du cœur d'une femme est étrange, et ses mystères sont si loin d'être découverts.

Et maintenant, le festin nuptial se déroulait dans la grande salle de banquet que Pépi le Sage avait aménagée au fond des fondations de son palais, au-dessous des eaux du Nil au moment de la crue, et à minuit, les eaux étaient au maximum. C'est ici que Nitocris s'était assis au festin de fiançailles avec Nefer quelques heures seulement avant sa mort, car c'est ici qu'il avait bu dans la coupe empoisonnée qu'Anemen-Ha le Grand Prêtre avait préparée, et c'est ici seulement que Nitocris rencontrait ses invités.

La grande salle brillait de la lumière de mille lampes d'or, qui répandaient leur éclat et le parfum des huiles parfumées dans lesquelles étaient dissoutes les gommes les plus précieuses de l'Orient lointain.

Les longues tables, couvertes de linge enneigé et chargées de récipients d'or, d'argent et de verre aux multiples teintes et aux formes curieuses, brillaient et scintillaient à la lueur des mille flammes. Les vignobles de Cos et de Sais avaient donné leurs vins les plus anciens et les plus doux, rouges, violets et dorés. Les viandes les plus raffinées et les fruits les plus rares qui mûrissaient sous les soleils ardents de Khem, tout était là pour réjouir le cœur de l'homme et remplir son âme de contentement.

Au centre de la table, qui se dressait sur une estrade surélevée devant le grand piédestal noir du colosse de Pepi, la reine Nitocris était assise dans son fauteuil d'ivoire et d'or, vêtue de robes presque transparentes de la plus belle soie de Cos, brillant de pierres précieuses, et couronné du serpent Uraeus et du double diadème des Deux Terres.

À sa droite était assis Menkau-Ra, couronné et vêtu d'un vêtement royal, et à sa gauche Anemen-Ha dans ses vêtements sacerdotaux en lin neigeux. Aux autres tables étaient assis leurs amis et parents, les familles du Mohar et du Grand Prêtre, les officiers en chef de l'armée victorieuse et toute la fière hiérarchie du Temple de Ptah, car n'était-ce pas là le triomphe d'Anemen-Ha ? que de Menkau-Ra ?

Seul Ma-Rimōn était absent. Il avait disparu du temple tôt le matin, et personne n'avait pensé à son départ, car un homme vil, même s'il était de sang royal, n'avait pas sa place au festin nuptial de la reine et de son épouse choisie.

Les libations avaient été versées aux Seigneurs et aux Dames du Ciel : à Ptah le Débutant, et à Ra le Seigneur du Jour, à Sechet la Dame de l'Amour et de la Guerre, et à Necheb le Porteur de la Victoire ; et lorsque les esclaves eurent transporté les viandes jusqu'à ce que tout le monde soit rassasié, les invités furent couronnés de guirlandes et les jarres des vins les plus anciens et les plus choisis furent ouvertes. La fête était terminée et la fête allait commencer.

La dernière moitié de la dernière heure de la nuit était presque passée, et tandis que les convives attendaient le signal de la table royale, la reine se leva à sa place, et, dans le silence qui l'accueillit, sa voix sonnait doucement. pendant qu'elle parlait et disait :

"Ô mes invités, vous qui êtes les plus saints et les plus courageux du Pays de Khem, même si nos cœurs sont joyeux et nos âmes rafraîchies par le vin et la bonne chère, n'oublions pas les coutumes pieuses et les voies sages de nos ancêtres, car il convient qu'à des heures comme celles-ci, nos cœurs soient détournés de l'orgueil par le souvenir que nous vivons toujours en présence de la mort, et que ce monde n'est que le seuil de l'autre. oubliez, au milieu de mon bonheur présent, de rendre l'honneur dû à celui qui aurait pu partager cette couronne avec moi ; c'est pourquoi que les nobles morts soient amenés parmi nous, afin que l'âme de Néfer, regardant du haut des champs fleuris, d'Aalu, puisse veiller à ce qu'à l'heure de notre joie nous n'oubliions pas le chagrin de sa mort prématurée.

Puis elle frappa dans ses mains, et Menkau-Ra et Anemen-Ha se déplacèrent sur leurs sièges et se regardèrent avec des yeux mauvais alors que six esclaves apparaissaient au fond de la salle, portant sur leurs épaules le coffret momie de Nefer, le prince mort, bien-aimé de Nitocris. Maintenant, une musique basse et triste retentissait d'une source cachée, et au rythme de celle-ci, les esclaves marchaient lentement autour des tables, suivis par les yeux des invités silencieux et dégrisés. Puis ils s'arrêtèrent devant le siège de la Reine, et elle dit :

"Que l'affaire soit placée là-bas contre le pilier central, et que le visage du prince soit découvert, afin que je puisse regarder celui qui devait être mon seigneur."

"Mais si je peux parler, Royale Egypte", dit Anemen-Ha, le chef de la maison de Ptah, en se penchant vers elle, "ce serait au-delà de la loi des dieux et des coutumes du pays. Regarder en face des morts étaient une souillure pour toi et pour nous.

"Mais cette fois, ce sera fait, ô prêtre du Père des Dieux," répondit Nitocris en se tournant et en le regardant dans les yeux, "car la nuit dernière, j'ai eu une vision et j'ai vu l'âme de Nefer revenir vers sa maman. , ici dans cette salle, lors de mon festin nuptial, et ses yeux se sont ouverts, et ses lèvres ont parlé et m'ont fait comprendre beaucoup de choses que j'avais très envie de savoir. Mais pourquoi devrais-tu pâlir et trembler, toi l'homme le plus saint du monde. terre ? Qu'as-tu à craindre, même si ma vision se réalisait ? Et toi aussi, Menkau-Ra le Puissant, as-tu tué tes milliers, et pourtant tu crains de regarder le visage d'un seul homme mort. et elle pointa du doigt le visage de la momie. "Par le pouvoir des dieux justes et miséricordieux, ma vision deviendra vraiment vraie ! Regarde, Anemen-Ha, prêtre du Dieu qui est le Roi des Dieux ! Regarde, Menkau-Ra, toi qui voudrais régner à la place de Nefer. Voici, il est revenu du sein d'Osiris pour te saluer !

Les yeux fixes et les oreilles aiguisées par une telle terreur que seule l'âme imprégnée de péché peut connaître, ils virent les paupières de cire de la momie se soulever lentement, les yeux sombres et vitreux regarder par-dessous eux, les lèvres sèches et noires bouger, et entendirent une voix fine et dure dit à travers l'horrible silence :

"Salut, Nitocris, ma Reine - salutation depuis les ténèbres d'Amenthès, où j'ai attendu trop longtemps ceux qui auparavant auraient dû se tenir avec moi dans les salles du Destin et en présence des évaluateurs ! Dis maintenant, toi qui es assis en train de festoyer. Entre mes meurtriers, combien de temps dois-je encore attendre toi et eux ? »

Pas longtemps, ô Nefer, ma bien-aimée, pas longtemps ! Attends encore un peu, ô âme indignée, dans la forme qui fut la tienne, et tu te verras vengé. Voilà, j'entends les ailes de Kefa, déesse du déluge, bruisser dans le silence du ciel de minuit. Elle versera elle-même une libation à ton ombre blessée ! "Non, non, mes seigneurs, et vous, bons amis de ceux qui ont tué mon véritable seigneur, restez assis tranquillement et videz une coupe d'adieu avec moi, votre reine. Il est trop tard pour fuir, car toutes les voies sont fermées. Les Dieux Supérieurs ont parlé, et j'exécuterai leurs ordres !" Puis, étendant ses bras blancs ornés de joyaux vers la momie, elle cria d'un ton plus grave et plus dur : « Ô Nefer, mon prince et mon amour ! Il n'y a aucun homme à Khem qui puisse prendre ta place à mes côtés, ou usurper le trône qui aurait dû être à toi. J'ai péché, mais je me repens du mal. Voici, maintenant je viens t'apporter un beau sacrifice pour réconforter ton cœur en colère - mon seigneur, mon amour, je viens !

Tenus par le triple sort de culpabilité, de peur et d'émerveillement, ils écoutaient ces terribles paroles en silence, l'horreur blanche posée sur leurs joues et leurs sourcils blanchis.

Alors qu'elle terminait, elle leva les bras au-dessus de sa tête, une coupe dorée pleine couronne entre ses mains scintillantes. Un instant, elle le tint en l'air, puis le jeta au sol et cria d'une voix qui résonnait comme le rire des diables à travers l'horrible silence :

"Viens, Kefa, viens et amène-moi à mon seigneur !"

La déesse répondit par un puissant élan et un rugissement d'eaux, longtemps refoulées et rapidement relâchées. Alors, au-dessus du tumulte, s'élevaient les cris rauques des hommes et les cris aigus des femmes, et le fracas et le fracas des tables renversées ; puis vint le tourbillon et le sifflement bouillonnant d'un flot qui brillait sombrement sous les lampes dorées et s'élevait rapidement vers elles, portant à sa surface des bras blancs aux mains tendues agrippées à l'air vide, et des robes vaporeuses qui cachaient à moitié des membres brillants, des visages blancs avec des visages blancs. des yeux écarquillés et des dents qui souriaient entre des lèvres serrées qui souriaient si récemment ; de forts nageurs luttant pour reprendre leur souffle un instant, et un à un entraînés vers le bas par de nombreuses mains cachées : puis le sifflement aigu des flammes rapidement éteintes, puis l'obscurité et les gémissements étouffants des sanglots dans le silence, et après cela seulement le ton sifflant des eaux. se précipitant rapidement devant des murs lisses pendant toute la nuit.

"Cher moi!" Le professeur s'entendit dire en se redressant et en se frottant les yeux : « Qu'est-ce qui peut bien avoir mon problème ? L'Égypte – la reine – le palais de Pepi – la fête nuptiale de Nitocris et de Menkau-Ra – oui, oui, bien sûr que je souvenez-vous de tout cela maintenant. Elle m'a fait incarner Nefer dans l'affaire de la momie, puis, après avoir effrayé ses invités à moitié, elle a vengé son amant en ouvrant les écluses et en noyant tout le monde, y compris A. appareil rare, celui du vieux Pepi, pour se débarrasser d'ennemis hospitaliers. Pas tout à fait conforme à nos idées modernes sur le sport, j'en ai peur, mais à cette époque, nous pensions beaucoup plus à l'efficacité qu'au sport. De quelle sorte d'absurdités est-ce que je raconte ? Je rêve, je suppose. »

Il s'arrêta lorsque le reflet d'un éclair brillant éclaira sa fenêtre et que des rafales de pluie tombèrent sur les vitres.

" Ah oui, bien sûr, c'est ça ! Tout à fait conforme à la théorie des rêves. C'est seulement la différence entre un orage et la crue du Nil. Le Génie des Rêves pourrait facilement expliquer le reste. Certes, cet appareil que nous appelons notre cerveau nous joue parfois des tours très curieux. Je suppose que celui-ci en fait partie. Et pourtant, s'il y a jamais eu un rêve qui semblait être la réalité, celui-ci est revenu à la vie. , je me demande si ce flacon était bien là, et s'il y *avait* du vin dedans ? S'il y en avait, j'en ai peut-être trop pris. Ah, voilà encore la pluie !

"Au fait, supposons maintenant que cette quatrième dimension qui a intrigué tant d'entre nous soit, après tout, la durée ? Si tel était le cas, cela résoudrait bien des problèmes, car il serait possible d'être et de ne pas être à la fois. le temps, et, par conséquent, que deux corps occupent le même espace. Cela serait parfaitement facile à supposer à l'être pour qui le temps et l'éternité ne faisaient qu'un. Oui, je crois que lorsque le grand problème sera résolu, on constatera que. la quatrième dimension *est* la durée, s'étendant dans toutes les directions comme la circonférence d'un cercle, les arêtes d'un cube et les courbes des sections coniques.

"Oui, je pense vraiment que je l'ai enfin compris, et cette foutue maman me l'a appris. Pourtant, je ne pense pas que je devrais parler avec autant de manque de respect que celui d'une jeune femme morte depuis cinquante ans. des siècles environ et est revenu. Oui, c'est ça *la* durée.

Parfaitement satisfait pour le moment de cette solution, il se retourna sur le côté droit — car, à son grand dégoût, il se retrouva allongé sur le dos, position des plus pernicieuses en matière de rêve — et s'endormit. Une demi-heure plus tard, il fut réveillé par un autre fracas de tonnerre qui fit trembler le ciel.

CHAPITRE IV

VOLEURS DANS LA NUIT

Cette fois, il était bien réveillé. En fait, sa sensation d'éveil semblait presque surhumaine. Ses facultés étaient surnaturellement alertes, et il éprouvait un sentiment de ce qu'on pourrait proprement appeler une extension mentale — ce n'était pas une exaltation — qui semblait élargir énormément sa vision mentale. Les problèmes qui l'avaient désespérément intrigué devinrent soudain aussi évidents que les premiers axiomes de la géométrie. Bref, il avait l'impression d'être devenu un homme nouveau, né ou réincarné dans un autre monde qui contenait celui dans lequel il avait vécu jusqu'ici, mais qui était infiniment plus vaste d'une manière indéfinie qui n'était pas encore connue. clair pour lui.

Il resta là quelque temps à réfléchir aux événements extraordinaires de la soirée et à son rêve, dont il se souvenait avec une précision étonnante dans les détails. Puis un brusque tournure de pensée l'amena à penser aux miracles, aux apparitions, aux fantômes et aux impossibilités mathématiques telles que la quadrature du cercle et le doublement du cube - et à sa grande surprise, il découvrit que l'impossible d'hier était devenu le possible - non, l'évidence presque absurde de ce soir.

Il continua à réfléchir et à s'interroger jusqu'à ce qu'il commence à croire à moitié qu'il rêvait à nouveau, alors il se leva et alluma la lumière électrique. Puis il se tourna involontairement vers l'armoire, qui, comme d'habitude, était ornée d'un long miroir au milieu. À sa grande surprise, il ne s'y voyait pas reflété. Le miroir semblait avoir disparu et à sa place se trouvait une fenêtre donnant sur son bureau.

Il vit la momie appuyée contre le mur, mais elle était vide. Devant se tenaient un homme et une femme. Tous deux étaient habillés simplement, presque mesquinement ; l'homme en redingote noire bien boutonnée et en pantalon gris ample ; la femme portait une robe unie en étoffe sombre et un châle qui était drapé autour de sa tête et de ses épaules d'une manière quelque peu orientale.

Il pouvait voir distinctement leurs visages de profil. Ils étaient du type copte classique qui reproduit avec tant de persistance les traits des anciens Égyptiens tels que nous les voyons se dessiner dans les peintures murales des temples et dans les sculptures et les statues à moitié mutilées. La fenêtre du cabinet était ouverte, mais la porte était fermée ; la porte de sa propre chambre aussi, mais il entendit néanmoins distinctement l'homme dire à la femme en copte, ce qui, curieusement, lui paraissait aussi familier à ses oreilles que les visages le semblaient à ses yeux :

" Neb-Anat, il est parti ! Ces ravisseurs païens ne se sont pas contentés de voler le corps de notre Reine de son lieu de repos sacré et de l'amener ici, où nous l'avons retrouvé avec tant de travail. Voyez, il a été volé. encore une fois ; caché, sans aucun doute, pour que les serviteurs du roi ne puissent pas le trouver. Il se peut que nous ayons été soupçonnés et surveillés, malgré tous nos soins. être révoqué sera le nôtre.

— Quand même, Pent-Ah, répondit la femme d'une voix douce et musicale qui convenait bien à la beauté de son visage ; "Mais bien que le trésor inestimable ait été retiré de son cercueil, il n'a pas pu être emporté hors de la maison, car vous savez que chaque approche a été étroitement surveillée depuis qu'il a été amené ici. Venez, dans cette maison, il doit être, et pour trouvez que c'est notre tâche. Tout le monde dort ; enlevez vos chaussures et cherchons.

Elle ôta ses propres chaussures pendant qu'elle parlait, et il vit l'homme faire de même. Puis, alors que l'homme ouvrait la porte et qu'ils sortaient du bureau, l'image disparut du miroir.

Étonnement devant ce qu'il avait vu et entendu : la disparition de la Momie, la présence de l'homme et de la femme, manifestement chargés de ce qu'ils croyaient être la mission sacrée de la voler à nouveau, et leur objectif évident de fouiller la maison pour la retrouver. – fit instantanément place à un rapide frisson de peur.

La chambre de sa fille se trouvait au même étage que le bureau, à seulement quelques portes au coin du palier. Ces gens fouillaient chaque pièce. Et si elle n'avait pas bien verrouillé sa porte, ou s'ils avaient un moyen de l'ouvrir ? Elle était l'image vivante de Nitocris mort. Il n'osait pas penser à ce qui pourrait lui arriver. Ces nouveaux pouvoirs étrangement accordés suffiraient-ils à la protéger ? Sinon, il n'en aurait que peu d'utilité, puisqu'elle était sa plus proche et la plus chère sur terre.

Il enfila ses bas par-dessus le pantalon de son pyjama et enfila sa veste de travail en velours, oubliant pour l'instant que, si ces choses étaient vraies, il lui serait parfaitement facile de se rendre invisible aux êtres du monde ordinaire en trois dimensions. . Puis il éteignit la lumière, ouvrit la porte très doucement et descendit l'escalier en rampant.

Oui, ce qu'il avait vu était vrai. Il entendit le doux crépitement des pieds en bas le long du palier, même s'il ne pouvait rien voir dans l'obscurité. Une porte s'ouvrit doucement. Son sens de l'emplacement lui indiqua qu'il s'agissait de la porte de la chambre d'amis située à côté du bureau. Il se dirigea silencieusement et doucement le long du mur et, ce faisant, sa main toucha l'interrupteur électrique. Doit-il allumer la lumière et alerter la maison ? Celui qui se trouvait là était « entré par effraction » après minuit et était donc hors la loi. Non, il ne ferait pas ça. Si ce qu'il avait vu était vrai, les intrus croyaient que leur mission était sacrée. Sans aucun doute, l'homme était armé, et peut-être la femme aussi, et que signifierait pour eux un coup de couteau dans une quête aussi désespérée ?

Alors que ces pensées couraient à une vitesse fulgurante dans son esprit, il vit une faible lueur à l'intérieur de la pièce. Il s'avança et regarda du côté de la porte. L'homme avait une petite lampe électrique à la main et projetait de minces rayons dans toute la pièce. Il recula vivement la tête lorsqu'il l'entendit dire :

" Il n'y a rien ici, Anat. Viens, essayons la pièce suivante. Ni la serrure, ni le verrou, ni même la vie humaine ne doivent faire obstacle à notre recherche maintenant que nous l'avons commencée ! "

Il les entendit venir vers la porte. Instinctivement, il recula, et son cœur s'arrêta en pensant à ce qui arriverait si l'homme par hasard tournait sur lui le petit rayon de sa lampe. Presque involontairement, ses pensées revinrent à la promesse de la reine Nitocris, et quelque chose comme une prière pour qu'elle soit tenue lui monta aux lèvres.

Ils sortirent et l'homme projeta le mince rayon électrique de haut en bas du passage. Elle vacilla ici et là, et finit par tomber directement sur son visage. Il était tout sauf lâche, mais il pensait à Niti — et si un coup de couteau la laissait sans défense ? Mais à sa grande surprise, même s'ils le regardaient tous les deux droit dans les yeux, l'expression d'aucun des deux visages ne changea le moins du monde. Ils ne l'avaient pas vu. La Reine avait répondu à sa prière. Il n'était plus dans le monde à trois dimensions et était donc invisible pour tous les habitants. Pour lui, il n'y avait donc évidemment aucun danger… mais Niti… ?

Ils se dirigèrent vers la porte suivante. C'était la sienne. La femme posa la main sur le bouton et le tourna. À sa grande horreur, la porte s'ouvrit. Elle avait oublié de le verrouiller. Ils se glissèrent tous les deux à l'intérieur, et il les suivit maintenant avec assez d'audace, sachant ce qu'il faisait. Le rayon sauta rapidement à travers la pièce jusqu'à tomber sur le lit avec sa couverture de soie bleu pâle, puis sur l'oreiller sur lequel reposait la tête de l'image endormie et respirante de la reine morte depuis longtemps.

Avec un halètement à moitié étouffé, l'homme recula et laissa tomber la lampe, et le professeur l'entendit dire à la femme dans un murmure frémissant :

" Par les Hauts Dieux, Neb-Anat, c'est un miracle ! Ne la voyez-vous pas ? C'est elle, la Reine, de nouveau vivante, comme l'ancienne prophétie disait qu'elle devrait l'être. Quelle magie ces païens ont-ils utilisée ? "

"Oui," répondit la femme en murmurant plus bas, "c'est vraiment la Reine, et elle est vivante et dort - passant sans aucun doute du sommeil de la mort au sommeil de la vie pour revenir à la vie. Maintenant, ô Pent-Ah, est-ce que notre tâche sera bien plus difficile, mais son accomplissement n'en sera que plus glorieux pour vous et moi, et notre Seigneur nous récompensera grandement si nous pouvons lui rendre la garde, non pas la momie ravie de Nitocris, mais la reine elle-même, chaude et respirante et belle, comme elle l'était dans les temps anciens du grand Ramsès.

"Je serai pendu si tu le fais!" se dit le professeur, pas, du moins, si l'héritage que Sa Majesté m'a laissé vaut quelque chose. Enlevez ma fille en pleine nuit, voudriez-vous, espèces de canailles ? Nous verrons cela. Si vous ne partez pas cette maison aussi effrayée que jamais dans votre vie, je ne sais rien de la quatrième dimension.

Pendant ce temps, il les entendait tous deux tâtonner par terre après la lampe. La femme l'a trouvé et a appuyé sur le bouton. Le rayon tomba sur le visage de l'homme, et il vit que l'olive de sa peau était devenue d'un gris épouvantable. Ses yeux étaient grands ouverts et sa bouche et ses narines travaillaient avec une intense excitation. Puis la femme tourna à nouveau le rayon sur le visage de Niti.

"Ils la réveilleront si cela dure encore longtemps", se dit encore le professeur. "Je ferais mieux d'arrêter cette petite comédie avant qu'elle ne devienne une tragédie. La pauvre Niti deviendrait à moitié folle si elle trouvait ces deux canailles à son chevet - et pourtant si je fais quelque chose de bizarre, ils crieraient. Ah, je crois que j'ai il!"

Il sortit doucement de la pièce, et lorsqu'il entra dans le couloir, il murmura dans la langue qui lui était devenue si étrangement familière :

"Pent-Ah, Neb-Anat, viens ici immédiatement ! Qui es-tu pour troubler le sommeil de ta Dame la Reine !"

Il les vit se regarder avec des yeux écarquillés de peur et d'émerveillement.

"C'est l'ordre du Tout-Puissant", murmura la femme en saisissant la main de l'homme et en l'entraînant vers la porte.

"Et il faut lui obéir", répondit-il en baissant la tête et en la suivant.

Ils fermèrent la porte tout doucement derrière eux.

Le professeur ne put réprimer un soupir de gratitude pour que Niti ait échappé à ce qui, au mieux, aurait été une frayeur très terrible.

"Et maintenant, mes amis", se dit-il, "je pense pouvoir vous apprendre à ne plus entrer dans la maison d'un gentleman anglais avec l'idée de voler ses biens, sans parler d'enlever sa fille."

L'homme et la femme se regardaient encore à la lumière de la lampe, chacun se tenant la main tremblante, lorsque la lampe fut soudainement arrachée à la femme et s'éteignit. Puis, à leur grande horreur, le rayon jaillit à nouveau devant eux comme si la lampe flottait d'elle-même dans les airs. Il passa de face à face, tous deux horribles de peur. Alors une main invisible saisit celle de l'homme et l'entraîna avec une force irrésistible le long du couloir. La femme attrapa son manteau et le suivit en traînant les pieds et en tremblant, muette d'émerveillement et de peur. La main les conduisit dans le couloir, au coin de la rue et dans le bureau. Puis il les a relâchés. Ils entendirent la porte se fermer et la clé tourner dans la serrure. Puis il y eut un déclic, et le groupe électrique au-dessus de la table à écrire s'éclaira, apparemment de son propre gré. La femme poussa un cri sourd et se blottit dans le coin d'un grand canapé qui se trouvait près de la baie vitrée. L'homme, après avoir jeté un coup d'œil terrifié autour de la pièce, commença à ramper vers la ceinture ouverte ; mais la main invisible le saisit par le col et le tira en arrière. Ses genoux tremblants cédèrent sous lui et il roula en tas sur le sol.

Puis, à sa grande horreur, il vit un gros bâton de prunellier qui se tenait dans un coin de la pièce, sauter dans les airs et bondir vers lui. Il posa la tête sur le tapis, se couvrit les yeux de ses mains et se mit à gémir de terreur. Le bâton tombait encore et encore avec ce qui lui semblait une force surhumaine sur son dos et ses épaules. Il gémit et gémit, et finalement hurla de douleur. Il se retourna et leva les yeux, et le bâton était suspendu dans les airs au-dessus de lui. Il leva les mains jointes comme pour prier et les baissa sur ses jointures. Il n'a pas hurlé cette fois. Ses mains se desserrèrent et tombèrent à côté de lui ; sa tête retourna et il s'évanouit de terreur.

« Voilà, mon ami, » dit à haute voix le professeur, oubliant pour le moment la présence de la femme ; "Maman ou pas maman, je ne pense pas que vous reviendrez dans cette maison. Et quant à vous, madame," poursuivit-il, "bien sûr, je ne peux pas vous cacher, alors la vue de sa punition ça devrai être suffisant pour toi. Pourtant, je pense que tu en as assez des tentatives de vol de maman pour durer un certain temps.

La femme regardait le vide d'où sortait la voix, les yeux dilatés et les lèvres tremblantes au mouvement de sa mâchoire inférieure. Elle vit une cruche d'eau se lever de la table et se vider sur le visage de son compagnon. Puis elle s'est évanouie elle aussi.

Lorsque Pent-Ah reprit ses esprits et se redressa, il aperçut un homme âgé, grand et droit comme un homme dans la fleur de l'âge, debout au-dessus de lui, le prunellier dans une main et la cruche d'eau dans l'autre.

« Je ne vais pas vous demander ce que vous faites ici, » dit-il sévèrement, « parce que je le sais déjà. Si j'appelais la police, je pourrais vous envoyer tous les deux en prison pour effraction et tentative de vol ; mais je ne le fais pas.

Je veux du bruit, et peut-être avez-vous été assez puni pour le moment. Ah, je vois que votre complice arrive. Vous êtes entré par la fenêtre, je suppose. Maintenant, sortez le plus vite possible, et faites attention. " Fermez votre bouche sur ce qui s'est passé cette nuit. Si vous ne le faites pas, " continua-t-il en se changeant soudainement en copte, " méfiez-vous de la colère de votre Seigneur, de Celui qui ne pardonne jamais ! "

L'homme se releva en gémissant :

"Je pars, Seigneur, je pars, et mes lèvres seront silencieuses comme les lèvres de——"

Il jeta un regard effrayé vers la momie, puis, saisissant brutalement la femme par le bras, il l'entraîna vers la fenêtre ouverte, en disant :

"Viens, Neb-Anat, viens avant que la colère de notre Seigneur ne nous consume !"

"Pourquoi, où est la maman, papa ?" » dit Miss Nitocris, alors qu'elle entrait dans le bureau de son père juste avant le petit déjeuner le lendemain matin, et regardait avec étonnement la caisse vide.

"Volé, ma chère, je suis désolé de le dire", répondit gravement le professeur. "Avez-vous entendu des bruits dans la maison la nuit dernière, ou dormiez-vous trop profondément ?"

" Il me semble que j'en ai eu une idée, " dit-elle, " mais seulement une vague ; je pensais que je n'en avais qu'un rêve. Mais est-ce que tu l'as fait, papa ? Raconte-moi tout ça. Quelle horrible honte de voler cette belle Maman ! Et ça me ressemblait tellement aussi, je crois que j'aurais dû l'aimer beaucoup. "

"Oui, chérie", continua le professeur, parlant, comme elle le pensait, un peu nerveusement. "Il y a eu un bruit et je l'ai entendu. Je suis descendu ici et j'ai allumé la lumière. J'ai trouvé la fenêtre ouverte et la Momie disparue - et c'est tout ce que je peux vous en dire."

CHAPITRE V

AU-DELÀ DU SEUIL

Après le petit déjeuner, le professeur Marmion, selon son habitude des beaux jours, alluma sa pipe et sortit se promener sur le Common pour réfléchir un peu, tandis que Miss Nitocris, après avoir veillé à certaines affaires domestiques, s'asseyait dans son bureau. et lire les journaux, afin qu'elle puisse lui donner un résumé de l'actualité du monde au déjeuner. Il ne lisait pas lui-même les journaux, sauf peut-être dans le train, quand il n'avait rien de mieux à faire. Il ne s'intéressait pas à la politique, d'une part, et il s'intéressait encore moins au cricket et au football professionnels, aux courses et à ce qu'on appelle généralement le sport. Il avait la ferme conviction que tous les événements qui se produisaient dans le monde et qui importaient réellement, même à l'exception des débats des sociétés savantes et des tribunaux criminels et civils, pouvaient être correctement enregistrés sur quelques feuilles de papier à lettres. En d'autres termes, il avait un mépris absolu pour tout ce qui fait vendre un journal, et c'est pourquoi sa fille a très vite appris à omettre complètement ces articles fascinants.

Curieusement, son esprit semblait être occupé à ce sujet ce matin-là. Il avait lu un jour ou deux auparavant un article dans le *Fortnightly* sur le sensationnalisme croissant, et donc la décadence générale de la presse anglaise, et cela avait été lié dans ses pensées aux événements étonnants des douze dernières heures, et il se demandait ce qui se passerait s'il faisait le récit de ses expériences dans une lettre au *Times* , soutenu par l'autorité de son propre nom distingué et irréprochable.

Ce serait certainement la communication la plus sensationnelle jamais parue dans un journal. Dans un jour ou deux, étant entendu que le *Times* n'avait aucun doute quant à sa santé mentale et qu'il publiait la lettre, toute la presse en serait en feu ; Wimbledon serait assiégé par des journalistes avides de miracles ; puis ils s'en allaient et écrivaient des articles sinistres, certains sur les miracles, s'ils les voyaient, et d'autres sur une forme absolument nouvelle de prestidigitation qu'il avait inventée. Alors la presse scientifique s'en emparerait et une très joyeuse bataille d'esprit commencerait. Il sourit gravement en pensant à l'encre qui se produirait dans un *combat à l'outrance* entre les Trois Dimensionnistes et les Quatre Dimensionnistes, et à la façon dont les scientifiques distingués de chaque côté se lanceraient les uns contre les autres leurs lourds éclairs de sagesse.

Il faudrait ensuite s'occuper des religieux, car naturellement aucun théologien, quel qu'il soit, ni qui se respecte, ne pourrait voir un combat comme celui-là se dérouler sans y prendre part. Les Églises, bien sûr, avaient le monopole des miracles, ou du moins de leurs traditions. Les scientistes chrétiens prétendaient ouvertement travailler sur eux maintenant, mais leurs sujets mouraient avec une régularité dégoûtante. Il arriva donc rapidement à la conclusion que s'il déclarait un jour dans un langage simple qu'il pourrait accomplir ce qui semble impossible ; que lui, simple mortel, puisse se rendre indépendant des conditions ordinaires du temps et de l'espace et briser impunément toutes les lois qui régissent l'univers physique, il se ferait simplement le centre d'un vortex de disputes forcenées qui ébranlerait le monde social. , religieux et scientifique jusqu'à leurs fondements, et ce ne serait certainement pas une position agréable pour un scientifique éminent et respecté, qui avait déjà dépassé l'âge mûr depuis un certain nombre d'années - sans parler du mal très réel qui pourrait être causé .

Bien sûr, il pourrait régler tous les différends instantanément et éblouir le monde entier en donnant simplement une conférence, par exemple, devant la Royal Society, sur l'existence d'un monde à quatre dimensions, puis en prouvant par une démonstration oculaire qu'il existe; mais que se passerait-il alors ? Une anarchie simplement intellectuelle.

Toutes les croyances que l'homme avait entretenues depuis des siècles seraient rejetées. Par exemple, s'il est un dogme auquel l'humanité s'est accrochée avec une cohérence unanime, c'est bien celui selon lequel deux et deux font quatre. Et s'il prouvait — comme il pourrait le faire, bien entendu, maintenant que cette main mystérieuse, tendue à travers les brumes d'un passé lointain, l'avait conduit à travers l'horizon qui sépare les deux états de l'Existence — que, dans certaines circonstances, ils en feraient aussi trois ou cinq ? Et s'il démontrait que même les axiomes d'Euclide pouvaient, dans des conditions différentes, être à la fois vrais et faux ?

Non, l'idée de renverser une autorité aussi vénérable et de plonger le monde scientifique dans un état désespéré de chaos intellectuel lui fit frissonner les nerfs. Il ne pouvait pas le faire.

Et pourtant, ce n'était que la simple et solide vérité selon laquelle il possédait ces pouvoirs. Le rêve de l'épouse mortelle de Nitocris n'était peut-être qu'un simple rêve, ou peut-être la renaissance d'un épisode d'une existence passée ; mais les autres expériences ne l'étaient certainement pas. Il avait ôté sa bague sans déplier son doigt. Oui, il pourrait recommencer maintenant ; c'était aussi simple que de l'enlever de la manière habituelle. Il n'avait certainement pas rêvé lorsque la Momie était devenue la reine Nitocris et lui avait offert le vin. Il ne pouvait pas être fou ou rêver, car sa fille était là. L'épisode des étranges voleurs entrés dans sa maison, cela aussi était réel, car ils avaient laissé derrière eux leur lampe et les chaussures de l'homme, et la Momie avait disparu !

Il sortit de sa poche un morceau de ficelle, en attacha les deux bouts, puis, avec la plus grande facilité, fit un autre nœud à la ficelle sans défaire le premier.

Une automobile bourdonnait dans sa direction sur la route et il commença à réfléchir à ce qu'était cet endroit mille ans avant que l'on entende parler des automobiles. À cet instant, le moteur disparut et il se retrouva debout dans une petite clairière entourée d'immenses arbres forestiers, sans même un passage en vue. Il se fraya un chemin à travers les arbres dans ce qu'il se souvenait être la direction de la route, et bientôt, à travers une avenue ouverte, il vit le soleil briller sur quelque chose en mouvement et entendit des voix ; puis, au bout de l'avenue, une demi-douzaine de chevaliers en armure, suivis de leurs écuyers et d'une file d'hommes d'armes gardant un chariot couvert, et après eux arrivait une petite foule hétéroclite de voyageurs, les uns à cheval et les autres à pied. , profitant visiblement de l'escorte pour les protéger des voleurs.

"Cher moi!" se dit le professeur non sans un petit frisson d'appréhension, c'est très intéressant. Il me semble m'être replongé dans le Xe siècle. Oui, c'est bien une armure du Xe siècle qu'ils portent. Je ne les laisse pas me voir, sinon on ne sait pas ce qu'ils penseraient d'un homme âgé avec un chapeau souple et une combinaison du XXe siècle. Mais peut-être, poursuivit-il son raisonnement, qu'ils ne peuvent pas me voir. tout. Ma condition est N au quatrième maintenant. Il y a mille ans entre nous ; j'avais oublié ça, en tout cas, je vais essayer.

Il marcha rapidement dans l'avenue et se tint au bord du chemin accidenté, regardant l'étrange spectacle. Personne ne lui prêta la moindre attention. Et puis un frisson de solitude terrible l'a frappé. Bien qu'il puisse voir, bouger et entendre, et sans aucun doute manger et boire dans ce monde, il était inexistant quant aux habitants de celui-ci, et pourtant il savait parfaitement qu'il se tenait au bord de la route où le moteur- la voiture devrait être, et là-bas, à quelques centaines de mètres, Niti serait assise dans sa chambre ou se promènerait dans le jardin – et elle ne serait pas née avant près de mille ans.

C'était certainement quelque peu inquiétant, ce pouvoir de vivre dans deux existences et des âges différents, mais c'était une chose à laquelle il faudrait un peu de temps pour s'y habituer.

L'instant d'après, la cavalcade et la forêt avaient disparu, et l'automobile était là, tournant juste devant lui. Il était de nouveau au Wimbledon Common du XXe siècle. Il caressa son menton rasé de près avec son doigt et son pouce et marcha lentement le long du sentier au bord de la route, puis à travers l'herbe en direction du mât de drapeau.

"Je pense que je commence à le voir maintenant", murmura-t-il. « Bien sûr, la vie, c'est-à-dire la vie réelle, intellectuelle ou, comme diraient certains, spirituelle, est après tout le coefficient de cette chose totalement inexplicable qu'on appelle la pensée, qui nous permet d'expliquer la plupart des choses sauf elle-même. L'espace et le lieu ne sont pour nous des réalités que dans la mesure où nous pouvons les voir. Un être humain né aveugle, muet, sourd et sans sensation serait toujours, je suppose, un être humain, car il serait conscient de son existence ; Il respirerait et saurait que son cœur battait, mais sans la vue ni la sensation, il ne pourrait y avoir aucune idée de l'espace – le temps, pour lui, serait une série dénuée de sens de respirations ou de battements de cœur. Sans le toucher ni la vue, il ne pourrait avoir aucune idée de forme ou de battements de cœur. la taille, qui ne sont que des conditions de l'espace, et pour elle ni le passé ni l'avenir seraient absolument inexistants. »

Il s'arrêta et fit un petit chemin en silence, discutant silencieusement avec lui-même sur l'exactitude de ces prémisses. Puis il reprit à voix haute :

"Oui, je pense que c'est à peu près juste. Et maintenant, supposons qu'un tel être devienne doté des sens naturels, un par un. Il passerait par tous les processus de l'évolution physique et mentale de l'humanité jusqu'à atteindre le plus haut niveau humain. attributs – la capacité de penser, et donc de raisonner. En d'autres termes, d'un simple organisme vivant, il serait, dans le vieux langage biblique, devenu une âme vivante. C'est évidemment ce à quoi les mots de la Genèse étaient réellement destinés. Elle deviendrait alors capable de se développer, de passer du partiellement connu au plus pleinement connu, jusqu'à ce que, dotée d'une parfaite santé physique et mentale, elle atteigne ce qu'on appelle généralement les limites de la connaissance humaine.

Le pouce et l'index du professeur remontèrent jusqu'à son menton. Il parcourut encore deux ou trois cents mètres en silence ; puis il recommença sa discussion orale avec lui-même :

"Les limites de la connaissance humaine ? Oui, cela semble très bien dans le langage ordinaire, mais y en a-t-il ? Qui a dit qu'un homme essayant d'atteindre ces limites était comme l'enfant qui a vu un arc-en-ciel pour la première fois et a commencé trouver l'endroit où il repose ? La comparaison n'est pas mauvaise, en aucun cas. De la même manière, nous essayons d'imaginer les limites du temps et de l'espace, et nous n'y parvenons pas seulement. sont possibles, et pourtant nous ne pouvons toujours pas les saisir ; ce sont les seuls états possibles dans lesquels nous pouvons exister. Et maintenant, alors que j'ai eu un aperçu du passé, je me demande à quoi ressemblerait cet endroit dans dix mille. années?

"Mon Dieu, comme il fait froid !" Il frissonna, boutonna son manteau et continua, regardant autour de lui le vaste champ de neige parsemé de monticules de glace qui gisaient mornes et sans vie autour de lui : « Ah, je suppose que soit le Gulf Stream a été détourné, soit le courant terrestre a été détourné. l'axe s'est déplacé et nous sommes dans une autre époque glaciaire.

" NOUS !"

Une fois de plus, le choc de l'isolement total le frappa, mais il sembla le frapper plus fort cette fois. Le monde dans lequel il était né se trouvait dix mille ans derrière lui. D'après ce qu'il savait, il se trouvait peut-être sur ce qui était maintenant le pôle Nord de la Terre. La civilisation, telle qu'il l'avait connue, aurait pu être rayée de la surface de la terre et les restes de l'humanité rejetés à nouveau dans la sauvagerie. Il leva les yeux vers le soleil et vit qu'il était presque exactement là où il était et que sa puissance n'avait pas sensiblement diminué.

L'idée ne lui plaisait pas du tout et, tout naturellement, ses pensées se tournèrent une fois de plus vers sa maison confortable qui se trouvait aux abords de Wimbledon Common il y a dix mille ans. Il se souvint, avec une sorte de frisson curieux, de quelques notes qu'il devait terminer ce matin-là pour sa conférence - et au même instant il retournait à travers la pelouse vers sa maison sous le chaud soleil de mai.

"Oui", se dit-il en respirant profondément le doux air printanier. " J'avais raison, c'est tout. La quatrième dimension est une forme de durée en quelque sorte corrélée à l'espace. Je devrai résoudre cela à la lumière de la connaissance plus grande que Sa Majesté disparue m'a donnée et que j'ai presque C'est pourquoi l'existence dans un état à quatre dimensions, ou le monde de N^4, comme je l'ai toujours appelé, est, grosso modo, une seule et même face. même bouclier, et une personne vivant dans ce monde peut les voir tous les deux à la fois. C'est pourquoi le passé, le présent, le futur, la longueur, la largeur, l'épaisseur, ici et là, sont pour lui la même chose. Il n'y a pas non plus un langage de quatrième dimension, afin que l'on puisse énoncer ces choses un peu plus précisément. Mais cela, bien sûr, est hors de question.

« En réalité, j'ai peine à me le faire comprendre en ce qui concerne les mots et les phrases ; pourtant, il est là ; et maintenant la question se pose : Ayant obtenu ce pouvoir, comme je l'ai certainement, de me transférer d'une existence à une autre en un simple effort de pensée, car il est très évident que ce pouvoir n'est en réalité qu'une extension ou une exaltation − confondre le langage de la troisième dimension − je ne peux pas le dire, même si je comprends ce que c'est, il ne partira pas ! en mots. Que dois-je en faire ? Ses possibilités sont, bien sûr, un peu épouvantables, c'est-à-dire que du point de vue de N^3, je n'ai pas la moindre envie d'ébranler le tissu de la société. pièces, comme je pourrais le faire, et j'ai encore moins envie de passer le reste de ma carrière scientifique dans ce que le monde croirait très facilement comme des tours de prestidigitation. J'espère que je ne vais pas être une autre des innombrables preuves de la sagesse de Salomon. quand il a dit : « Quiconque acquiert la connaissance obtient le chagrin ». Je me demande quel genre de conseil Sa Majesté d'Égypte——

"Cher moi, quelles bêtises je raconte ! Feu Sa Majesté ? Cela ne suffira pas du tout – elle a également atteint le plan supérieur, donc, bien sûr, elle ne peut pas être morte…"

Et puis, avec la force d'un puissant choc électrique, il fut frappé par la terrible réalité que, pour ceux qui avaient atteint cet avion, il n'y avait pas de mort ! C'était là une nouvelle lumière sur l'étrange problème qu'il avait été, d'une manière ou d'une autre, appelé à résoudre.

"Je me demande ce que Sa Majesté en penserait vraiment ?" murmura-t-il après quelques instants de perplexité mentale. "Cher moi, qui est-ce ?"

Il leva les yeux et, à son grand étonnement, il vit la reine Nitocris, habillée exactement comme elle l'avait été lors de cette terrible nuit de son mariage avec Menkau-Ra, marchant vers lui ; une incarnation parfaite de la beauté, mais——

"Oh mon Dieu!" dit le professeur, cela ne suffira jamais. Bon Dieu ! tout le monde à Wimbledon me connaît, et… eh bien, bien sûr, Sa Majesté est très charmante et tout ça ; C'est courant en compagnie d'une reine égyptienne – sans parler du costume – et de l'image de ma propre fille aussi !"

La silhouette s'approcha et la reine, d'une beauté éblouissante et déconcertante, lui tendit les mains, et leurs regards se croisèrent et ils se regardèrent à travers le gouffre de cinquante siècles. Poussé par une impulsion irrésistible venant d'où il ne savait d'où, il les serra dans les siens et dit, apparemment sans sa propre volonté, dans l'ancienne langue :

"Ma-Rimōn salue Nitocris, la reine ! Qu'a-t-il fait pour être à nouveau si hautement honoré ?"

A ce moment, une voiture passa sur la route tout près d'eux. Deux de ses occupants regardaient droit dans leur direction. Ils passèrent sans y prêter la moindre attention, comme ils auraient dû le faire s'ils avaient vu une figure aussi merveilleuse que celle de la reine. Et puis il se souvint que, à moins qu'elle ne le veuille, personne dans le monde de N^3 ne pourrait la voir, puisque c'était à elle, comme c'était à lui maintenant, de se rendre visible ou invisible selon qu'elle choisissait de passer à ou au-delà du plan inférieur d'existence. Ces choses devenaient rapidement plus claires à sa compréhension, même si, comme on le comprendra facilement, ce n'était pas une leçon à apprendre très facilement.

"Bienvenue, Ma-Rimōn", répondit la reine d'une voix qui le remplissait de nombreux souvenirs lointains et étranges, "mais qu'il n'y ait pas de conversation entre nous sur l'honneur, car dans cet état il n'y a ni honneur ni déshonneur, ni souverain. ni sujet, ni bon ni mauvais, puisque tout cela est absorbé dans la Connaissance Parfaite. Pourtant, c'est la volonté des Dieux Supérieurs que je t'aide et te guide dans ce nouveau monde dont tu as si récemment franchi le seuil. ma main t'a conduit du chemin de la Lumière au chemin des Ténèbres, et pour cela j'en ai payé le prix aussi bien que toi.

"Pendant de nombreux siècles, alors que le temps est compté dans cet autre monde, nous avons travaillé, parfois ensemble, parfois séparément, parfois dans l'honneur, parfois dans le déshonneur, et pourtant nous avons toujours lutté pour regagner les sommets que nous avions alors si près de conquérir. Le Haut Les dieux m'ont permis de les atteindre en premier, et c'est donc ma main qui a été tendue pour te conduire à travers la frontière.

"Maintenant, mon message pour toi est le suivant : Tu as des pouvoirs qu'aucun autre homme vivant dans cet état inférieur ne possède ; veille à ce qu'ils soient utilisés correctement. N'oublie pas que dans cet autre monde, le péché et la honte, l'oppression et la misère sont comme aussi répandus que, dans les limites du temps, ils l'ont toujours été. Faites en sorte que les forces du mal soient plus faibles et non plus fortes pour l'utilisation de ces pouvoirs que vous avez atteints.

"Nous nous rencontrerons souvent dans cet autre monde, et dans mon autre moi vivant, ta fille dans la chair et porteuse de mon nom, à chaque instant de sa vie, je la surveillerai et la garderai, car elle aussi - bien qu'elle ne le sache pas - s'approche de la lumière jamais vue par l'Œil de Chair, et, même si des choses étranges devraient lui arriver, ce sera à toi, dans cet autre état, sachant ce que tu fais dans la Vie Supérieure, de m'aider. dans cette tâche comme dans d'autres. Maintenant, adieu, Ma-Rimōn," dit-elle en tendant à nouveau les mains.

Tandis qu'il les prenait, ils fondirent sous sa main, deux yeux brillants le regardèrent un instant et s'assombrirent, et il se retrouva de nouveau seul sur Wimbledon Common.

"Je pense que je vais rentrer à la maison", dit-il en regardant sa montre, puis il se tourna et marcha lentement, la tête penchée et les mains jointes derrière le dos, jusqu'à la maison.

CHAPITRE VI

LA LOI DE LA SÉLECTION

En temps réel, pour utiliser une expression quelque peu hésitante, la promenade du professeur Marmion avait duré environ deux heures. Ses étranges expériences n'avaient évidemment occupé personne, puisqu'elles s'étaient déroulées au-delà des limites du Temps.

Pendant ce temps, Miss Nitocris avait terminé son résumé des journaux du matin, donné quelques instructions au cuisinier, puis était sortie sur la pelouse à l'arrière de la maison pour lire tranquillement et profiter de l'air doux et du soleil de ce beau matin de mai. . Elle s'allongea dans un hamac, à l'ombre d'un beau vieux cèdre, au pied de la pelouse, et se mit à lire, et bientôt elle se mit à rêver. Les nouvelles des journaux, même les plus responsables, étaient très graves. L'ombre de la guerre se levait une fois de plus à l'Est – guerre à laquelle, si elle survenait, l'Angleterre pourrait difficilement échapper, et si elle survenait, quelqu'un devrait aller se battre dans la plus périlleuse de toutes les formes de bataille, l'attaque à la torpille.

Le livre qu'elle avait emporté avec elle était un livre de vers extrêmement intelligents, écrit des années auparavant par une autre personne comme elle ; une fille belle, savante, et pourtant absolument féminine, et douée en outre de ce don si rare chez les femmes savantes, le don de l'humour. Il y a longtemps, cette jeune fille avait attrapé la fièvre en Egypte et en était morte ; mais avant de mourir, elle écrivit un livre de poèmes et de vers qui, bien que oubliés depuis longtemps – voire jamais connus – de la multitude, sont encore précieux et relus par certains, et Miss Nitocris en faisait partie. Tout à l'heure, le livre était ouvert à la cent quarante-troisième page, sur laquelle se trouve une partie d'un poème intitulé *Sélection Naturelle* .

Les yeux de Miss Nitocris se posèrent alternativement sur la page pendant quelques instants, puis se levèrent et regardèrent la pelouse vers les portes-fenêtres ouvertes. Les vers étaient ainsi :

"Mais voici un garçon sans idéal,
avec une démarche, un regard fixe et un sourire narquois;
et j'observe, scientifique bien que triste,
la loi de sélection à l'œuvre.

"De la science, il n'a aucune trace,
il ne cherche pas le comment et le Pourquoi,
Mais il chante avec la grâce d'un amateur
Et il danse bien mieux que moi.

"Et nous connaissons les mâles les plus dandifiés
Par la danse et par le chant gagner leurs femmes
- C'est une loi qui prévaut avec
Aves , *Et même dans* Homo *survit* ".

"Juste les idées de mon précieux papa !" » murmura-t-elle en secouant la tête et avec quelque chose comme un petit reniflement. "Quelle nuisance tout cela est ! Aristocratie intellectuelle, en effet ! Tout comme si chacun d'entre nous, même mon cher père, s'il *est* considéré comme l'un des hommes les plus intelligents et les plus érudits d'Europe, était autre chose que ce que Newton s'appelait lui-même... un petit enfant ramassant des cailloux et des grains de sable au bord d'un océan sans limites et sans fond, et les appelant connaissance. Je ne suis pas sûr que ce soit exact, mais c'est à peu près cela. Ce n'est pas la question. pourquoi dois-je le dire au pauvre Mark ? Oh mon Dieu ! Il devra être « M. Merrill » maintenant, je suppose. Quel dommage que j'ai envie de me rebeller et de défendre la loi de sélection à tout prix. , le voilà. Eh bien, je suppose que je dois m'en sortir d'une manière ou d'une autre.

Pendant qu'elle parlait, l'une des portes-fenêtres sous la véranda s'ouvrit et un homme portant un chapeau panama, une veste Norfolk et une culotte, sortit et leva son chapeau en sortant de la véranda.

Avec un soupir et un froncement de sourcils, elle ferma brusquement le livre, se leva et le jeta sur la chaise. Aucune incarnation plus délicate et plus désirable de l'éternel féminin n'aurait pu être imaginée que celle qu'elle présentait tandis qu'elle traversait lentement la pelouse pour rencontrer l'homme que la Loi de Sélection avait désigné comme son compagnon naturel, et que son père, pour des raisons actuellement à déterminer. clairement, lui avait interdit de se marier sous peine d'être exilé de ses affections pour toujours.

Le visage qu'il se tourna vers elle alors qu'elle s'approchait n'était pas exactement beau comme un artiste ou certaines femmes auraient défini le mot, mais il était fort, honnête et ouvert - juste le genre de visage, en bref, qui s'accordait avec les larges épaules de son mari. les membres athlétiques longs, de forme nette, et les cinq pieds onze de virilité jeune et saine auxquels la nature l'avait associé.

Un coup d'œil sur son visage et un autre sur lui en général auraient, malgré le costume, convaincu quiconque connaît le genre que Mark Merrill était un officier de marine. Il avait cet air calme, de force contenue, d'habitude instinctive de commandement qui, d'une manière ou d'une autre, ne distingue au même degré aucun autre combattant au monde. Son nom et son titre étaient le lieutenant-commandant Mark Gwynne Merrill, du Destroyer *Blazer* de Sa Majesté , l'un des officiers les plus calmes et pourtant les plus judicieusement imprudents du service.

Il y avait une lumière dans ses yeux bleu-gris écarquillés et un sourire sur ses lèvres fortes et bien dessinées qui étaient absolument enfantines dans leur anticipation du pur plaisir alors qu'elle s'approchait ; puis, après un coup d'œil sur son visage, le sien changea avec une soudaineté qui, pour un observateur désintéressé, eût été presque comique.

"Je suis terriblement désolée, Mark", commença-t-elle, d'un ton qui lui envoya littéralement un frisson - un véritable frisson physique - car il était très, très amoureux d'elle.

"Qu'est-ce qu'il y a, Niti ?" dit-il en regardant le visage blond et les yeux baissés qui, pour la première fois depuis qu'il avait posé l'éternelle question et qu'elle y avait répondu selon le désir de son cœur, avaient refusé de répondre aux siens. "Allons-y tout de suite. C'est bien mieux d'avoir une balle dans le cœur que de mourir de faim, vous savez. Je suppose que c'est quelque chose d'assez grave, sinon vous ne regarderiez pas l'herbe comme ça," continua-t-il. .

"Oh, c'est... c'est... c'est *vraiment* dommage, c'est ce que c'est, alors voilà !" Et pendant qu'elle disait cela, Miss Nitocris Marmion, B.Sc., frappa du pied sur le gazon et eut envie d'éclater en sanglots, tout comme une laitière aurait pu le faire.

"Ce qui signifie", dit Mark en se redressant, comme le ferait un homme sur le point d'affronter un ennemi mortel, "que le professeur a dit 'Non'. En d'autres termes, il a décidé que sa savante et charmante fille ne s'accouplerait pas, comme je suppose qu'il dirait, avec un animal d'un ordre inférieur – un simple combattant. Eh bien, Miss Marmion… »

"Oh, ne le fais pas ; *s'il te plaît,* ne le fais pas !" s'exclama-t-elle, presque pitoyablement, en se laissant tomber dans un grand fauteuil en osier près de la véranda et en mettant ses mains sur ses yeux.

Il avait terriblement peur qu'elle pleure et, comme disent les Orientaux, il sentait son cœur se transformer en eau en lui. Mais son intellect hautement qualifié lui est venu en aide. Elle ravala le sanglot et le regarda avec des yeux clairs et secs.

"Ce n'est pas tout à fait ça, Mark," continua-t-elle. "Vous savez, je ne supporterais pas quelque chose de pareil, même de la part de ce cher vieux papa. Même si je l'aime et même, comme vous le savez, je l'adore presque dans un certain sens, ce n'est pas ça. C'est cette théorie de l'hérédité de sa – cette foi scientifique – sectarisme, je l'appelle, car c'est exactement la même chose pour lui que le catholicisme l'était pour les Espagnols au XVIe siècle. En fait, je lui ai dit l'autre soir qu'il me faisait penser au grand espagnol dont les filles. ont été convaincus d'hérésie par l'Inquisition, et qui a montré son dévouement à l'Église en allumant de ses propres mains les fagots qui les brûlaient.

"Et qu'a-t-il dit à ça ?" dit le marin, non pas parce qu'il voulait savoir, mais parce qu'il y avait une pause gênante qui devait être comblée.

"Je préférerais ne pas te le dire, Mark, si cela ne te dérange pas," dit-elle lentement en le regardant très droit et fermement. "Tu sais… eh bien, je n'ai pas besoin de te répéter ce que je t'ai déjà dit. Tu sais que je tiens à toi, et je le ferai toujours, mais je ne peux pas – je n'ose pas – désobéir à mon père. Je dois tout ce que je dois. Il a toujours été pour lui un père, une mère, un professeur, un ami, un compagnon. Nous sommes absolument seuls au monde. Si je pouvais le quitter pour quelqu'un, je le quitterais pour toi, mais je le ferai. Je ne lui désobéirai pas et ne lui briserai pas le cœur, comme je crois que je devrais le faire, même pour toi.

"Vous avez parfaitement raison, Niti, parfaitement", dit le commandant Merrill, d'un ton de conviction ferme qui lui inspira une envie presque irrésistible de se lever et de l'embrasser. " Honnêtement, tu ne peux rien faire d'autre, et je sais que le moyen le plus court de te faire me détester serait de te demander de faire autre chose. Mais quand même, " continua-t-il en enfonçant ses mains dans les poches de sa veste Norfolk. , "Je pense que j'ai en quelque sorte le droit d'avoir une sorte d'explication, et avec votre permission, je vais juste lui en demander une."

"Pour l'amour de Dieu, ne fais pas ça, Mark, ne le fais pas !" a-t-elle plaidé. "Autant aller demander à un rabbin juif pourquoi il ne laisserait pas sa fille épouser un chrétien. Sage et intelligent comme il l'est dans d'autres domaines, le pauvre papa est tout simplement un fanatique en la matière, et… eh bien, s'il condescendait à le faire, pour expliquer, j'ai peur que vous confondiez ce qu'il pense être la manière scientifique correcte de le dire, pour une insulte, et je ne pouvais pas supporter de penser que vous vous disputiez. Vous savez que vous êtes les deux seules personnes au monde. Je—je—Oh mon Dieu, que dois - je faire !"

C'est à ce moment qu'intervient la loi de la sélection naturelle. Les lois naturelles, quelles qu'elles soient, ont très peu de respect pour les raffinements de ce que les mortels se plaisent à appeler leur philosophie. Le professeur Marmion était un très grand homme – certains disaient qu'il était le plus grand scientifique de son époque – mais à ce moment-là, il n'était qu'un grain de sable parmi les roues de la puissante machine qui broyait les destinées humaines et autres.

Le commandant Merrill fit quelques pas longs et rapides vers la chaise sur laquelle Nitocris était appuyée en arrière, les mains pressées contre ses yeux. Il la souleva corporellement, comme il aurait pu soulever un enfant de sept ans, écarta ses mains protestataires et, lentement et délibérément, l'embrassa trois fois franchement sur les lèvres, comme s'il le pensait sincèrement ; et la troisième fois, ses lèvres remuèrent aussi. Puis il murmura :

"Au revoir, ma chérie, pour le moment en tout cas !"

Après quoi, il la déposa de nouveau tendrement dans le fauteuil et, avec un dernier regard, se retourna et marcha à grands pas rapides et furieux à travers la pelouse et autour de l'allée semi-circulaire, se disant quelques choses entre ses dents serrées : et je pense à bien d'autres choses encore.

A quelques mètres du portail, il se retrouva face à face avec le professeur.

"Bonjour, monsieur", dit Merrill, avec un mouvement de la main vers son chapeau.

"Oh, bonjour, M. Merrill", répondit le professeur avec un peu de raideur, car les relations entre eux étaient tendues depuis un certain temps déjà. "Je suppose que vous êtes allé à la maison. Je suis désolé que vous ne m'ayez pas trouvé à la maison, mais s'il y a quelque chose d'urgent et que vous avez une demi-heure à perdre———"

Il s'arrêta dans son discours, réduit au silence par un choc proche de la honte. Il tergiversait. Il savait parfaitement que « c'était » la mission la plus urgente qu'un homme pouvait faire, après son devoir envers son pays, qui avait amené le jeune marin chez lui. Il y a vingt-quatre heures, il n'aurait pas remarqué une pareille bagatelle : mais ce n'était plus une bagatelle maintenant ; car, pour sa vision plus claire, c'était un péché, une évasion des lois immuables de la Vérité, tout à fait indigne du compagnon de Nitocris la Reine dans cette autre existence qu'il venait de quitter.

"Tu as vu Niti, je suppose ?" » continua-t-il avec une franchise singulière.

"Oui", a répondu Merrill. "Vous vous souviendrez que la semaine était terminée ce matin, alors j'ai appelé pour connaître mon sort, et votre fille me l'a dit. Je présume que votre décision est définitive et que, par conséquent, il n'y a plus rien à dire sur le sujet."

"Mes décisions sont généralement définitives, M. Merrill, car je n'y arrive pas sans mûre réflexion. Je suis profondément attristé, comme je vous l'ai déjà dit, mais ma décision est une déduction de ce que je considère comme une chaîne d'arguments incassable. ce avec quoi je n'ai pas besoin de vous déranger personnellement et socialement, bien sûr, il me serait impossible d'avoir la moindre objection à votre égard. En fait, en dehors de votre exécrable métier de combattant, je vous aime bien, mais sinon, comme vous le savez, Je ne peux m'empêcher de vous considérer comme la survivance d'une époque de barbarie, un retour de l'humanité, malgré tout l'honneur que ce commerce est tenu par un monde ignorant et trompé, et c'est donc pour la dernière fois ma tâche douloureuse ; pour vous dire qu'il ne peut y avoir d'union entre votre sang et le mien. En dehors de cela, bien sûr, il n'y a aucune raison pour que nous ne restions pas amis.

" Très bien, monsieur, " répondit Merrill, " j'ai entendu votre décision, et Miss Marmion m'a dit qu'elle est résolue à la respecter ; je serais quelque chose de moins qu'un homme si j'essayais de modifier sa résolution. Nous avons reçu l'ordre. en service extérieur cette semaine, et donc pour le moment, au revoir.

Il souleva son chapeau, se détourna et marcha sur la route, les dents serrées et les yeux fixés droit devant lui, et une nuance de gris sous le bronzage de sa peau.

Le Professeur le suivit quelques instants et se présenta au portail en disant :

"C'est vraiment dommage à certains égards, à bien des égards, en fait. C'est un brave jeune homme et un parfait gentleman, et j'ai bien peur qu'ils s'aiment beaucoup, mais bien sûr, laisser Niti l'épouser serait la meilleure solution." négation de la croyance et de l'enseignement de plus d'une demi-vie. J'espère que la pauvre fille ne le prendra pas trop à cœur. J'ai peur qu'il semble plutôt durement touché, le pauvre gars, mais bien sûr, cela ne sert à rien. Imaginez-moi simplement le beau-père d'un combattant et le grand-père de ce qui pourrait être une couvée de combattants. Non, non, c'est tout à fait hors de question.

CHAPITRE VII

SURTOUT DES POSSIBILITÉS

Le professeur entra dans le jardin, se sentant un peu mal à l'aise. Non seulement il aimait beaucoup sa fille, mais il avait également un respect très profond et bien justifié pour son intelligence et ses connaissances scientifiques. Son amour malheureux pour un homme qu'il croyait honnêtement être un compagnon totalement inadapté à elle était la seule ombre qui ait jamais flotté entre eux depuis qu'elle était devenue, non seulement sa fille, mais aussi son amie et compagne, et la partageuse enthousiaste de son amour. Poursuites intellectuelles. Bien entendu, toute scène ressemblant à une scène était totalement hors de question ; mais il y a un silence plus éloquent que les mots, et c'était de cela qu'il avait le plus peur.

Il la trouva marchant de long en large sur la pelouse, les mains derrière le dos. Elle était un peu plus pâle que d'habitude et il y avait une ombre dans ses yeux. Elle s'approcha de lui et lui dit tout bas :

"M. Merrill est venu ici, papa, pour lui dire au revoir. Je le lui ai dit, et c'est ce que nous avons dit."

Ces mots simples étaient prononcés avec une dignité à la fois calme et tendre qui le rendait plus fier que jamais de sa fille et d'autant plus désolé pour elle.

"Je l'ai rencontré juste devant la porte, Niti," répondit-il en la regardant à travers un peu de brume dans les yeux, "Il a parlé de manière très honorable et comme le gentleman qu'il est. J'espère que vous me croirez——"

"Je te crois en tout, papa," dit-elle rapidement ; " et puisque l'affaire est terminée, cela ne nous ferait que du mal à tous deux d'en parler davantage. Maintenant, j'ai des nouvelles, " continua-t-elle d'un ton dont le changement était bien assumé.

"Ah ! et qu'est-ce que c'est, Niti ?" » demanda-t-il en la regardant avec un sourire de soulagement.

"C'est quelque chose dont j'espère que vous pourrez tirer un peu de votre plaisir solennel. L'un des articles parus aujourd'hui dans "Social Intelligence" indique que votre vieil ami, le professeur Hoskins van Huysman, et sa femme et sa fille ont viendra à Londres et y restera dix jours avant de « se rendre » à Paris et dans le sud de la France, et ainsi, bien sûr, ils seront ici pour votre conférence, et naturellement il ne résistera pas à la tentation de faire partie de votre auditoire. "

"Van Huysman !" s'exclama le professeur. " Ce charlatan yankee, confondez-le ! Je ne devrais pas me demander s'il a eu l'impudence de prendre part ensuite à la discussion. "

"Alors," rit Nitocris, "tu dois prendre soin d'avoir toutes tes armes lourdes prêtes à l'action. Mais, bien sûr, papa, tu ne laisseras pas ton... eh bien, tes sentiments scientifiques se mêler aux questions sociales, n'est-ce pas ? ? Parce que, tu sais, j'aime beaucoup Brenda ; c'est la fille la plus jolie et la plus intelligente que je connaisse, elle peut presque tout faire, et pourtant elle n'est pas affectée... "

"Comme quelqu'un d'autre que nous connaissons", interrompit le professeur avec un autre sourire.

"Et puis, vous savez, Mme van Huysman," continua Nitocris avec un petit rougissement, "est une chose si chère, si innocente, si bon enfant, si bonne et si délicieusement américaine. Bien sûr, vous pouvez vous battre avec le professeur. autant que vous le souhaitez, sous forme imprimée et dans les amphithéâtres – je sais que vous l'aimez tous les deux – mais vous serez toujours amis socialement, n'est-ce pas ? »

" Ce qui, bien sûr, signifie des garden-parties, des promenades sur la rivière et d'autres frivolités similaires que les jeunes filles érudites aiment tant. Ne vous inquiétez pas de cela, Niti. Je ne laisserai pas mon zèle pour la vérité scientifique interférer avec vos plaisirs sociaux. , vous pouvez en être bien sûr. La science, comme vous le savez, n'a rien à voir avec ce que nous appelons la société, sauf comme l'un des phénomènes les plus curieux de la sociologie. Allez en ville quand vous voudrez et présentez-leur mes respectueux compliments. invitez-les à dîner, ou ce que vous voudrez. Et maintenant, je dois me mettre au travail : il ne me reste que trois jours et mes notes ne sont pas du tout complètes.

" Très bien, papa, je crois que je vais leur téléphoner... ils font escale au Savoy... des gens extravagants !... pour leur dire que je vais courir cet après-midi prendre le thé. Oh ! et, à propos, " dit-elle. ajouta en se tournant vers la maison, il y a autre chose. Lord Leighton a été rappelé soudainement à la maison pour quelques affaires, et il sera ici après-demain.

"Oh ! en effet", dit le professeur en s'arrêtant. "Eh bien, je serai ravi de le voir... mais je ne sais pas ce que j'aurai à lui dire de cette Maman."

Nitocris se tourna vers sa chaise avec un léger sourire aux lèvres. Avec une intuition rapide de femme, elle avait vu une lueur d'espoir dans la conjonction de ces deux annonces. Bien que la fortune personnelle du professeur van Huysman ne soit pas aussi grande que ses connaissances ou sa renommée, Brenda serait très riche, car sa mère était la seule sœur d'un veuf dont le seul intérêt et occupation dans la vie était d'accumuler des dollars. Il avait de l'argent dans tout, du porc et du bois aux conserves, en passant par les inventions scientifiques de son propre père, et Brenda était l'étoile brillante de son affection.

D'un autre côté, Lord Leighton, fils et héritier du comte invalide de Kyneston, était un jeune noble assez aisé, de belle apparence, un érudit et un bon sportif, qui avait brillamment réussi à Cambridge, puis se consacra à l'exploration égyptienne avec une ardeur de toute son âme qui avait rapidement conquis le cœur du professeur Marmion, et consentait volontiers à ce qu'il « tente sa chance » avec sa fille par-dessus le marché. Cela n'avait pas peu à voir avec l'état malheureux actuel de ses propres amours.

Elle avait déjà refusé Lord Leighton, le laissant tomber, bien sûr, aussi gentiment que possible, mais néanmoins ferme et sans compromis. Qui pourrait mieux le consoler que cette belle et brillante Américaine, et quoi de mieux pour sa jolie tête qu'une couronne anglaise qui brillait des traditions intactes de cinq cents ans ?

C'est pourquoi, sur-le-champ, Miss Nitocris Marmion, titulaire d'une licence en sciences, d'une licence en littérature et en art et médaillée d'or en mathématiques supérieures à l'Université de Londres, a décidé de faire sa première expérience de jumelage.

Lorsque le professeur entra dans son bureau et ferma la porte, il y avait une curieuse expression souriante sur ses traits raffinés et intellectuels. Au lieu de s'asseoir à son bureau, il alluma une pipe et commença à parcourir la pièce, communiant avec sa propre âme par phrases isolées, comme il avait l'habitude de le faire lorsqu'il essayait de prendre une décision difficile.

Pour apprécier ses délibérations et leurs résultats, il faut dire que le professeur Hoskins van Huysman était l'un des physiciens les plus éminents d'Amérique et qu'il s'était également distingué en mathématiques appliquées. En outre, il fut l'inventeur de nombreux dispositifs merveilleux pour la démonstration et la mesure des forces physiques les plus obscures. Son poste officiel était celui de maître de conférences et démonstrateur en sciences physiques à l'Université Harvard.

Lui et le professeur Marmion étaient depuis des années des adversaires mortels dans le domaine controversé. Ce dernier avait un jour détecté une erreur dans une monographie très savante qu'il avait publiée dans le *Scientific American* sur la « Co-Relation des forces éthériques dans les phénomènes de lumière et de chaleur », et bien sûr il ne lui avait jamais pardonné. Depuis ce jour, un duel d'esprit acharné s'était poursuivi entre eux. Chaque essai, monographie ou livre que l'un publiait, l'autre critiquait avec une sévérité froide mais impitoyable, pour le plus grand plaisir du monde scientifique, sinon pour clarifier son atmosphère.

Socialement, ils étaient des connaissances cordiales, voire des amis. Ce qu'ils pensaient réellement l'un de l'autre n'était connu que d'eux-mêmes et de leur entourage familial immédiat.

Naturellement, le professeur Marmion était bien conscient que son élévation au plan supérieur de N^4 lui donnait un énorme avantage sur son adversaire, car il pouvait désormais, s'il le voulait, le frapper à la hanche et à la cuisse, dans un sens strictement scientifique, et le réduire à néant. pour provoquer une confusion totale et un ridicule public, et la question dont il était venu discuter avec lui-même était la suivante : dans quelle mesure, le cas échéant, était-il justifié d'utiliser ainsi les pouvoirs extra-humains dont il avait été doté ?

Au moment où il commença à faire cela, il devint conscient d'une autre complication curieuse de son évolution récente. Sur le plan supérieur, il avait discuté de la question avec pas plus d'émotion qu'une machine à calculer ne l'aurait trahi, et il était arrivé à une conclusion absolument lumineuse et juste : mais maintenant qu'il en était venu à discuter de la même question sur le plan inférieur, il a découvert qu'il le faisait avec des limitations humaines, et donc avec des sentiments humains.

« Non, » dit-il de ce ton singulièrement bas et rêveur qui lui était habituel pendant ces monologues, « non ; après tout, je ne vois pas qu'il y aurait aucun mal à cela. pour prouver par démonstration que les lois religieuses, sociales et physiques peuvent, dans certaines circonstances changeantes, être à la fois vraies et fausses. J'ai, ou j'avais - ou quoi que ce soit - parfaitement raison de considérer que de produire délibérément de telles lois. un tel chaos serait le crime le plus colossal qu'un homme puisse commettre contre l'humanité, en ce qui concerne ce plan, mais il ne peut y avoir de mal à faire quelques expériences mathématiques.

Il fit encore quelques tours dans la pièce, tirant lentement sur sa pipe, et son esprit n'était pas totalement inoccupé par des spéculations sur ce que pourraient être les sentiments du professeur Van Huysman s'il regardait lesdites expériences. Puis il reprit :

« Au pire, je ne ferai que pousser certaines recherches plus loin et développer des théories qui ont été sérieusement discutées par les savants les plus obstinés du monde. Les philosophes grecs et alexandrins ont spéculé sur la possibilité d'un état de quatre dimensions ; et Cayley, devant cette même Société, n'a-t-il pas délibérément dit qu'au rythme actuel des progrès des mathématiques supérieures, l'œil de l'intellect pourrait bientôt voir au-delà de la frontière de l'espace tridimensionnel ?

"Je ne peux sûrement pas faire beaucoup de mal en poussant ses arguments jusqu'à leurs conclusions logiques - si je le peux. Bien sûr, des démonstrations physiques ne feraient jamais l'affaire : je devrais effrayer mon auditoire brillant et érudit en lui faisant perdre ses sept sens ; mais, en ce qui concerne de simples les mathématiques - eh bien, je peux les faire dévisager et faire travailler un bon nombre de cerveaux très respectés - parmi eux mon talentueux ami Huysman -. Bien sûr, il sera particulièrement furieux, mais il n'y a pas de mal à cela non plus. , je le ferai certainement. S'il ne comprend pas mes démonstrations, ce n'est pas mon problème.

Il alla s'asseoir à son bureau, toujours souriant, et parcourut très attentivement les notes qu'il avait déjà prises, puis la lettre du professeur Hartley et ses spéculations sur la quarante-septième proposition. Ceci fait, il se plongea dans un nouveau vortex de figures, de symboles et de diagrammes, dans lequel il resta pendant les deux heures suivantes, son esprit planant, pour ainsi dire, sur la frontière qui à la fois divise et unit les niveaux supérieurs et inférieurs. Avions. Lorsqu'il revint sur terre, l'air rêveur et abstrait disparut de son visage ; ses yeux s'illuminèrent et le sourire agréable revint.

Il ouvrit le tiroir du milieu de son bureau et en sortit la première page de la copie au net de ses notes, que Nitocris avait faite pour lui, pensant pendant ce temps combien il lui aurait été facile, dans l'état de N^4, de prendre des notes. je l'ai sorti sans ouvrir le tiroir du tout – et je l'ai regardé. Il s'intitulait :

"PROGRÈS RÉCENTS DANS LES MATHÉMATIQUES SUPÉRIEURES."

Il biffa soigneusement le titre et écrivit au-dessus :

"UN EXAMEN DE CERTAINES IMPOSSIBILITÉS MATHÉMATIQUES SUPPOSÉES."

« Voilà, murmura-t-il en remettant le drap ; "Je pense qu'un tel thème, convenablement traité, étonnera considérablement mes éminents amis en général, et mon estimé critique, Van Huysman, en particulier."

De cette remarque on déduit que Franklin Marmion avait certainement repassé la ligne de démarcation entre les deux Plans d'Existence.

CHAPITRE VIII

Mlle Brenda arrive et PHADRIG LES PROPHÉTIES ÉGYPTIENNES

"Maintenant, c'est tout simplement trop gentil de ta part, Niti, de venir si peu de temps après notre arrivée. Dans cinq minutes de plus, j'aurais dû t'écrire un mot, te demandant, toi et le professeur, de venir déjeuner avec nous demain, et là vous m'avez devancé, nous aurons donc le plaisir de vous revoir d'autant plus tôt.

Ce furent les mots avec lesquels Miss Brenda van Huysman salua Nitocris lorsqu'elle entra dans le salon de l'ensemble d'appartements qui constituait pour le moment sa maison à Londres. Je dis sa maison à bon escient, car, bien que ses père et mère l'occupaient également, elle était virtuellement, sinon nominalement, la maîtresse incontestée de ce splendide camping.

Elle était un type presque parfait de la jeune Américaine hautement développée et instruite d'aujourd'hui, un merveilleux mélange d'énergie intense et de grâce langoureuse. Elle avait fait aussi brillamment à Vassar que Nitocris l'avait fait à Girton et à Londres, et elle avait également ramé dans le huit féminin et avait été championne d'escrime du Collège. Pourtant, en ce qui concerne sa présence physique, elle n'était qu'une « Gibson Girl » du type le plus délicat – peau claire, yeux bleus, cheveux dorés – ses cheveux avaient une lueur de bronze plus foncée sous certaines lumières – d'une manière exquise. des traits moulés qui semblaient capables de toutes sortes d'expressions en quelques instants changeants, et un équilibre de tête et de port de corps que seules une santé parfaite et l'entraînement physique le plus scientifique peuvent produire. En un mot, elle était un de ces développements miraculeux de la féminité dont la nature semble avoir fait une spécialité au profit particulier de la branche cadette de la race anglo-saxonne. Quant à sa robe, eh bien, la façon la plus courte et la meilleure de la décrire est de dire qu'elle lui allait exactement.

Pendant qu'elle parlait et que leurs mains se rencontrèrent, Mme van Huysman se leva et s'avança vers eux en disant :

"Bon après-midi, Miss Marmion. Nous étions très heureux d'avoir reçu votre téléphone, et c'est bon de vous revoir. Comment va le professeur ? Trop occupé pour vous accompagner, je suppose, comme d'habitude. Nous voyons qu'il va donner une conférence avant l'heure. Royal Society le 10, et je pense que nous serons tous là pour l'écouter. Je ne devrais pas m'étonner mais il y aura des problèmes comme d'habitude entre lui et mon mari. Il semble dommage que deux hommes aussi intelligents se gâchent ainsi.

beaucoup de temps à abandonner ces choses scientifiques, qui ne semblent de toute façon pas importer un demi-cent.

"Oh, je ne sais pas", rit Nitocris alors qu'ils se serraient la main. " Vous voyez, Mme van Huysman, *ils* pensent vraiment que cela compte beaucoup et, d'ailleurs, je suis sûr qu'ils en profitent tous les deux à fond. C'est leur façon de prendre les loisirs, voyez-vous, tout comme deux hommes de fosse vont essayer de se mettre en pièces, juste pour le plaisir, après tout, ce n'est qu'une affaire de bagarres intellectuelles.

"Eh bien, certainement", dit Brenda en sonnant pour demander du thé ; "Je suis juste sûr que Papa ne s'amuse jamais aussi bien que lorsqu'il pense déchirer une des théories du professeur Marmion en petits morceaux et danser dessus, et je ne devrais pas me demander si le professeur Marmion ne ressentait pas la même chose. "

"J'ose dire que oui", dit Nitocris, se souvenant de ce qui s'était passé le matin ; " Ce n'est qu'une des mille énigmes inexpliquées de la nature humaine. Comme vous le savez, mon père déteste les combats physiques avec une haine qui est presque fanatique, et pourtant, quand il s'agit d'une bataille d'esprit, il est comme un écolier dans un match de football."

"C'est juste un autre développement de la même chose", a déclaré Brenda. " L'homme est né animal de combat, et je suppose qu'il le restera jusqu'à la fin des temps ; et avec tous nos progrès en matière de civilisation et de science, et tout ça, l'homme qui n'aime pas se battre, quel qu'il soit, n'est plus le cas. " C'est très important. Maintenant, voici le thé, qui est pour l'instant un sujet plus intéressant. Asseyez-vous, et nous parlerons de vanités. Je suis juste en train de mourir pour voir à quoi ressemblent Regent Street et Bond Street. Je ne pense pas avoir déjà dépensé dix dollars à Londres. J'ai vingt-deux ans demain, Niti, et mon grand-père, qui est à peu près le meilleur grand-père qu'une fille ait jamais eu, a télégraphié aux gens de Napier, et ils... J'ai envoyé le plus superbe landaulette six cylindres et trente chevaux que vous ayez jamais vu, même à Central Park, et un chauffeur à la hauteur - seulement je n'aurai pas beaucoup d'utilité pour lui, sauf pour m'occuper de l'automobile, je le ferai. fais-toi promener avec elle après le thé, et tu pourras me réintroduire dans les magasins, je veux dire les magasins ; j'avais oublié que nous étions à Londres.

Mme van Huysman, comme d'habitude, s'est assise à l'arrière pendant que sa fille servait le thé et c'est elle qui parlait le plus. C'était une dame aux proportions modérées et, contrairement à bon nombre d'Américaines, elle avait conservé sa beauté jusqu'à près de la cinquantaine. Elle était pleine de bon sens astucieux, mais elle était née dans une autre génération et dans un autre degré de vie, et par conséquent sa tenue inclinait plutôt à la magnificence qu'à l'élégance, malgré la main retenue et les conseils franchement exprimés de sa fille. Elle avait un profond respect pour les réalisations de son mari sans les comprendre le moins du monde, et elle avait très naturellement la conviction inébranlable qu'aucune femme tout à fait ordinaire, comme elle s'appelait, n'avait jamais eu miraculeusement la chance d'avoir une fille comme elle.

Nitocris commençait tout juste sa deuxième tasse de thé lorsque la porte s'ouvrit et que l'ennemi de son père dans l'arène scientifique entra. Il était l'antithèse même du professeur Marmion ; un peu en dessous de la taille moyenne, aux épaules carrées et fortement bâties, avec d'épais cheveux gris fer et des traits un peu lourds qui auraient été presque banals sans le front large et carré au-dessus d'eux et les brillants yeux gris acier qui brillaient. une agitation sous les sourcils épais, et aussi une certaine sensibilité au niveau des narines et des lèvres qui semblaient curieusement en désaccord avec la force de la mâchoire inférieure. Son être tout entier suggérait une combinaison d'énergie agitée et de détermination inflexible. S'il n'avait pas été l'un des plus grands scientifiques américains, il aurait probablement été l'un des Dollar Lords les plus impitoyables et les plus despotiques.

"Ah, Miss Marmion, bon après-midi ! Enchanté de vous voir," dit-il chaleureusement, alors que Nitocris se levait et lui tendait la main. "C'est très gentil à vous de nous consulter si tôt. Comment va le professeur ? Eh bien, j'espère. Je vois qu'il doit donner une conférence devant la Royal Society. Il a quelque chose d'étonnant à nous raconter, j'espère. Cela fait un certain temps que nous Il y a eu quelque chose qui ressemble à une bagarre scientifique entre nous. »

"Et par conséquent," dit Nitocris en lui prenant la main, "je suppose que vous mourez d'envie d'en avoir un autre."

"Eh bien, pas tout à fait mourant", rit le professeur. "Je n'ai pas l'air à moitié mort, n'est-ce pas ? Juste par curiosité, c'est tout. Vous ne pouvez pas me donner la moindre idée sur le sujet, je suppose ?"

"Je pourrais, professeur," répondit-elle avec un clin d'œil malicieux, car elle avait déjà eu une conversation avec son père sur le titre modifié de la conférence, "mais si je le faisais, vous savez, je devrais seulement, comme nous disons en Angleterre, gâchez le sport. Cependant, je ne pense pas que je jouerai au traître si je vous dis de vous préparer à une petite surprise.

L'attitude du professeur van Huysman changea instantanément et l'âme guerrière du scientifique était dans les armes.

"Oh oui ! Une surprise, hein ?" dit-il avec quelque chose entre un reniflement et un grognement dans la voix. "Alors je suppose——"

"Poppa, assieds-toi et prends du thé", dit sa fille doucement mais fermement.

Il s'assit sans un mot, prit sa tasse de thé et une tranche de pain beurré ; il écouta en silence tant qu'il put supporter la conversation toute féminine sur un sujet qui ne l'intéressait pas le moins du monde, puis il posa sa tasse d'un petit coup sec, se leva avec une plus grande et dit en tendant sa main à Miss Nitocris :

"Eh bien, Miss Marmion, je vais devoir vous dire bonjour. Vous voyez, nous venons juste d'arriver de ce côté-ci, et j'ai pas mal de choses à faire. Amenez votre père dîner demain soir, si vous le pouvez, je serai heureux de le revoir. N'ayez pas peur : nous ne tirerons pas.

Quand il fut parti, Brenda sonna et ordonna que l'automobile soit prête dans une demi-heure. Puis ils finirent leur thé et leur conversation, et Brenda et Nitocris allèrent enfiler leurs écharpes – non pas l'imitation de l'armure médiévale utilisée pour la conduite automobile sérieuse, mais juste des capes anti-poussière et des champignons, que Brenda lui prêta tous deux. ami. En revenant par le salon, elle dit à sa mère :

"Eh bien, maman, la voiture est prête, je crois. Ne veux-tu pas nous rejoindre pour une petite course en ville ?"

"Quand je veux courir dans l'Autre Monde dans l'une de tes machines infernales, Brenda", dit sa mère avec une légère touche de sarcasme dans le ton, "je te demanderai de me laisser venir. Ceci après-midi, je me sens un peu trop à l'aise pour un voyage comme celui-là."

"C'est une chose curieuse", dit Brenda alors qu'ils descendaient dans l'ascenseur, "Maman est une femme aussi saine que jamais, et elle est américaine aussi, et pourtant je crois qu'elle préférerait monter sur une broncho comme dans une automobile. »

La voiture les attendait dans la cour, sous la verrière. Un jeune *chauffeur* élégant, en costume orthodoxe, toucha sa casquette et fit démarrer le moteur. Les porteurs aux galons d'or les déposèrent sur les deux sièges avant, et le *chauffeur* s'effaça dans le *tonneau* . Miss Brenda posa une main sur le volant et l'autre sur le premier levier de vitesses, et la voiture glissa, comme si elle avait roulé sur la glace, vers la grande entrée voûtée.

Alors qu'ils tournaient à gauche en direction de l'ouest, un homme et une femme mal habillés reculèrent de la chaussée sur le trottoir. Pendant un moment, ils regardèrent la voiture avec un étonnement muet ; puis l'homme saisit fermement la femme par le bras et l'entraîna hors de la foule qui passait sans cesse, en lui murmurant en copte :

"L'as-tu vue, Neb-Anat - la Reine - la Reine dans la chair vivante, assise là dans la machine automotrice, la machine diabolique ? À quelles choses impies est-elle venue - elle, la fille du grand Ramsès ? ! Mais il se peut qu'elle soit retenue en esclavage sous le charme des puissances maléfiques qui ont créé ces chars diaboliques qui haletent comme des âmes à l'agonie et respirent avec le souffle de l'Enfer. Elle doit être sauvée, Neb-Anat.

"Sauvé ?" » répéta la femme sur un ton à moitié méprisant et à moitié effrayé. "Est-ce qu'il y a si longtemps que tu as oublié comment nous avons essayé de sauver sa maman des mains de ces infidèles ? Maintenant, voici, elle est de nouveau en vie, vivant au milieu de cette vaste et immonde ville des infidèles, vêtue selon le la mode de leurs femmes, et pourtant toujours belles et souriantes. Pent-Ah, ne l'as-tu même pas vue rire en passant devant nous. Hélas, je te dis que notre reine est soumise à un terrible sort, sans doute parce qu'elle en a eu. Cela a suscité le mécontentement des Dieux Supérieurs, et si tel est le cas, même le Maître lui-même ne pourrait pas la sauver. Que ferons-nous alors ? »

"Votre parole s'apparente presque à un blasphème, Neb-Anat," murmura-t-il en réponse, "et pourtant il peut y avoir un sens profond en cela. Néanmoins, ce soir, non, à cette heure, le Maître doit savoir ce que nous avons. vu."

Ils marchèrent, discutant à voix basse, jusqu'au pont de Waterloo, puis ils tournèrent, le traversèrent et descendirent Waterloo Road jusqu'à Borough Road, puis bifurquèrent dans une rue étroite et crasseuse qui se terminait par une petite cour dont les trois côtés étaient formé de maisons misérables, sur lesquelles de nombreuses années de misère, de pauvreté et de crime avaient imprimé leur empreinte indubitable. Ils traversèrent la cour en diagonale et entrèrent dans une maison située dans l'angle droit. Ils montèrent l'escalier usé, sans moquette, avec une rampe branlante d'un côté et du papier déchiré et écaillé de l'autre, et s'arrêtèrent devant une porte qui donnait sur un étroit palier du premier étage. Pent-Ah frappa avec ses doigts sur le panneau, d'abord trois fois rapidement, puis deux fois lentement. Puis vint le bruit d'un verrou, et la porte s'ouvrit.

Ils entrèrent en traînant les pieds et en se accroupissant, et la femme ferma la porte derrière elle. Un homme grand, maigre, à la peau jaune, la tête parfaitement chauve et le bas du visage couvert d'une épaisse barbe blanche et d'une moustache, leur faisait face. Ses vêtements étaient à moitié occidentaux, à moitié orientaux. Une paire de pantalons fins et froissés en tweed gris rencontrait, ou presque, une paire de pantoufles turques, montrant un pouce de cheville nue et maigre entre les deux. Son corps était recouvert d'une robe jaune sale en fine étoffe de laine, dont les franges en lambeaux atteignaient ses genoux, et une écharpe rouge délavée était pliée deux fois autour de son cou, une extrémité pendant sur sa poitrine et l'autre sur son dos. Alors que Pent-Ah fermait la porte et la verrouillait, il lui dit en copte :

" Vous êtes donc de retour ! Quelles nouvelles de la Reine ? Car sans cela vous n'auriez sûrement pas osé venir devant moi. "

Il prononça ces mots comme un pharaon les aurait prononcés à un esclave, et comme si la pièce nue, aux plafonds bas et délabrée, avec ses rideaux et ses ornements orientaux de mauvais goût, avait été une salle d'audience dans le palais de Pepi dans le vieux Memphis. , car c'était celui qui avait été Anemen-Ha, grand prêtre de Ptah, à l'époque où Nitocris était reine des deux royaumes.

« Nous l'avons revue une fois de plus, Seigneur, » dit Pent-Ah, « il y a à peine une heure, habillée à la manière de ces Anglais païens, et assise dans un diable-chariot à côté d'une autre femme, aussi belle presque qu'elle. Il est vrai, Seigneur, comme nous l'avons dit, que Notre-Dame la Reine est de nouveau dans la chair, et pourtant elle ne nous connaît pas. Il se peut que les Dieux supérieurs lui aient jeté un sort.

"Envoûtement ou pas, la mission qui est la nôtre est la même", fut la réponse. "Il est clair qu'un miracle a été opéré. La Momie que nous, moi et vous, étions chargés de récupérer et de remettre dans son lieu de repos, a disparu. La Reine est revenue pour vivre encore une autre vie dans la chair, mais le commandement reste le même. Maman ou femme, elle sera ramenée dans son ancienne demeure pour attendre le jour où les évaluateurs divins détermineront la peine de sa culpabilité. La tâche sera difficile, mais rien n'est impossible à ceux qui servent. fidèlement les Hauts Dieux. Vous avez bien fait de m'apporter promptement cette nouvelle. Voici de l'argent pour payer votre vie et votre travail. Surveillez bien et attentivement tous les mouvements que fait la Reine, et informez-moi chaque jour par la parole ou par courrier. écrit toutes ses actions. Le quatrième jour, viens ici une heure avant minuit. Maintenant, pars.

Il compta cinq souverains jusqu'à Pent-Ah. Leur éclat contrastait étrangement avec la misère misérable de la pièce et la pauvreté de sa propre tenue vestimentaire, mais il les donnait comme s'ils avaient été des cuivres. Pent-Ah les prit avec une faible révérence et les déposa un à un dans la poche d'une ceinture de toile qu'il portait sous son gilet en lambeaux. Neb-Anat les regarda avec avidité alors qu'ils disparaissaient.

"Les commandements du Maître seront obéis et les Dieux Supérieurs seront fidèlement servis", dit Pent-Ah en se redressant. "De porte en porte, la Reine sera surveillée, et, si cela est permis, Neb-Anat deviendra son esclave, et ainsi la surveillance sera renforcée. N'est-ce pas, Neb-Anat ?"

"La volonté du Maître est la loi de son esclave", répondit-elle en tombant presque à genoux.

"C'est suffisant", répondit le Maître, connu des rares personnes qui le connaissaient sous le nom de Phadrig Amena, un marchand copte de reliques et de bibelots égyptiens antiques qui menait humblement ses affaires. "Servez fidèlement tous les deux, et votre récompense ne manquera pas. Adieu, et la paix des Dieux Supérieurs soit sur vous."

Quand ils furent partis, il s'assit devant le vieux bureau, en sortit une liasse de papiers, les uns blancs et neufs, d'autres gris-jaunes avec le temps, et d'autres encore qui étaient des feuilles de papyrus ancien. L'écriture sur ceux-ci était dans l'ancien caractère hermétique ; parmi les autres, certains étaient en grec cursif et d'autres en copte. Quelques-uns seulement étaient en anglais et environ une demi-douzaine en russe. Il les lisait tous avec la même aisance, et bien qu'il en connaisse le contenu presque par cœur, il les parcourut pendant une bonne demi-heure sans même un mouvement des lèvres. Puis il les rangea et ferma le tiroir avec l'une des petites clés aux formes curieuses qui étaient attachées autour de sa taille par une chaîne. Après les avoir cachés dans sa ceinture, il se leva et commença à arpenter le sol de la misérable pièce à grands pas majestueux et silencieux, comme si les planches sales, craquelées et inégales avaient été les carrés brillants de marbre noir et blanc alternatif de le sol du sanctuaire du temple de Ptah, aujourd'hui en ruine, dans le vieux Memphis. Puis, au bout d'un moment, la tête fièrement rejetée en arrière et les mains jointes derrière lui, il se mit à parler dans la Langue Ancienne, comme s'il s'adressait à une présence invisible.

"Oui, en vérité, les puissances du mal et des ténèbres ont vaincu de nombreuses générations d'hommes, mais les jours des dieux supérieurs sont sans fin et le point culminant du destin n'est pas encore arrivé. Le crime meurtrier de ta mort n'est pas encore, ô Nitocris. -mariage oublié. Les âmes de ceux qui sont morts par ta main dans la salle de banquet de Pepi appellent encore à la vengeance dans les ténèbres d'Amenti. La soif de haine et la faim d'amour sont toujours intactes et insatisfaites. le pauvre commerçant, qui était autrefois Anemen-Ha, te déteste toujours, et le prince guerrier russe, qui était autrefois Menkau-Ra, t'aimera encore une fois d'un amour aussi féroce que celui d'autrefois, et ainsi, si les hauts dieux permets, entre l'amour et la haine tu passeras au destin que tu as mérité.

Il s'arrêta dans sa marche et regarda fixement par la petite fenêtre crasseuse avec des yeux qui semblaient voir à travers et au-delà des murs noircis par la fumée des misérables maisons d'en face, et au loin à travers les brumes du Temps jusqu'à l'endroit où se trouvait une vaste ville de temples et d'édifices. Des palais s'étendaient sous un ciel sans nuages, au bord d'une puissante rivière au courant lent, et ses lèvres recommencèrent à bouger comme celles d'un homme parlant dans un rêve :

"Ô Memphis, joyau de l'ancienne terre et demeure de cent rois, comme ta grandeur est humiliée et ta gloire disparue ! Tes rues et tes places qui résonnaient autrefois du pas des armées puissantes et résonnaient des chants des multitudes jubilatoires les accueillant La maison de la victoire est enterrée sous les sables du désert à la dérive ; dans les ruines de tes temples sacrés, les statues des dieux gisent dans la poussière, et la chouette élève sa couvée sur tes autels en ruine et hulule vers la lune où se levait autrefois le solennel. le chant des prêtres et les doux hymnes des Saintes Vierges ; les aboiements des chacals où autrefois les monarques les plus puissants de la terre rendaient jugement et recevaient tribut ; tes tombeaux sont profanés, et les momies des rois, des reines et des saints hommes leur ont été enlevées pour les orner ; les salles non consacrées des musées des infidèles ignorants ; le talon de l'oppresseur païen a imprimé la belle fleur de ta beauté dans la poussière profonde de la souillure. Hélas, quel grand mal les fils et les filles de Khem ont-ils commis pour que les hauts dieux aient pu le faire ? leur rendit visite avec un jugement si douloureux ! Combien de temps tes ailes lumineuses resteront-elles repliées et inactives, ô Necheb, porteur de la victoire ? »

Un profond soupir sortit de sa poitrine haletante alors qu'il se détournait et recommençait sa marche. Bientôt il reprit la parole, mais maintenant d'une voix changée, dont la note d'exaltation avait disparu :

"Mais il ne sert à rien de ruminer les gloires perdues du passé. Notre souci est de ce qui est et de ce qui peut, voire sera. Qui est ce Franklin Marmion, ce sage des infidèles ? Qui est-il ? , et qui était-il - puisque, par la loi immuable de la vie et de la mort, chaque homme et chaque femme est une âme immortelle qui passe dans l'ombre pour revenir habillée dans la chair pour vivre et travailler à travers les cycles imbriqués de la Destinée éternelle. Était-il... oh Dieux ! était *il* autrefois Ma-Rimōn, dont les pas dans les jours morts se rapprochaient si près du seuil de la Connaissance Parfaite, tandis que les miens, sans doute à cause du péché de mon désir de simple puissance et de grandeur terrestres, ont été pris et retenus dans une toile que j'ai tissée moi-même. Et, si oui, a-t-il réussi alors que j'ai perdu ?
« Et si cette histoire étrange que m'ont raconté Pent-Ah et Neb-Anat au sujet de leur visite chez lui — racontée, comme je le pensais, pour cacher leur échec sous un voile de mensonges — était vraie ? le seuil et pris une place seulement un peu plus basse que les sièges des dieux, une place dont je ne peux pas m'approcher, barré par le châtiment de ma folie et de mon orgueil maudits. Eh bien, qu'il en soit ainsi ou non, ce n'est pas le destin ! de tous les hommes entre les mains des Dieux Supérieurs qui voient toutes choses ? Nous ne voyons que peu, et ce peu, avec leur aide, nous devons le faire selon la foi et l'espérance qui sont en nous.

A ce moment, on frappa à la porte. Elle s'ouvrit à sa demande et une petite fille au visage sale et aux robes en lambeaux entra dans la pièce en tendant une lettre dans sa main dure, crasseuse et semblable à une griffe.

"'Voici quelque chose qui vient d'arriver pour vous, Monsieur Phadrig. Muvver m'a dit d'en parler, et que voudrez-vous pour le dîner, et me donnerez-vous l'argent ?" » dit-elle d'un ton monocorde, tendant toujours la main après qu'il eut pris la lettre. Il lui donna six pence en disant :

"Deux œufs et du pain. Je préparerai mon café moi-même."

Elle prit la pièce et la sortit rapidement, car elle n'était pas peu impressionnée par cet étranger au visage sombre venu de régions mystérieuses au-delà de sa connaissance, qui était sans aucun doute un magicien quelconque, et pouvait la tuer ou la changer en rat. en respirant simplement sur elle, s'il le voulait.
Pendant ce temps, Nitocris et Brenda passaient ce que cette dernière appelait « un moment parfaitement charmant » dans Regent Street et Bond Street et dans d'autres lieux de ce paradis londonien que le génie du commerce a créé pour le plaisir de ses adeptes les plus riches et les plus généreux. Brenda a dépensé dix dollars et quelques milliers de plus, puis, alors que l'heure du dîner approchait et que Nitocris refusait absolument de laisser son père prendre son repas seul, elle l'a précipitée vers Wimbledon à une vitesse pour laquelle un simple homme elle aurait inévitablement reçu une amende, s'était invitée à dîner et s'était rendue tout à fait charmante au professeur.
Mais malgré toutes ses ruses et ses manières gagnantes, elle est partie dans l'ignorance absolue du sujet de la conférence à venir.

CHAPITRE IX

"LA SAUVAGE", WIMBLEDON COMMUN

Le petit domaine de Wimbledon Common, qui appartenait à la famille du professeur Marmion depuis trois générations, s'appelait « The Wilderness ». La maison avait une structure distinctement composite. La tradition disait qu'il s'agissait d'un pavillon de chasse royal à l'époque où Barnes, Putney et Wimbledon n'étaient que de minuscules hameaux et où la Tamise coulait d'une clarté argentée à travers une vaste région sauvage de forêt, d'ajoncs et de bruyère, et que les ancêtres des cerfs de Richmond Le parc parcourait l'ombre des chênes centenaires, des ormes et des hêtres, et les monarques couronnés de bois de cerf lançaient leurs défis rauques à travers les espaces ouverts qui séparaient leurs domaines jalousement gardés.

Génération après génération, elle s'est développée avec la richesse et l'importance de ses propriétaires, comme il sied à une maison qui est réellement une maison et pas seulement un lieu de vie, jusqu'à ce qu'elle soit devenue un mélange pittoresque de différents styles d'architecture, de l'Élisabéthain à l'Élisabéthain. plus tard géorgien. Elle avait ainsi acquis un charme qui lui était propre, un charme qui ne peut jamais appartenir à une maison qui a seulement été construite et qui n'a pas grandi. Son intérieur était une incarnation en pierre, en chêne et en plâtre d'un confort douillet et d'un repos digne, et, bien qu'il contenait toutes les « améliorations modernes », tout était d'un goût et d'une harmonie si parfaits que même la lumière électrique aurait pu être installée à l'époque de le premier Jacques.

Le professeur habitait l'aile nord, réputée pour avoir été la loge originelle dans laquelle rois et reines, grands soldats et hommes d'État s'étaient réunis pour se réjouir après la chasse, et la tradition l'avait doté d'un fantôme tout à fait authentique : celui d'une belle jeune fille qui avait été attirée là pour devenir la victime de la passion royale, et qui, chose étrange, s'empoisonnait dans son désespoir, au lieu de se faire duchesse et de fonder les honneurs d'une famille noble sur son propre déshonneur.

Bien que, comme je l'ai dit, tout à fait authentique, car le professeur l'avait vue si souvent qu'il en était venu à la considérer avec une amitié respectueuse, Lady Alicia n'était pas tout à fait un fantôme orthodoxe. Elle n'est pas venue à minuit se lamenter de façon angoissante sur la scène de sa mort triste et honteuse. Elle semblait venir quand et où elle voulait, que ce soit dans les reflets de la lune ou en plein soleil de midi. Elle ne dépassait jamais les limites de l'ancienne loge et ne rompait jamais le silence de ses allées et venues. Aucun des habitants actuels du « Désert » ne l'avait vue à l'exception du Professeur, mais Nitocris avait souvent frissonné d'un frisson soudain lorsqu'elle se trouvait par hasard en sa présence invisible, et à de tels moments, elle disait souvent à son père :

"Il y a quelque chose de froid dans la pièce, papa. Je suppose que ton amie, Lady Alicia, te rend visite. J'aimerais *qu'elle* me permette de faire sa connaissance."

Et à cela il répondait parfois avec une parfaite gravité :

"Oui, elle vient d'entrer : elle est là-bas près de la fenêtre." Et cela s'était produit si souvent que Nitocris, comme son père, en était venue à considérer le spectre, ou le corps astral, comme le professeur le considérait, de la malheureuse dame presque comme un membre de la famille. Bien sûr, après avoir franchi la frontière du royaume de N^4, Franklin Marmion en vint rapidement à considérer ses visites comme de simples lieux communs.

Mais comme la malheureuse Lady Alicia n'aura aucun rôle à jouer dans l'action de ce récit, sa petite histoire doit être acceptée comme une digression peut-être excusable.

Il y avait environ quatre acres de terrain confortablement boisé autour de la maison, dont près d'un acre constituait le plaisir de l'ancienne loge. C'était maintenant un jardin moderne, magnifiquement entretenu, avec une large pelouse en pente douce, dont le gazon devenait de plus en plus velouté d'année en année depuis plus de trois siècles, et séparé de celle-ci par une haie de buis basse en était un autre, nivelé. et consacré au tennis et au croquet nouveau style. La Vieille Pelouse, comme on l'appelait, s'éloignait d'une large véranda qui s'étendait sur toute la longueur de l'aile centrale et formait l'accès au grand salon et à la salle à manger, ainsi qu'à une confortable salle de petit-déjeuner du premier style géorgien. et ceux-ci, avec son bureau, son « câlin » et sa chambre à l'étage suivant, formaient le domaine particulier de Miss Nitocris.

Le matin de la garden-party, qui avait été fixée pour le surlendemain de l'arrivée des Huysman, elle et le professeur étaient en train de prendre un petit-déjeuner matinal, lorsque le courrier arriva. Il y avait beaucoup de lettres à envoyer. tous deux, car chacun avait de nombreux intérêts dans la vie. Le professeur se contenta de parcourir les enveloppes et mit ensuite le paquet de côté pour l'examiner dans la solitude de son propre antre. Nitocris a fait de même, en a choisi un et a laissé les autres subir un traitement similaire après avoir interrogé le cuisinier au sujet du déjeuner et des rafraîchissements pour l'après-midi, et le majordome au sujet des boissons rafraîchissantes, car cela promettait d'être une journée anglaise parfaite en juin. — qui est, bien sûr, le jour le plus délicieux que l'on puisse trouver sous tous les cieux entre les pôles.

Elle ouvrit celui qu'elle avait sélectionné et parcourut son contenu. Puis ses paupières se soulevèrent et elle dit :

"Oh!"

"Qu'est-ce qu'il y a, Niti ?" demanda son père en levant les yeux de sa côtelette. "Il n'y a rien de mal avec vos arrangements, j'espère."

"Oh mon Dieu, non," répondit-elle avec une sorte d'exultation dans la voix, "au contraire, papa. Ceci vient de Brenda, et Brenda est un ange déguisé en jupons et en chapeaux illustrés. Écoute."

Puis elle commença à lire :

" MA TRÈS CHÈRE NITI , je vais prendre ce que je crains que les Anglais considèrent comme une grande liberté. Le problème est le suivant : lorsque le professeur (le mien, je veux dire) faisait sa tournée dans les universités russes, il y a deux ans, il reçut beaucoup de courtoisie et d'aide de la part d'une personne autre que le célèbre prince Oscar Oscarovitch, le Skobeleff moderne, vous savez, qui était très intéressé par l'œuvre de Poppa et prenait beaucoup de peine à arranger les choses pour lui. , le prince, comme vous le savez bien sûr, est à Londres maintenant. Il a appelé hier, et quand j'ai parlé de votre fête, il a dit qu'il était vraiment désolé de ne pas avoir l'honneur de connaître votre père aussi bien que le mien. c'est faux, mais vous voyez ce que je veux dire. Cela signifiait bien sûr qu'il voulait venir et, pour être franc, j'aimerais l'amener, car même une Américaine ici n'a pas toujours un prince, et un homme célèbre aussi, à emmener, alors, comme le temps est si court, pouvons-nous l'inclure dans notre groupe ? Si vous m'avez pardonné et que vous voulez dire « oui », je dois vous dire que le Prince aimerait ? pour compenser son intrusion — c'est ainsi qu'il le dit — en aidant à divertir vos invités. Il semble qu'il ait rencontré un homme qui peut faire des miracles, un Égyptien... "

À ce moment-là, le professeur Marmion releva soudain la tête avec un sursaut presque imperceptible et, pour la première fois, s'intéressa à la lettre de Miss Huysman.

"——nommé Phadrig. Le Prince m'assure qu'il n'est pas un prestidigitateur au sens professionnel du terme, et qu'il serait profondément insulté d'être qualifié de tel; aussi qu'aucune somme d'argent ne l'inciterait à déployer ses pouvoirs juste *pour* de l'argent. Il viendra aujourd'hui, si vous voulez, et fera des choses merveilleuses qui, d'après ce que dit le Prince, nous étonneront et nous effrayeront peut-être un peu, mais seulement parce que le Prince lui a un jour sauvé la vie et l'a tiré d'une situation très difficile. mauvais endroit dans lequel il s'est retrouvé avec une Pâques turque. Maintenant, c'est ma petite histoire. S'il vous plaît, appelez-moi dès que possible pour que je puisse en informer le prince. Ce serait tout simplement trop gentil de votre part et du professeur de le dire. 'Oui.'

—Ta copine dévouée, BRENDA .

"Eh bien, papa," demanda-t-elle en déposant la lettre, "qu'en dis-tu ?"

" Exactement ce que tu veux dire, ma chère Niti, " répondit-il en étalant soigneusement un peu de marmelade sur un triangle de pain grillé. " Personnellement, je dois avouer que j'aimerais plutôt voir un peu de la prétendue magie de ce soi-disant magicien. Je sais. que certains de ces gars sont extraordinairement intelligents, et je suis convaincu qu'il nous montrera quelque chose d'intéressant, si vous voulez le voir.

" Alors c'est réglé, " dit Nitocris en se levant ; "Je vais appeler le Savoy immédiatement. Peut-être que le monsieur égyptien pourra vous aider avec ce problème de la quarante-septième proposition du professeur Hartley."

"Peut-être", répondit sèchement Franklin Marmion, avant de poursuivre son petit-déjeuner.

CHAPITRE X

LA SCÈNE REMPLIT

Le groupe qui se rassembla peu à peu sur la pelouse vers quatre heures était un peu petit, mais très sélect. Nitocris avait trop de bon sens et trop de réelle considération pour ses amis et connaissances pour rassembler une simple foule de personnes bien habillées, aux goûts et au tempérament probablement incompatibles, et appeler cela une fête. Elle n'aimait pas la foule coudée et le bruit des langues criardes à la mode avec toute l'aversion d'une sensibilité délicatement développée. Aucune considération de rang, de puissance sociale ou de richesse n'avait le moindre poids pour elle lorsqu'elle distribuait des cartes d'invitation, c'est pourquoi lesdites cartes étaient d'autant plus attendues avec impatience par ceux qui les recevaient ou ne les recevaient pas. Le résultat de ceci dans le cas présent fut que, bien que tout le monde ait accepté et soit venu, un peu moins de cinquante personnes ont pu profiter des vastes pelouses et de la nature sauvage et verdoyante qui les entourait en cet après-midi mémorable.

Le premier des arrivants fut le professeur Hartley, réputé pour être le plus grand mathématicien d'Angleterre. C'était un homme de grande taille avec des traits plutôt lourds, éclairés par des yeux gris alertes, un grand crâne en forme de dôme et des manières modestes presque jusqu'à la méfiance. Il amena sa femme, une dame mince et un peu sévère, qui, au sens domestique du terme, le maintenait à sa place avec une décision inflexible et l'adorait dans sa qualité professionnelle, et deux jolies femmes bien habillées et visiblement bien habillées. filles élevées. Leur voiture s'arrêta et s'engagea dans l'allée à quatre heures précises. La ponctualité était le seul et unique vice social du Professeur.

Vint ensuite le commandant Merrill dans un fiacre. Ce serait l'une des rares rencontres qu'il pouvait espérer avec sa bien-aimée perdue – car il pensait maintenant tristement à elle – avant de mettre le HMS *Blazer* en service, et sa ponctualité était donc à la fois naturelle et excusable. Puis vinrent encore quelques voitures contenant des gens très aimables dont nous ne nous soucions ici que peu ; puis Miss Brenda, regrettant profondément son beau Napier, avec son père et sa mère dans une très élégante tenue Savoy suivie d'un coupé à couronne tiré par une splendide paire d'Orloff noirs. Viennent ensuite une charrette à chiens tout aussi intelligente, conduite par un jeune homme plutôt léger mais bien installé, avec une légère moustache, une peau bronzée et des yeux bleus brillants. Il était beau, mais si ses traits avaient été absolument simples, il n'aurait jamais pu paraître banal, car il s'agissait de Lord Lester Leighton, fils du comte de Kyneston, et vingt générations de descendance sans tache avaient fait de lui l'aristocrate qu'il était.

Nitocris n'aimait pas les annonces pompeuses des domestiques, c'est pourquoi elle recevait ses invités, qui étaient tous des connaissances ou des amis, dans le grand porche par lequel de nombreuses présences brillantes étaient passées, et avait deux servantes qui attendaient à l'intérieur pour pourvoir aux besoins des dames. , et leur propre cocher et quelques palefreniers pour s'occuper des affaires extérieures.

Merrill fut rendu aussi heureux que possible par un sourire éclatant, une véritable poignée de main au lieu du mouvement de patte habituel de la Société, et des instructions pour aller se rendre agréable et utile. Brenda reçut également une chaleureuse « secousse » – Nitocris ne croyait pas aux baisers en public – et lorsque le professeur et Mme Huysman furent entrés, elle murmura :

"Je suppose que c'est le coupé du Prince. Tu dois attendre ici, ma chérie, et faire les présentations. Tu es responsable, tu sais."

Brenda acquiesça avec un signe de tête et un sourire, tandis que le coupé s'approchait et que le tigre intelligent sautait à terre et ouvrait la porte. Le prince descendit et fut suivi par Phadrig l'Adepte. En regardant les deux hommes, Nitocris eut l'impression qu'une vague d'air froid avait soudainement enveloppé tout son être, corps et âme.

"Niti, voici notre ami, le prince Oscar Oscarovitch, que vous avez eu la gentillesse de me laisser inviter par procuration. Prince, voici Miss Nitocris Marmion."

Bien sûr, tout le monde connaissait Oscar Oscarovitch, le Skobeleff moderne, le descendant en ligne directe d'Ivan le Terrible, l'homme au cerveau de cristal et à la volonté d'acier qui devait être le sauveur et le régénérateur d'une Russie à moitié ruinée et déchirée par la révolution, mais c'était la première fois que Nitocris le rencontrait dans sa vie actuelle. Lorsqu'elle lui eut rendu son arc majestueux, elle leva les yeux et vit avec une étrange intuition, qui semblait en quelque sorte rappeler à moitié un type presque parfait du guerrier primitif à travers le déguisement de sa tenue irréprochable du XXe siècle. Il mesurait près de deux pouces sur six pieds, mais il était si parfaitement proportionné qu'il paraissait plus petit que sa taille. Sa peau était claire et lisse, mais bronzée d'un brun olive. Son front était de taille moyenne, droit et carré, avec des sourcils d'un noir de jais tirés presque droit au-dessus d'une paire d'yeux plutôt doux et rêveurs, bleus ou noirs selon l'humeur de leur possesseur. Son nez était fort et légèrement courbé, avec des narines délicatement sensibles. Une moustache sombre et brillante et une barbe taillée *à la* Tsar, cachaient en partie des lèvres charnues, presque sensuelles et un menton puissant quelque peu saillant.

Alors que leurs regards se croisèrent, un frisson de répulsion la parcourut à nouveau. Elle entendit à peine ses compliments murmurés, mais son attention s'éveilla lorsqu'il se tourna vers l'homme qui se tenait derrière lui et lui dit d'un geste très gracieux de la main gauche :

« Mademoiselle Marmion, voici le monsieur que vous m'avez si gracieusement permis d'amener chez vous. Voici Phadrig l'Adepte, comme on l'appelle dans son ancienne terre d'Égypte, un artisan de merveilles qui sont en réalité des merveilles, et non pas des merveilles. de simples tours de passe-passe. Il a eu la gentillesse de m'accompagner afin de convaincre les savants de l'Occident que l'Orient immémorial pouvait encore lui apprendre quelque chose s'il le voulait.

Nitocris s'inclina et tandis qu'elle regardait la silhouette qui se tenait maintenant à côté du prince, elle frissonna à nouveau. Elle avait le sentiment de se trouver en présence d'ennemis implacables, et pourtant elle n'avait jamais vu ces hommes auparavant, et, pour autant qu'elle sache, elle n'avait pas d'ennemi au monde. Elle fut intensément soulagée lorsque Lord Lester Leighton s'approcha et lui tendit la main, et elle put demander au prince et à son compagnon de se rendre sur la pelouse.

Personne n'aurait reconnu l'habitant minable de la salle crasseuse de Candler's Court, Borough High Street, dans le grand et digne gentleman oriental qui marchait d'un pas lent et majestueux à travers la vieille salle spacieuse de « The Wilderness ». Il était vêtu d'une redingote légère, d'une coupe et d'une coupe irréprochables. Le pantalon correctement froissé rencontrait des bottes beiges à bout étroit et polies de couleurs vives ; un tarbush écarlate à glands noirs était placé carrément sur son front haut, et la cravate rouge foncé sous son col à deux épaisseurs ajoutait juste la touche nécessaire de couleur orientale à son costume et se mariait parfaitement avec le rouge plus clair du tarbush. Il est à peine nécessaire de dire que lorsque lui et le prince se rendirent sur la pelouse, ils étaient, comme l'aurait dit un rapport de la Société sur la cérémonie, "les observés de tous les observateurs".

"Je suis si heureuse que vous ayez pu être ici à temps pour ma petite fête, Lord Leighton", dit Nitocris, après avoir terminé l'accueil des autres invités. "Papa sera ravi aussi——"

Elle s'arrêta assez brusquement, se rappelant que papa allait devoir raconter à son jeune ami la triste histoire de la mystérieuse perte de la Momie ; mais un autre sujet lui préoccupait alors l'esprit, et, s'y réfugiant, elle reprit vivement :

" Venez sur la pelouse. Je veux vous présenter un gentleman très distingué, ainsi que sa femme et sa fille. Rien de moins, monseigneur, que le grand professeur Hoskins van Huysman ! "

"Quoi!" s'exclama Leighton avec un rire presque enfantin pour un jeune homme aussi sérieux et instruit. " *Le* Huysman : l'antagoniste le plus vaillant du professeur dans le domaine des symboles et des théorèmes ? Oh, c'est *bien* !"

"Oui, je pense que vous le trouverez très intéressant", répondit Nitocris, espérant dans son âme qu'il trouverait Brenda beaucoup plus intéressante. " Viens, ou papa commencera à penser que je néglige mes devoirs, et je dois me comporter de la meilleure façon possible aujourd'hui. Nous sommes favorisés par la présence d'une autre célébrité très célèbre aujourd'hui. Ce grand homme qui est arrivé juste avant que vous ne soyez le prince Oscar Oscarovitch. »

"Oh oui," dit-il légèrement ; "J'ai reconnu la brute."

"La brute ? Mon Dieu, c'est plutôt sévère. Alors vous connaissez Son Altesse ?" » demanda-t-elle d'une voix basse, presque enthousiaste.

"Il n'y a pas beaucoup d'hommes au Proche ou en Extrême-Orient qui n'ont aucune raison de connaître Son Altesse", répondit-il d'un ton sérieux, teinté d'un soupçon de ricanement. "Il est à peu près le plus beau spécimen de sauvage bien présenté que même la Russie ait produit au cours du siècle dernier. C'est un brillant érudit, homme d'État et soldat; charmant parmi ses égaux - ou ceux qu'il choisit de considérer comme tel - charmant pour les hommes. , et, dit-on, presque irrésistible pour les femmes ; mais pour ses adversaires et ses inférieurs, une bête brute sans pitié, sans âme, ni honneur. Un curieux mélange : mais c'est l'homme.

"Quelle horreur!" murmura Nitocris. « Imaginez qu'un homme comme celui-là soit dans une telle position ! »

Mais même si elle ne comprenait pas pourquoi, elle avait entendu ses paroles dures avec un sentiment de soulagement positif. Ils traduisaient et cristallisaient exactement ses premiers sentiments inexplicables d'aversion désespérée, presque de terreur.

Elle conduisit Leighton vers un petit groupe sur le côté gauche de la pelouse, composé des trois professeurs ainsi que des épouses et filles de deux d'entre eux. À mesure qu'ils s'approchaient d'eux, Nitocris ressentit une curieuse sorte de nervosité. Elle ne savait pas que, par cette action banale, elle réunissait deux maillons d'une chaîne de destin depuis longtemps rompue, mais elle avait la vague conscience qu'elle allait faire quelque chose de bien plus important que de simplement présenter deux inconnus l'un à l'autre. Elle regarda avec inquiétude Brenda, qui s'était tournée vers eux alors qu'ils s'approchaient, et vit que, juste pendant une fraction de seconde, ses yeux s'éclairèrent et qu'une rougeur passagère approfondit la couleur délicate de ses joues. C'était presque comme un regard de reconnaissance, et pourtant elle n'avait entendu son nom que deux ou trois fois, et ne l'avait certainement jamais vu auparavant. Puis elle regarda rapidement Leighton. Oui, il y avait une rougeur sous son bronzage et une nouvelle lumière dans ses yeux. Après avoir terminé les présentations, elle détourna le regard un instant et dit dans son âme :

" Dieu merci ! Si ce n'est pas un coup de foudre, je ne croirai pas qu'une telle chose existe, quoi qu'en disent les poètes et les romanciers. "

Oui, son intuition féminine était juste dans la mesure où elle atteignait ; mais elle ne parvenait pas encore à saisir tout le sens de la merveille qu'elle avait contribué à réaliser. Avec son père, elle croyait en la doctrine de la réincarnation comme la seule qui offre une solution logique et entièrement juste aux énigmes déroutantes et aux problèmes horribles de la vie humaine vus par les yeux de l'ignorance. Elle avait saisi la vérité dans son sens le plus élevé : l'homme est en réalité une âme vivante, vivant d'éternité en éternité. Une immortalité avec une fin était pour elle une proposition impensable qui ne pouvait pas être vraie. Pour elle, comme pour son père, la Vie éternelle et la Justice éternelle ne faisaient qu'un. Là où un homme terminait une vie, à partir de là, il commençait la suivante : pour le bien ou pour le mal, par ignorance ou par connaissance. Une vie vécue et terminée dans la justice (pas, bien entendu, dans le sens théologique étroit du terme) recommençait dans la justice, et dans le mal signifiait inexorablement un nouveau commencement dans le mal. C'était le Destin, car c'était aussi la Justice immuable. L'homme possédait le don divin du libre arbitre dont il pouvait user ou abuser à sa guise, dans la mesure où sa propre conduite de vie était concernée ; mais on ne pouvait échapper à la loi adamantine de la survie et du progrès du plus fort, qui, au fil des âges, s'est infailliblement révélée être la meilleure. Voilà, en un mot, pourquoi « certains sont nés pour honorer et d'autres pour déshonorer ».

Pourtant, il lui restait encore à percer un mystère encore plus subtil que celui-ci : le mystère de l'amour sexuel. Pourquoi un homme et une femme, parmi les millions d'humains qui pullulent, devraient-ils être irrésistiblement attirés l'un vers l'autre par une force que personne ne peut analyser ou définir ? Pourquoi une femme, confrontée au choix entre deux hommes, dont l'un possède tous les avantages apparents sur l'autre, sentirait-elle pourtant son cœur se tourner vers cet autre et la pousserait-elle à le suivre, même jusqu'au départ de son père et de sa mère ? la maison, et tout ce qui lui a été cher ? Pourquoi dans l'âme de chaque véritable homme et femme l'Amour, lorsqu'il vient, est-il fait Seigneur de tout et de tout en tous ? C'est parce que l'Amour est co-éternel avec la Vie, et que ces deux-là ont aimé, peut-être mariés, plusieurs fois auparavant dans d'autres vies qu'ils ont vécues ensemble, et, avec la succession de ces vies, leur amour est devenu plus fort et plus pur, jusqu'à ce que « tomber amoureux » n'est qu'une reconnaissance des amants ; inconsciente, sans doute, à ceux qui n'ont pas assez progressé en sagesse, mais qui n'en est pas moins nécessaire et inévitable. [1]

N'est-ce pas de l'ignorance de cette vérité, ou du déni volontaire de cette loi, que proviennent toutes les misères du mariage mixte ? Encore une fois, la femme a le choix. Elle obéit aux ordres de sa propre soif de richesse, de confort et de pouvoir social, ou elle se soumet à la pression de l'influence familiale, ou au stress de la pauvreté, et écrase — ou pense qu'elle le fait — l'amour séculaire hors de son cœur et épouse l'homme qu'elle n'aime pas, qu'elle n'a jamais aimé et qu'elle ne pourra jamais. Elle a défié la loi éternelle de la sélection. Elle a profané le caractère sacré d'une âme immortelle et elle a profané le temple de son corps. Elle s'est vendue à prix d'argent sur le marché et est devenue une prostituée dotée par la loi d'une respectabilité conventionnelle, et pour ce crime elle paie la peine d'une faim insatisfaite. Au lieu que les fruits d'Eden distillent leurs sucs sucrés dans son sang, les pommes de Gomorrhe se transforment perpétuellement en cendres dans sa bouche. Souvent la lassitude et le désespoir la conduisent à l'ivresse brève de l'anodine qu'est l'adultère, crime supplémentaire qui n'est que la conséquence naturelle du premier.

Mais il ne faut pas croire que les femmes sont les seules criminelles sexuelles. Il y a des prostitués, hommes et femmes, rendus respectables par convention, et l'homme titré et criblé de dettes qui se marie pour obtenir de l'or afin de redorer sa couronne ternie est le pire d'entre eux ; car trop souvent il entraîne une jeune fille innocente mais ignorante à son propre niveau ignoble. Pourtant, le principal criminel n'est pas l'individu, mais la société qui non seulement encourage, mais trop souvent contraint au crime. Pour cela, il paie également la pénalité. Le crime collectif entraîne la malédiction collective, car, si l'histoire de l'humanité prouve quelque chose, elle prouve que la Société qui nie avec persistance la Loi de Sélection et souille continuellement l'Autel de l'Amour, finit par s'effondrer dans un fouillis immonde de luxure et d'avidité. et la gourmandise dans le gouffre le plus profond de la destruction.

Nitocris ne l'avait pas encore appris. Il n'était pas dans le plan de la Justice éternelle que son âme vierge, purifiée par le travail acharné de nombreuses vies vers la Lumière, soit encore obscurcie par l'ombre d'une connaissance aussi sombre que celle-ci. Il lui suffisait désormais d'être l'ange gardien de l'Amour et de la Lumière.

Mais au même moment, debout sur cette pelouse lisse et ombragée, se trouvaient également deux incarnations des anges destructeurs de la Haine et des Ténèbres, car même ici, au milieu de cette agréable scène de plaisir et de rire apparemment innocents, le conflit éternel se poursuivait. tel qu'il est et doit être, partout où l'homme entre en contact avec ses amis et ses semblables.

Peu après que Nitocris et Brenda eurent rejoint le groupe, Phadrig s'approcha du prince, qui se trouvait pour le moment seul au pied de la pelouse, et lui dit doucement en russe :

" Altesse, mon rêve, comme vous êtes heureux de l'appeler, s'est avéré réalité. Il s'agit de la Reine, celle qui était autrefois la fille du grand Ramsès, Dame des Royaumes Supérieur et Inférieur. "

"Quoi?" rit le prince. "Miss Marmion, cette jolie fille anglaise, votre vieille maman égyptienne ressuscitée ! Eh bien, faites-la comme vous le souhaitez. Vous êtes la bienvenue dans vos rêves tant que vous utilisez vos arts pour m'aider à mettre la main sur la belle réalité. Je J'ai vu beaucoup de belles femmes et je me suis cru amoureux de certaines d'entre elles, mais par la barbe d'Ivan, je n'en ai jamais vu une comme celle-ci, je te le dis, Phadrig, au moment où mes yeux ont regardé pour la première fois les siens. , il y a seulement quelques minutes, j'ai su que j'avais trouvé mon destin, et, l'ayant trouvé, je prendrai bien soin de ne pas le perdre. Et vous m'aiderez à le garder, j'essaierai toutes les foires ; signifie d'abord en faire ma princesse, car, qu'elle ait été ou non reine d'Egypte, elle est digne aujourd'hui de siéger aux côtés d'un souverain sur son trône - et il se pourrait qu'un jour je puisse lui donner une telle place - mais j'ai je la garderai, sinon comme épouse et épouse bien gagnée, du moins comme esclave et jouet volé, aussi longtemps que durera ma fantaisie. Et écoute, Phadrig, "continua-t-il d'un ton bas, mais avec une intensité sauvage. "Ta vie est à moi, car je te l'ai rendue alors qu'un simple geste du doigt t'aurait envoyé dans ce que tu appellerais une autre incarnation ; et à partir de ce jour, tu dois la consacrer à cette fin jusqu'à ce qu'elle soit atteinte, d'une manière ou d'une autre. ou l'autre. Je sais que vous ne vous souciez pas de l'argent en tant que richesse, mais dans ce monde, c'est la main droite du pouvoir, et tout ce dont vous avez besoin vous appartiendra en échange de votre fidèle service. Êtes-vous satisfait du marché ? »

"Non, Altesse, cela ne me contentera pas", répondit Phadrig d'une voix qui n'avait d'autre expression qu'une détermination inaltérable.

"Quoi ! Cela ne vous suffit-il pas, vendeur de bibelots sans le sou ?" » dit le prince avec un ton ricanant. "Alors j'y ajouterai l'aide immédiate et l'obéissance inconditionnelle de notre police secrète, ici et en Europe. Cela vous satisfera-t-il ?"

— Je n'ai pas besoin de l'aide de votre police, Altesse, répondit l'Égyptien avec le même accent sans passion. "Ils sont habiles et courageux, mais ils n'ont pas la plus grande connaissance. Je pourrais transformer le plus sage d'entre eux en imbécile et effrayer le plus courageux jusqu'à ce qu'il perde la raison en quelques minutes. Utilisez-les vous-même, Altesse, si cela s'avère nécessaire. Ils me seraient loin d'être inutiles. »

"Alors qu'est-ce qui te satisfera ?" » demanda le prince avec impatience, mais sans montrer de colère, car il connaissait l'étrange pouvoir de l'homme dont il avait besoin de l'aide.

"Je ne vous demande pas de croire à la réalité de ce que vous appelez mes rêves, Altesse," répondit lentement Phadrig, "mais je demande... bien plus, j'exige, comme prix de mes fidèles services, votre promesse solennelle par écrit : signé et attesté que, si et quand mes rêves deviennent réalité et que vos propres espoirs se réalisent, l'indépendance et la souveraineté de l'Ancienne Terre seront restaurées ; ses temples, ses tombeaux et ses palais seront reconstruits, son ancien culte ravivé en ma personne ; , et le sceptre de Ramsès remis dans la main de la reine Nitocris."

Le Prince resta silencieux quelques instants. Accéder à cette demande apparemment extravagante signifiait réduire le rêve splendide et le projet de sa vie à une écriture froide et tangible, et mettre entre les mains de cet homme le pouvoir de le trahir. D'un autre côté, leurs objectifs étaient les mêmes, et ce n'est que grâce à lui que Phadrig pouvait espérer réaliser ses rêves. Bien sûr, ce n'étaient que des rêves ; mais il leur était fidèle, et donc il lui serait fidèle. Dans le pire des cas, il serait facile d'organiser un cambriolage, ou même un meurtre à Candler's Court, et cela mettrait un terme à l'affaire.

"Très bien, Phadrig," dit-il enfin. " C'est réglé. Je vous ferai confiance, car il est nécessaire que nous nous fassions confiance. Vous aurez ce que vous demandez d'ici huit jours. Maintenant, je dois y aller. Je leur dirai que j'ai organisé l'exposition de votre pouvoirs que vous allez leur donner. Il serait bon de les surprendre suffisamment pour transformer leur sens du bœuf britannique en quelque chose comme la peur. Faites-les s'interroger, mais, pour le bien de notre hôtesse, ne les effrayez pas trop. ".

Phadrig n'a reconnu sa promesse que par un salut, et il s'est détourné et a rejoint le groupe grandissant dans lequel Nitocris et Brenda étaient toujours les principaux objets d'attraction.

[1] La Doctrine, bien sûr, offre la même explication des amitiés entre homme et homme, et entre femme.

CHAPITRE XI

LES MERVEILLES DE PHADRIG

Le temps, environ une heure avant le thé, était occupé par les convives selon leurs goûts variés : tennis, croquet, potins plus ou moins bon enfant, flirts sérieux ou non.

Nitocris voyait avec de plus en plus de raisons de s'autosatisfaire que Lord Leighton et Brenda étaient résolument attirés l'un vers l'autre. Lui, bien qu'il ait reçu de Nitocris son *congé gracieux mais, comme il le savait bien, final* , avait toujours le sentiment qu'il ne jouait pas tout à fait le jeu avec lui-même ; mais il lui était néanmoins impossible de ne pas voir que l'émotion qui bouillonnait encore maintenant dans son cœur, réveillée par le premier contact de la main de Brenda et la première rencontre de leurs regards, était quelque chose de très différent de l'émotion tendrement respectueuse. l'admiration, la véritable amitié, inévitablement exaltée par la magie du sexe, qu'il avait innocemment pris, comme il le voyait maintenant, pour de l'amour.

Il réussit assez adroitement à séparer Brenda du cercle et à l'attirer dans une promenade dans les jardins extérieurs, au cours de laquelle il lui raconta l'histoire et les traditions de "The Wilderness", sans oublier, bien sûr, la triste petite tragédie de la Dame. Alicia, que Miss Brenda écoutait avec un intérêt qui n'était peut-être pas entièrement dérivé de l'histoire elle-même. Elle n'avait encore jamais rencontré personne qui ressemblait à ce jeune aristocrate érudit, voyageur et à la voix calme. Du côté de son père, elle descendait d'une des plus anciennes familles Knickerbocker de l'État de New York et son aristocratie répondait instinctivement à la sienne et nouait entre eux un premier lien.

Il est à peine besoin de dire que sa beauté et sa richesse potentielle, sans parler de l'atmosphère brillante, mentale et intellectuelle dans laquelle elle semblait vivre et évoluer, avaient attiré vers elle de nombreux hommes auxquels elle avait inspiré un désir très sincère de lier leur vie à la sienne. Elle n'avait que vingt-deux ans, mais elle avait déjà refusé plus d'une couronne de dignité respectable, et jusqu'à présent son cœur était resté aussi vierge qu'il l'était lorsqu'elle s'était admirée dans sa première jupe longue. Mais maintenant, pour la première fois de sa vie, elle commençait à éprouver une étrange inquiétude en présence d'un homme, et d'un homme aussi, qu'elle n'avait pas connu depuis une heure. Nitocris ne lui avait heureusement rien dit de ce qui s'était passé entre lord Leighton et elle, et l'élément agréable de son inquiétude était donc totalement pur.

Son père était déjà trop absorbé par de savantes conversations avec ses frères professeurs pour prêter attention au grand fait qui commençait à s'accomplir

; mais l'instinct de sa mère remarqua instantanément le changement subtil survenu chez sa fille, et elle le vit avec tout sauf mécontentement. Toutes les mères sensées de belles filles sont discrètement optimistes. Elle était bien trop sage dans sa génération pour ne pas avoir été d'accord avec la décision de Brenda dans certains cas antérieurs. L'idée que la beauté de sa fille et les millions de son père soient échangés contre un simple rang et un pouvoir social, aussi splendides soient-ils, lui répugnait totalement. Elle s'était mariée par amour, et elle voulait que Brenda fasse de même, quel que soit l'homme choisi, à condition toujours qu'il soit un homme – et à cet égard il ne pouvait y avoir aucun doute sur Lord Lester Leighton ; alors qu'ils s'éloignaient, elle dit à Nitocris avec une confiance presque enfantine :

" Sa Seigneurie est tout simplement charmante, n'est-ce pas, Miss Marmion ? Exactement le genre que vous semblez élever ici, et nulle part ailleurs. Il vous dit que vous devez le prendre pour un gentleman et rien d'autre dans les trois premiers. " mots qu'il vous dit - et Brenda semble l'apprécier. Je ne l'ai jamais vue partir avec un homme comme celui-là dans un délai aussi court, car Brenda est plutôt fière et froide avec les hommes, malgré toutes ses manières gentilles et sa bonne humeur.

" Il vous faudrait chercher longtemps, Mme van Huysman, " répondit Nitocris très modestement, " avant de trouver un meilleur type du vrai gentleman anglais que Lord Leighton. Sa famille est l'une des plus anciennes du pays et, contrairement à Lord Leighton, trop de nos familles nobles, les Kyneston n'ont pas de barreau sinistre sur leur écusson.

"Je suppose que vous me dépassez un peu, Miss Marmion. Je ne pense pas avoir jamais entendu parler d'un... qu'est-ce que c'est ?... d'un bar sinistre, auparavant. Qu'est-ce que ça pourrait être ?"

Nitocris rougit très légèrement en répondant :

"Je pense que je peux mieux l'expliquer, Mme van Huysman, en disant que cela signifie que les ancêtres de Lord Leighton ont préservé leur honneur intact à travers de nombreuses générations. Bien sûr, vous savez que certaines de nos soi-disant familles nobles en Angleterre sont issues de n'importe quoi. mais une origine noble. Il n'y a pas quelques ducs et comtes anglais qui trouveraient plutôt gênant de présenter leurs arrière-arrière-grands-mères à leur cercle d'amis actuel.

"Je pense qu'ils le feraient, d'après ce que j'ai lu d'eux, ces créatures sans vergogne !" » dit Mme van Huysman, avec un reniflement de vraie vertu républicaine.

Puis le prince les rejoignit et la conversation fut aussitôt détournée vers un autre sujet d'intérêt.

Le thé était servi sur la vieille pelouse, à l'ombre des grands cèdres, qui constituaient sa plus grande décoration ; et quand chacun eut eu ce qu'il voulait et que les hommes eurent allumé leurs cigarettes - et les professeurs, avec une permission spéciale, leurs pipes - Nitocris regarda à travers quelques tables Oscarovitch, qu'elle avait jusqu'ici réussi très adroitement à garder. à une distance supportable, et dit :

"Maintenant, Prince, si votre ami l'Adepte est d'humeur à nous étonner par ses merveilles, peut-être aurez-vous la bonté de lui dire que nous sommes tous prêts et disposés à être surpris - seulement j'espère qu'il sera miséricordieux envers notre ignorance et ne nous effraie pas trop."

"Je peux vous assurer, Miss Marmion, que mon bon ami d'Egypte sera la discrétion même", répondit le prince avec un regard et un geste courtois qui inspira au commandant Merrill un désir presque passionné de l'emmener sur l'un des sentiers tranquilles. sous les hêtres pour un intermède de dix minutes. "Je peux vous promettre qu'il vous montrera des merveilles que même votre savant et distingué père et ses *confrères* peuvent trouver difficiles à expliquer : mais tout cela sera de la magie blanche. Je comprends que votre véritable adepte considère la variété noire comme ce que vous appelez mauvaise. formulaire."

Alors que la compagnie se levait et se dirigeait par petits groupes vers le terrain de tennis, où Phadrig avait choisi d'exposer ses pouvoirs, les trois professeurs se rejoignirent instinctivement en une petite phalange de scepticisme. S'il y avait une ruse ou une tromperie à découvrir, tous se tournaient vers eux pour le faire, et ils étaient presque joyeusement conscients de leur responsabilité. Au sens figuré, ils portaient chacun les scalps de nombreux médiums spiritualistes, et le professeur van Huysman comme le professeur Hartley pressentaient un ajout possible à leurs ceintures de wampum scientifique qui ne serait pas le moindre de leurs trophées. Il avait été convenu par Phadrig, avec un léger mépris, qu'ils prendraient toutes les mesures qu'ils voudraient pour le détecter dans toute pratique susceptible de le convaincre d'être simplement un prestidigitateur ; et ils avaient accepté cette permission avec ce dévouement de toute leur âme à la vérité qui exclut toute idée de pitié de l'esprit véritablement scientifique. Franklin Marmion était naturellement dans un état d'esprit très différent, bien que, pour des raisons de haute politique, il ait revêtu un masque similaire de scepticisme presque méprisant ; mais il était néanmoins de loin l'homme le plus anxieux de la compagnie.

A la demande de leur hôtesse, les invités se disposèrent assis et debout en un cercle spacieux sur le terrain de tennis ; et quand cela fut formé, Phadrig, dont l'isolement si éloigné du reste de la compagnie avait été expliqué de manière satisfaisante par le prince, s'avança lentement au milieu de la salle, et, après un rapide et vif coup d'œil autour de lui, un regard qui reposa sur lui. pendant juste un instant sur le professeur Marmion et ses *confrères* , puis sur Nitocris, qui était assis à côté de Brenda accompagné de Lord Leighton et Merrill - il dit d'une voix basse mais claire et d'une grande portée, et dans un anglais parfait :

" Mesdames et messieurs, je suis venu chez le savant professeur Marmion à la demande de mon très bon ami et patron, Son Altesse le prince Oscar Oscarovitch, pour vous faire une petite démonstration de ce que je pourrais appeler la magie blanche. Mais avant de Tout d'abord, je dois vous demander d'accepter ma parole d'honneur en tant qu'humble étudiant des mystères de ce que, faute d'un meilleur mot, nous appelons la Nature, que je ne suis en aucun cas un prestidigitateur, c'est-à-dire celui qui exécute des actes apparents. des merveilles en trompant simplement vos sens.

" Ce que je vais vous montrer, vous le verrez réellement. Mes merveilles, s'il vous plaît de les croire telles, seront des réalités et non des illusions ; et je serai heureux si vous prenez tous les moyens pour vous assurer qu'elles le sont. ... Je dis cela avec d'autant plus de plaisir que je sais qu'il y a trois messieurs de grande renommée dans le monde de la science, et s'ils ne parviennent pas à me déceler dans quelque chose qui s'approche de la supercherie, je pense que vous les croirez sur parole. que je ne vous trompe pas.

"Afin qu'il n'y ait pas le moindre risque d'erreur possible, je demanderai aux professeurs Marmion, Hartley et Van Huysman de venir se tenir près de moi, afin qu'ils soient convaincus que je n'utilise aucun des simples pouvoirs de prestidigitateur. appareil. Je n'utiliserai que la connaissance, et donc le pouvoir, auquel j'ai eu le privilège d'atteindre.

Phadrig parlait avec toute la confiance calme d'une parfaite autonomie, et c'est pourquoi ses paroles ne manquaient pas d'effet sur son auditoire, aussi critique et sceptique soit-il.

"Je pense que c'est un défi que nous ne pouvons pas nous permettre de laisser tomber", a déclaré le professeur van Huysman, en jetant un regard attentif à ses deux frères scientifiques. "Bien sûr, ce n'est qu'un marchand de trucs, mais ils sont tellement intelligents de nos jours, surtout ces gars du magnifique Est, qu'il faut garder les yeux grands ouverts tout le temps qu'ils ont la plate-forme."

"Certainement", dit le professeur Hartley alors qu'ils quittaient le cercle ; "Il doit s'agir d'une supercherie, et nous rendrons un service public en le dénonçant. Qu'en penses-tu, Marmion ? J'espère que cela ne te dérangera pas que la révélation ait lieu dans ton propre jardin et parmi tes propres invités ?"

"Pas du tout, mon cher Hartley", répondit Franklin Marmion avec un sourire assez perdu pour ses amis absolument matérialistes. "Nous avons, comme le dit Van Huysman, reçu un défi direct. Nous serions des serviteurs très indignes de notre grande Maîtresse si nous ne le relevions pas. Personnellement, j'ai l'intention de découvrir tout ce que je peux."

"Et, messieurs", rit le prince qui se tenait à leurs côtés et s'éloignait maintenant vers Nitocris, "j'espère sincèrement que ce que vous découvrirez vaudra la peine d'être appris."

"C'est un grand homme," dit le professeur van Huysman, alors qu'il était hors de portée de voix, "mais ce n'est pas le genre de personne dont j'aurais beaucoup besoin. Je me demande pourquoi ces gens qui sont sur le chemin de la guerre dans son pays l'a-t-il jamais laissé s'en sortir vivant ? »

Conformément à la demande de Phadrig, ils ont réalisé un triangle dont il était le point central. Sans aucune formule d'introduction, il dit assez brusquement :

"Professeur van Huysman, voulez-vous m'obliger en prenant une balle de croquet et en la tenant aussi fermement que possible dans votre main ?"

Brenda a couru hors du cercle et lui en a donné un. Il le prit et le serra dans un poing qui semblait fait pour contenir des objets. Phadrig jeta un coup d'œil au ballon et dit doucement :

"Suis-moi!"

Puis il se détourna et, malgré tous les efforts du professeur pour le retenir, le ballon lui glissa entre les doigts et tomba sur la pelouse. Puis, au grand étonnement de tous, à l'exception de Franklin Marmion, il roula vers l'Adepte et le suivit à une distance d'environ trois mètres alors qu'il faisait le tour du cercle de spectateurs. Il ne l'a même pas regardé. Lorsqu'il eut fait le tour, il prit place dans le Triangle de la Science, et la balle s'arrêta à ses pieds.

"Il est maintenant publié, professeur", dit-il à Van Huysman. "Vous pouvez l'emporter, si vous le souhaitez."

Il y avait quelque chose dans la dernière phrase qui l'agaçait. Il avait vu toutes, ou presque toutes, les lois physiques, qui étaient pour lui comme le Credo pour un catholique ou la profession de foi pour un musulman, ouvertement et sans vergogne outragées, défiées et mises à néant. Dire qu'il était en colère serait donner une idée très inadéquate de ses sentiments, car lui, le plus grand dénonciateur du spiritualisme, du dowieisme et du scientisme chrétien aux États-Unis, était non seulement en colère, mais - pour le moment seulement, comme espérait-il – complètement déconcerté. C'était trop, comme il l'aurait dit, de rester allongé, et alors, très audacieux, il fit quelques pas vers Phadrig et dit avec un grondement dans la voix :

"Je suppose que vous voulez dire vraiment si *vous* le souhaitez, Monsieur le Faiseur de Miracles. C'était très intelligent, quelle que soit la manière dont vous l'avez fait, mais vous ne m'avez pas encore fait croire que les lois physiques sont des fraudes. Vous voulez que je ramasse cette balle ? "

"Certainement, professeur, si vous le pouvez, maintenant", répondit Phadrig avec un petit mouvement des lèvres qui aurait pu être un sourire, ou autre chose.

Hoskins van Huysman était un homme fort et il le savait. Il n'y a pas très longtemps, il était capable de porter un sac de farine sur son épaule et de l'emporter en courant, et maintenant il pouvait plier un tisonnier sur ses épaules sans trop de problèmes. Il se baissa et saisit le ballon, espérant bien sûr le soulever assez facilement. Ça n'a pas bougé. Il mit plus de force dans ses bras et réessaya. Malgré "tout le mouvement qu'il a fait", comme il l'a dit plus tard, cela aurait pu peser une tonne. C'était ridicule, mais c'était un fait. Malgré tous ses tiraillements et efforts, le ballon restait là où il était, comme s'il était enraciné dans les fondements du monde. Il était assez sage pour savoir quand il était battu, alors il lâcha prise, et lorsqu'il se releva, un peu rouge après l'effort, il dit :

"Eh bien, Monsieur Phadrig, je ne sais pas comment vous faites, mais je dois avouer que cela me laisse sortir. Je suis battu. Si vous pouvez faire en sorte que la loi de la gravitation fasse ce que vous voulez, vous êtes un homme bien plus grand en physique que moi. »

Il se retourna et retourna à sa place, l'air, comme sa fille le murmurait à Nitocris, "plutôt secoué". Le prince croisa un instant le regard de Phadrig et dit :

"Miss Marmion, voulez-vous confondre la sagesse des sages et amener la balle ici ?"

Ce ne furent pas les mots mais le défi qu'ils contenaient qui la poussèrent à se lever de sa chaise, aidée par la main de Merrill, et non celle que lui tendait le prince, et à traverser la pelouse en direction de Phadrig. Elle ne lui prêta aucune attention. Elle s'est simplement penchée, a ramassé le ballon et l'a ramené sur sa chaise. Elle le jeta sur l'herbe et se rassit sans un mot, tremblante de nombreuses émotions intérieures, mais extérieurement aussi calme que jamais. Il vaudrait mieux laisser à lui-même ce que le professeur van Huysman s'est dit en voyant cela.

On aurait pu s'attendre à ce que le miracle, ou du moins le défi extraordinaire aux lois physiques accompli par Phadrig, produise quelque chose comme la consternation parmi la masse des spectateurs. Cela n'a rien fait de tel. Ils étaient peut-être au-dessus du niveau intellectuel ordinaire de la société londonienne ; mais ils ne voyaient que quelque chose de merveilleux dans ce qui avait été fait. Rien n'aurait pu les persuader que ce n'était pas le résultat d'un savoir-faire qui a produit les merveilles de la salle égyptienne, simplement parce qu'ils n'étaient pas capables d'en saisir la signification intérieure. S'ils avaient fait cela, la panique que le professeur Marmion commençait à craindre aurait probablement interrompu la fête d'une manière quelque peu désagréable. En fait, ils se contentèrent de dire : « Comme c'est extrêmement intelligent ! "Ce doit être un homme tout à fait remarquable !" "Je me demande si nous n'avons jamais entendu parler de lui auparavant !" "Il doit gagner beaucoup d'argent !" "Je me demande si je pourrais persuader le cher prince - quel homme charmant il est ! - de l'amener à ma prochaine journée à la maison ?" et ainsi de suite, parfaitement ignorants, comme ils auraient dû l'être, qu'ils avaient été témoins d'une véritable conquête de la Connaissance sur la Force.

Phadrig, qui semblait être la personne la moins intéressée sur la pelouse, regarda autour de lui et dit aussi doucement qu'avant :

"Je serais très reconnaissant si le meilleur joueur de tennis de la société me faisait l'honneur de jouer un match avec moi."

Il se trouve que Brenda, en plus de ses autres honneurs sportifs, a récemment remporté le tournoi de tennis féminin à Washington, qui a remporté le championnat de l'État de l'année, et ce défi a donc fait appel à la fois à sa fierté de le jeu et son esprit d'aventure. Elle regarda Nitocris et dit :

"J'ai envie d'essayer, Niti. Je suppose qu'il ne me frappera pas avec la foudre ou ne m'enverra pas à travers la terre si je le bats. D'accord ?"

"Oui, faites-le", répondit son hôtesse avec un soupçon de malice dans la voix; "Ces chers professeurs s'interrogent si délicieusement sur le premier miracle, ou quoi que ce soit, que je *voudrais* les voir s'inquiéter un peu plus. Ce sera un châtiment salutaire pour l'orgueil démesuré de la connaissance."

"Très bien", rit Brenda, se levant et laissant tomber une légère cape de ses épaules. "C'est la première fois que j'ai l'honneur de jouer contre un magicien, attention, alors tu ne dois pas être trop dur avec moi si je perds."

Lord Leighton alla chercher sa raquette et une pour Phadrig, et ils se dirigèrent ensemble vers le court de tennis où il se tenait. Les trois professeurs quittèrent leur place et se tinrent à une extrémité du filet, MM. Hartley et Van Huysman se livrant à des grognements audibles de scepticisme déconcerté, et Franklin Marmion observant silencieusement, partagé entre intérêt et amusement. Il ne pouvait s'empêcher d'imaginer ce qui se passerait s'il se tenait au milieu du cercle et se retirait vers le plan supérieur, puis faisait le tour en se serrant la main et en disant : « Bonjour ».

Brenda a reconnu l'arc de Phadrig avec un signe de tête gracieux alors qu'elle prenait sa place. Puis Lord Leighton remit l'autre raquette à l'Adepte. À son grand étonnement, il déclina la proposition en s'inclinant de nouveau en disant :

"Je vous remercie, monseigneur, mais je n'en ai pas besoin."

"Quoi!" s'écria l'autre avec un franc regard étonné. "Excusez-moi, mais le tennis sans raquette, vous savez, est-ce que vous allez jouer avec vos mains ?"

"Dans une certaine mesure, oui, monseigneur", répondit Phadrig en prenant sa place. "Voulez-vous demander à Miss van Huysman si elle aura la gentillesse de vous servir ?"

Brenda le ferait. Phadrig se tenait sur la ligne médiane entre les deux terrains, les mains jointes devant lui. Elle se sentait certainement un peu nerveuse, mais elle connaissait son talent et elle a envoyé un contre-dépouille torride sur le filet. Le ballon s'est arrêté net. Phadrig donna un petit coup avec son index droit, qui sauta par-dessus le filet et courut rapidement sur le sol jusqu'aux pieds de Brenda. Elle rougit en le ramassant et en changeant de terrain. Puis elle a levé sa raquette et a envoyé un slasher vraiment vicieux dans le terrain opposé. Phadrig, sans bouger, leva la main au même instant. La balle, aussi dure qu'elle avait été lancée, s'est arrêtée en plein air au-dessus du filet, est restée là pendant un moment, puis est tombée du côté de Brenda et a roulé de nouveau sur ses pieds. Elle le ramassa, se dirigea vers le filet le tenant à la main et dit avec bonne humeur :

"Je pense que vous êtes un peu trop intelligent pour moi, M. Phadrig. Je ne peux pas prétendre jouer contre un gentleman qui peut suspendre la loi de la gravitation juste pour gagner une partie de tennis."

"Je ne l'ai pas fait pour gagner la partie, Miss van Huysman", répondit-il avec un doux sourire ; "Je voulais seulement vous amuser, vous et les autres invités du professeur Marmion. Maintenant, il se peut que certaines personnes excellentes mais ignorantes ici pensent que ce bal est ensorcelé, comme ils l'appellent, alors si vous me le donnez, Je l'enverrai hors de portée.

Elle lui tendit le ballon, se demandant ce qui allait se passer ensuite. Il le prit et le plaça sur le pouce de sa main droite, comme on le fait avec une pièce de monnaie lorsqu'on la lance. Il le lança dans les airs et, à la stupéfaction de tous, sauf Franklin Marmion, il s'éleva lentement vers le ciel sans nuages, suivi du regard de cent yeux, et disparut. Puis il s'inclina de nouveau devant Brenda et dit du ton le plus banal :

"Il est désormais hors de danger. Merci encore pour votre condescendance."

"Mais comment ça a pu monter comme ça ?" » demanda Brenda en le regardant franchement et quelque peu avec défi dans les yeux.

"Cela, Miss Huysman," répondit-il avec une parfaite gravité, "n'était qu'une démonstration de ce que les spiritualistes et les théosophes ont l'habitude d'appeler la lévitation. Il s'agit simplement d'inverser la force de gravité."

"Est-ce tout?" » rit Brenda en se détournant. "Vous en parlez comme s'il s'agissait de retourner un sac en papier."

"L'un est aussi simple que l'autre", sourit-il. "Il s'agit seulement de savoir comment le faire."

Elle retourna à sa chaise très intriguée et, pour la première fois dans son voyage triomphal jusqu'à présent à travers l'intermède entre les éternités que nous appelons la vie, un peu humiliée : mais cela, bien sûr, elle le garda pour elle. En se laissant tomber sur sa chaise, elle dit à Lord Leighton :

"C'était plutôt merveilleux, n'est-ce pas ? Je suis tout à fait certain qu'il n'y a aucune supercherie là-dedans. Ce qu'il a fait, il l'a vraiment fait."

"Je ne prétends pas pouvoir l'expliquer", répondit-il, "mais j'ai néanmoins vu à peu près le même genre de choses faire par les fakirs en Inde, et je pense qu'il est généralement admis que c'est soit une question de supercherie ou d'hypnotisme. Ils vous font croire que vous voyez ce que vous ne voyez pas du tout.

"C'est à peu près tout", dit Merrill avec un petit rire, "Bien sûr, personne qui connaît quelque chose à l'Orient ne niera que l'hypnotisme est un fait, même si je dois dire que ces mêmes fakirs l'ont essayé avec moi plus d'une fois et m'a trouvé un sujet assez désespéré.

Même s'il l'avait entendu, Phadrig s'approcha à ce moment-là et leur dit de son ton poli et impersonnel :

"Commandant Merrill, je vais tenter maintenant une ou deux expériences que j'aurais aimé observer de très près. Je sais qu'il n'y a pas d'observateur plus attentif au monde que l'officier de marine britannique compétent. Puis-je demander votre aide ?"

Il y avait quelque chose dans son ton qui rendait tout à fait impossible un refus, alors il répondit :

"Vous nous avez déjà montré pas mal de merveilles, M. Phadrig, et à moins que vous ne nous ayez tous hypnotisés, je n'ai aucune idée de la manière dont vous avez fait ; mais si je peux vous découvrir, je le ferai."

"C'est exactement ce que je souhaite, monsieur", dit Phadrig en s'inclinant devant les dames et en revenant au centre du cercle. Merrill le suivit et, avec les trois professeurs, forma un carré autour de lui.

Phadrig, se retournant lentement pour que sa voix parvienne à tout son auditoire, dit :

" Mesdames et messieurs, vous avez tous entendu parler ou vu les étranges performances des fakirs indiens : la culture du manguier, ce qu'on appelle le tour du panier, et le lancement en l'air d'une corde sur laquelle l'artiste grimpe à vue. des spectateurs. Je ne vais pas dire si ce sont des trucs ou non. Leurs connaissances peuvent être différentes des miennes, donc je ne le remets pas en question, je propose seulement de vous montrer le même genre de performance sans utilisation de revêtements ou de revêtements. dissimulation, et laissez vous et ces quatre messieurs découvrir toute tromperie de ma part si vous le pouvez. Je vais commencer par vous donner une nouvelle version du tour de la mangue, si c'est un tour, avec des variantes, professeur Marmion, si vous le voulez bien. demander à une de vos demoiselles de m'apporter une de vos belles roses blanches ?

Franklin Marmion était sur le point de dire : « Je vais vous en apporter un moi-même et voir ce que vous pouvez en faire », mais il était sportif à sa manière et, voyant que ses invités n'étaient pas encore tous enclins à effrayé de ce qu'ils avaient vu, il se gardait de gâcher le « divertissement », comme ils le croyaient évidemment, et il demanda donc à sa fille d'aller chercher un de ses plus gentils Maréchal Niels.

Elle se leva de sa chaise et se dirigea vers son arbre préféré ; Merrill la suivit avec un canif prêt. Ils sont revenus avec une belle rose à moitié soufflée sur un rameau feuillu d'environ neuf pouces de long. Alors qu'elle le tendait à Phadrig, il le déclina avec un salut et un geste de la main, en disant :

"Je vous remercie, Miss Marmion, mais il vaudrait mieux que je n'y touche pas. Certains pourraient penser que je l'avais ensorcelé d'une manière ou d'une autre ; auriez-vous la gentillesse de le donner au commandant Merrill et de lui demander de mettre le tige dans le gazon : environ deux pouces de profondeur, s'il vous plaît."

Elle tendit la rose à Merrill et tandis qu'il la prenait, leurs yeux se croisèrent un instant et elle rougit légèrement. Lui, avec de nombreuses pensées inexprimées, s'agenouilla, fit un petit trou dans le gazon avec son couteau et planta la rose. Lorsqu'il se releva, Phadrig reprit de la même voix calme et impersonnelle :

"Maintenant, mesdames et messieurs, vous savez que cette rose est d'une couleur crème pâle légèrement teintée de rouge. Elle deviendra maintenant un arbre portant à la fois des roses rouges et blanches. Il ne me sera pas nécessaire d'y toucher."

D'une manière ou d'une autre, cela faisait davantage appel à l'imagination que possédait la majorité des spectateurs. Ils avaient considéré les autres merveilles qu'ils avaient vues simplement comme des exemples d'un tour de passe-passe incroyablement intelligent : mais pour un homme, faire pousser un seul brin de rose en un arbre portant à la fois des roses rouges et blanches sans même le toucher signifiait quelque chose d'assez incroyable - jusqu'à ce qu'ils aient vu. Instinctivement, le cercle se rétrécit et Phadrig, constatant cela, dit :

"Priez, approchez-vous autant que vous le souhaitez, mesdames et messieurs, tant que vous ne dépassez pas mes tuteurs, car ils se sont engagés à ce que vous ne soyez pas trompés."

Le résultat fut qu'un cercle plus petit fut formé autour du carré, aux angles duquel se tenaient Merrill et les trois hommes de science. Phadrig se tenait d'un côté, face à l'est. Puis il étendit les mains au-dessus de la rose et dit lentement :

"La terre se nourrit, le soleil se réchauffe et l'air rafraîchit : c'est pourquoi grandissez, élevez-vous, afin que la puissance de la plus grande connaissance puisse se manifester et que ceux qui ne croyaient pas auparavant puissent maintenant voir et croire."

Il leva les mains d'un mouvement ample et, au grand étonnement de tous, sauf de Franklin Marmion, qui voyait maintenant que cet homme s'était certainement approché à une distance mesurable de la frontière qu'il avait lui-même traversée si récemment - pourquoi, à ses yeux, Il n'y avait rien de merveilleux dans tout ce qu'il avait fait : les feuilles du brin se développaient rapidement en branches à mesure que la tige principale augmentait en hauteur et en épaisseur, des bourgeons rouges et blancs apparaissaient sous les feuilles et gonflaient en fleurs pleines avec une rapidité qui aurait pu le faire. aurait été tout à fait incroyable si cent yeux perçants n'avaient pas observé la merveille de si près ; et au bout de dix minutes, un beau rosier, d'environ trois pieds de haut, chargé de fleurs rouges, blanches et crème, se dressait là où Merrill avait planté le brin.

Après les premiers hoquets d'étonnement, un grand nombre de membres plus jeunes du public de Phadrig demandèrent une rose pour garder en souvenir de la merveille qu'ils avaient vue ; mais il secoua la tête et dit avec un sourire de dépréciation :

"Je regrette qu'il ne me soit pas possible d'accorder ce que vous demandez. Pour votre propre bien, je ne peux pas le faire. Si je vous donnais ces roses, elles ne faneraient jamais, et il se pourrait que ceux qui les possédaient ne mourraient jamais. Loin qu'il me soit permis de vous maudir avec un cadeau aussi terrible que l'immortalité sur terre.

Les paroles graves, presque tristes, tombaient sur les oreilles de son auditeur comme autant de flocons de neige. Instinctivement, ils reculèrent devant le magnifique buisson comme s'il s'agissait des légendaires Upas. Ils commençaient à avoir peur pour la première fois. Mais il y en avait un parmi eux, un jeune homme de vingt-deux ans, nommé Martin Caine, déjà connu comme l'un des plus audacieux et des plus clairvoyants de la génération montante des chercheurs en chimie, à qui la perspective d'une vie sans fin était consacrée. pour sa chère science, la science était tout sauf une malédiction. Enivré un moment par ce qu'il avait vu, il s'élança en s'écriant :

"Je risquerai la malédiction si je peux avoir la vie !"

Alors que sa main touchait l'une des roses, celle de Phadrig s'élança et attrapa son poignet. C'était un jeune homme puissant, mais dès l'instant où la main de Phadrig le saisit, il s'arrêta, comme s'il avait été soudainement frappé par la paralysie. Il tourna vers le haut un visage blanc et effrayé, avec des yeux dilatés par la peur, et dit d'une voix à moitié étouffée :

"Qu'y a-t-il ? Si ce que tu dis est vrai, donne-moi la vie éternelle et je la donnerai à la Science."

" Mon jeune ami, " dit Phadrig en secouant lentement la tête, " vous vous trompez gravement. Vous avez déjà la vie éternelle. Vous pouvez tuer votre corps, ou il peut mourir de vieillesse ou de maladie, mais la vie de votre âme n'est pas à vous de prendre ou de garder. Seuls les Dieux Supérieurs peuvent en disposer. Qui suis-je pour vous encourager à défier leurs décrets ? Voici mon refus de votre folle demande.

Il cueillit la rose que Caïn avait touchée, la porta à ses lèvres et souffla dessus. L'instant d'après, les feuilles fanées tombèrent à terre et restèrent là sèches et ratatinées. La tige était brune et sèche. En relâchant le poignet de Caine, il laissa tomber la tige au milieu du buisson et dit d'une voix forte :

"Comme tu as vécu, meurs - comme toutes choses qui revivront."

Aussi vite que le rosier avait grandi et fleuri si vite, il se desséchait et mourut. En quelques instants, il n'en restait plus que quelques bâtons secs gisant dans un petit tas de poussière.

Le cercle s'est soudainement élargi à mesure que les gens reculaient, chaque visage montrant non seulement l'émerveillement, mais aussi la peur réelle ; et maintenant Franklin Marmion estimait que Phadrig avait été autorisé à aller aussi loin que le permettait la santé mentale de ses invités. Les deux autres professeurs discutaient à voix basse et anxieuse, comme si même leur scepticisme était enfin ébranlé : Martin Caine s'était éloigné pendant la presse d'ouverture pour cacher sa terreur et son chagrin. L'Adepte se tenait impassiblement triomphant à côté des pauvres reliques du rosier, mais visiblement appréciant la consternation qu'il avait provoquée - car maintenant la soif de pouvoir qui accompagne toujours la connaissance imparfaite s'était emparée de lui, et il inventait encore une autre merveille. pour leur perplexité. Mais avant qu'il ait pris sa décision, il se produisit autre chose qui ne faisait absolument pas partie de son programme.

Le Prince rompit le silence glacial en disant à Nitocris d'un ton assez fort pour que tout le monde l'entende :

"J'espère, Miss Marmion, que j'ai justifié mon intrusion par l'habileté dont mon ami Phadrig a fait preuve pour divertir vos invités ?"

Elle se tourna et le regarda et, alors que leurs regards se croisèrent, il vit un changement s'opérer en elle. Ses yeux s'assombrirent : ses traits prirent une rigidité presque pierreuse qui lui était tout à fait étrangère. Ses paupières se soulevèrent rapidement et il s'éloigna d'elle comme pourrait le faire un homme qui aurait vu le spectre d'une personne morte depuis longtemps, mais autrefois bien connue.

« Nitocris ! » murmura-t-il en russe. "Phadrig avait raison : c'est la Reine !"

Elle passa devant lui – Oscar Oscarovitch, l'homme qui aspirait au trône de l'Empire oriental d'Europe – comme s'il avait été autrefois l'un de ses propres esclaves, et se tourna vers Phadrig.

"C'est assez, Anemen-Ha. N'as-tu pas encore appris la sagesse, après tant de vies ? La chambre la plus intime de ton âme est-elle encore fermée en rébellion contre les préceptes des Hauts Dieux ? Plus de tes pauvres petites momies pour la tromperie des ignorants ! Partez, et sans autre démonstration de la faiblesse que vous avez présomptueusement confondue avec la force, partez !

Seuls Phadrig et Franklin Marmion virent que ce n'était pas Nitocris, la fille du savant anglais, mais la fille du grand Ramsès qui se tenait là, couronnée et vêtue de la reine des deux royaumes.

Phadrig porta les paumes de ses mains à son front, s'inclina devant elle et murmura :

" La Reine n'a qu'à parler pour être obéie ! C'est exactement ce que je craignais. Mais le Prince... "

"Moi qui étais et qui suis, je sais ce que tu dirais. Va, ou..."

"Royale Egypte, je pars ! Mais comme tu es puissant, aie pitié et facilite mon départ."

Nitocris se détourna avec un geste de mépris total, se dirigea lentement vers son père et dit en anglais :

"Papa, je pense que notre ami l'Adepte est un peu fatigué après ses miracles. J'ose dire que la plupart d'entre nous le seraient si nous pouvions faire ce qu'il fait. Il semble assez épuisé. Je pense que tu ferais mieux de demander au Prince pour que son cocher le ramène à la maison.

L'âme d'Oscar Oscarovitch était dans un tumulte de perplexité, mais son entraînement presque parfait lui permettait de dire aussi doucement que s'il eût pris congé de son hôtesse lors d'une réception à Londres :

" Mademoiselle Marmion, nous devons vous remercier de votre grande considération. Comme vous le dites, notre ami est sans doute fatigué, et, comme j'ai rendez-vous à l'Ambassade ce soir, je vous demanderai de me permettre de prendre congé également. "

Après une profonde révérence à la compagnie et une poignée de main un peu molle avec le professeur Marmion et sa fille, il passa son bras sous celui de son complice vaincu et humilié et l'entraîna par une ouverture que les spectateurs encore hébétés ménagèrent instinctivement. eux.

CHAPITRE XII

CONTROVERSE ET CONFIDENCES

Après cet incident, les invités se sont fondus, seuls, par couples et en familles, remerciant Nitocris et son père avec beaucoup d' *empressement* pour « le délicieux après-midi » et « le divertissement extraordinaire dont ils avaient tant profité », et beaucoup de regrets que « le le pauvre Adepte, qui était vraiment très intelligent et les avait tous mystifiés si délicieusement », s'était exagéré et était tombé malade, et ainsi de suite, et ainsi de suite, à travers les répétitions et variations interminables habituelles en de telles occasions.

Un petit groupe, comprenant les Hartley, les Van Huysman, Merrill et Lord Leighton, avait été invité à rester pour dîner, mais il se trouvait qu'ils avaient déjà une conversation déjà incluse dans le programme de la journée, et ils prirent donc leur départ peu après le dîner. d'autres, le professeur, il faut l'avouer, dans un état d'esprit un peu morose. Comme tous les hommes de constitution mentale similaire, il détestait être mystifié, et maintenant, pour la première fois dans sa longue carrière d'investigation sur des phénomènes apparemment abstrus, il était absolument déconcerté par ce gentleman oriental aux manières parfaites et à la voix calme. qui faisait des prodiges en plein jour, sur un champ d'herbe, au milieu d'une foule de gens, et ne daignait même pas toucher aux choses avec lesquelles il faisait ses miracles. S'il avait seulement utilisé une sorte d'appareil, ou s'il avait condescendu à se cacher, à la manière d'autres de ce genre, il aurait pu avoir une chance de trouver un moyen de se dévoiler ; mais l'ensemble du spectacle avait été si transparent et si honnête que le professeur Marcus Hartley, D.Sc., MA, FRS, etc., etc., a estimé qu'en tant que matérialiste cohérent, on ne lui avait pas donné une chance équitable. Pourtant, il ne désespérait pas ; et au moment où il retourna dans son propre antre, il avait décidé que lorsque cela arriverait, comme bien sûr cela devrait arriver tôt ou tard, la dénonciation de Phadrig l'Adepte et la justification de la Loi Naturelle seraient complètes et définitives.

Une discussion sur les mêmes merveilles a naturellement pris une grande place dans la conversation lors du dîner au « The Wilderness ». Mme van Huysman n'y a pas apporté beaucoup de sagesse, au-delà de l'affirmation de sa conviction que de telles choses étaient mauvaises et devraient être interdites par la loi, ce à quoi sa fille s'est montrée suffisamment impie pour dresser le tableau divertissant d'un policier fidèle tentant d'arrêter un adepte insaisissable. qui pourrait probablement se rendre invisible à volonté, ou appeler à son aide des dragons cracheurs de feu, tout aussi facilement qu'il pourrait faire s'évaporer une balle de tennis dans l'air, ou faire pousser de jolies roses sorcières et les réduire en cendres d'un simple souffle.

"Je pense que c'était un peu méchant de sa part de ne pas laisser ce pauvre jeune homme en avoir un, s'il était prêt à prendre le risque. D'autant plus qu'il voulait juste continuer à travailler pour la science pour toujours. Imaginez quel seul l'homme pourrait le faire s'il pouvait simplement continuer le travail de sa vie pendant, disons, mille ans sans avoir à l'arrêter pour mourir et naître de nouveau, selon la théorie favorite de Niti. Qu'est-ce qu'un homme comme celui-là ne pourrait pas faire ? connaissance humaine ! »

"Auriez-vous eu une de ces roses, Brenda, si le faiseur de miracles du Prince vous en avait offert une ?" » demanda Nitocris en souriant, mais toujours avec une note de sérieux dans son ton.

"JE?" rit Brenda en se penchant en arrière sur sa chaise. "Bon sang, non, mon enfant ! J'ai passé un assez bon moment jusqu'à présent, et j'espère que ce ne sera pas fini tout de suite ; mais, après tout, il doit y avoir une limite même aux combinaisons de la vie humaine, et une limite." Il faudrait qu'un moment vienne où vous recommenceriez encore et encore les mêmes choses. Et, à côté de cela, pensez à l'horreur de vivre encore et encore et de revoir tous ceux que vous aimez – mari et femme, enfants et petits-enfants. —vieillir et mourir, et vous laisser seul dans un monde d'étrangers. Non ; la vie est une bonne chose si vous êtes juste dans le monde, mais la mort aussi quand vous avez vécu votre vie. C'est comme aller au lit. , après tout. La vie éternelle serait comme un jour sans nuit, et cela, je suppose, deviendrait un peu monotone après un siècle ou deux. Qu'en pensez-vous, professeur ? »

"Ma chère Miss van Huysman," répondit son hôte avec un de ses sourires rares mais éloquents, "depuis que j'ai commencé à étudier la question avec quelque illumination, je n'ai pas pu considérer ce que nous appelons la vie, c'est-à-dire l'existence dans ce monde ou dans un autre monde, comme tout sauf éternelle. Dans ses manifestations à nos sens, elle est, je l'admets, simplement transitoire, un bref laps de temps entre deux autres états que, faute d'un meilleur mot, nous pouvons appeler deux. des éternités ; mais je dois avouer que, pour moi, une existence humaine commençant au berceau et se terminant par la tombe n'est qu'une énigme plus ou moins tragique sans réponse : en d'autres termes, une absurdité dénuée de sens que je trouve tout à fait impossible à concevoir. toute divinité ou génie président de l'univers qui pourrait être coupable d'une tragédie aussi colossalement inutile que le serait la vie humaine dans de telles circonstances. »

"Je ne le vois pas, ma chère Marmion", dit le père de Brenda d'un ton un peu bourru, car il ne s'était pas encore tout à fait remis des expériences inquiétantes de l'après-midi. "Qu'importe que nous revivions ou non, tant que nous vivons proprement et faisons notre travail honnêtement tant que nous sommes en vie ? Sûrement, si nous quittons ce monde un peu meilleur, un peu plus riche en connaissances, que nous ne le trouverons, nos pauvres petites vies, telles qu'elles sont, et ce n'est pas grand-chose, n'auront pas été vécues en vain. Bien sûr, comme vous le savez, je ne suis qu'un matérialiste vulgaire et bas qui ne peut pas atteindre le niveau. poésie des choses autant que vous le pouvez avec votre magnifique théorie de la réincarnation.

« J'aimerais beaucoup y croire si je le pouvais, comme je l'ai dit un jour à un éminent revivaliste en guerre aux États-Unis ; mais le problème avec un homme honnête avec lui-même, c'est qu'il ne peut plus se faire croire Ce qui ne lui semble pas vrai, c'est qu'il peut avoir faim alors que ce n'est pas le cas. Toute l'horrible histoire de persécution religieuse n'est que l'histoire de nombreux fanatiques au pouvoir essayant de forcer des gens impuissants à faire ce qu'ils ne pouvaient pas faire. "

"Mais, au moins, Professeur, j'espère que vous pourrez leur reconnaître des intentions honnêtes, aussi erronées soient-elles ?" interrompit Merrill, qui était le fils d'un pasteur de campagne et qui avait jusqu'ici conservé intacte sa foi simple. On peut remarquer ici que Nitocris en était bien conscient et n'en aimait que mieux son marin à l'âme forte. Franklin Marmion ne le pensait pas, mais il pensait que n'importe quelle croyance était suffisante pour « un simple combattant ».

"Il y avait parmi eux des intrigants et des scélérats des deux côtés, monsieur", répondit doucement l'Américain. « La tentation était trop grande ; mais je suis tout à fait disposé à admettre que la majorité d'entre eux, même les Inquisiteurs, étaient d'honnêtes fanatiques qui pensaient vraiment qu'il était juste de produire n'importe quelle quantité de souffrance et de misère ici sur terre afin de remettre les choses au clair. comme ils le pensaient, Charles V était le monarque le plus éclairé de son époque et le pire persécuteur, et Torquemada, en dehors de sa religion, était un homme aussi bon que jamais Calvin était un homme bon. il a regardé Servet brûler, et nos propres Pères Pèlerins de l'autre côté étaient des hommes à peu près aussi durs que n'importe qui lorsqu'il s'agissait de débattre d'une question religieuse avec des fouets, des pilori, des vis à pouce, et ainsi de suite. Je ne veux offenser personne. à chacun la croyance qui le satisfait, mais personnellement, je n'ai aucune utilité pour une religion qui ne peut se faire croire sans persécution.

"Je suis tout à fait d'accord avec vous, professeur", répondit Merrill, qui se sentait un peu refroidi par la parfaite distance avec laquelle l'autre parlait, et se demandait ce que son cher vieux père, vivant sa vie tranquille et sainte parmi les vallées du Derbyshire, allait faire. J'ai pensé à une telle hérésie de sang-froid. "J'ai toujours considéré ce genre d'intolérance brutale comme une forme de folie religieuse – une folie sincère, mais toujours, et son histoire est le chapitre le plus horrible de l'histoire de l'humanité…"

"Sauf peut-être l'histoire de la guerre", interrompit le professeur Marmion d'une voix cassante. La monomanie, plus ou moins inoffensive, est une affliction assez fréquente des très hautes intelligences, et il avait une haine tout à fait irraisonnée de la guerre, bien qu'au cours des derniers jours il en soit venu à soupçonner des appréhensions inquiétantes à ce sujet, peut-être en raison de l'état d'esprit plus élevé. connaissance à laquelle il parvenait.

"Mon cher monsieur," répondit Merrill avec bonne humeur et pas du tout désolé pour la diversion, "je suis heureux de dire que je suis également d'accord avec vous. Aucun homme qui n'a pas réellement combattu ne peut avoir la moindre idée de l'épouvantable les abominations de la guerre, et je suis sûr que personne ne la déteste avec plus de dévouement que ceux qui doivent se battre. Mais nous devons prendre le monde tel qu'il est, et non pas tel que nous voudrions qu'il soit et aussi longtemps que nous aurons des hommes. ceux qui veulent y mettre le feu pour leurs propres desseins brutalement égoïstes, nous devrons maintenir les extincteurs en bon état.

Obéissant au regard engageant de sa fille, le professeur ne répondit pas. Son adversaire dans l'arène exsangue de la Science l'a sauvé en l'interrompant :

"Oui, monsieur. Je diffère de mon ami Marmion sur bien des points, et celui-ci en fait partie. Vous avez l'honneur de servir dans la plus grande institution d'extinction d'incendie au monde. C'est la marine britannique qui a éteint le feu de joie de Napoléon qui il créait le monde : vous avez maintenu l'anneau autour de nous et de l'Espagne, et autour de la Russie et du Japon, et vous avez évité plus d'incendies qu'une demi-douzaine de déluges de Noé n'en auraient provoqué. C'est pourquoi le Kaiser et ses tisons à chapeau de fer-blanc l'ont fait. une aversion si saine pour toi. Ils auraient mis le monde en feu il y a des années s'ils n'avaient pas eu à s'inquiéter pour toi.

"Je pense que vous devez admettre, professeur Marmion", a déclaré Lord Leighton, qui était jusqu'à présent occupé par ses propres nouvelles pensées et la contemplation de leur inspirateur, "que ce sont des gens comme ceux-là qui portent la véritable culpabilité du crime. Maintenant que la pression de la patte de l'ours est levée, l'Allemagne est le point dangereux du monde. Les affaires marocaines l'ont prouvé assez clairement et rien d'autre que notre amitié avec l'Amérique, la France et le Japon, et notre capacité à frapper. durement et instantanément en mer, a sauvé l'Europe, et peut-être le monde, de quelque chose qui ressemble à une répétition des guerres napoléoniennes.

"Avec Monsieur William Hohenzollern un Napoléon", ajouta le professeur van Huysman avec un reniflement à moitié réprimé. "Il me semble que ce monsieur s'est répandu en Europe en tant que seigneur de la guerre allemand depuis si longtemps qu'il en a assez de jouer et qu'il a juste envie d'un vrai combat."

"C'est très possible", a déclaré Merrill; "Mais heureusement, il a des responsabilités, et même le parti de guerre allemand ne le suivrait pas aussi loin qu'il le voudrait, sans parler des libéraux et des socialistes. Personnellement, je dois dire que je pense que nous avons eu beaucoup plus personne dangereuse, en ce qui concerne la paix du monde, sur la pelouse de 'The Wilderness' cet après-midi."

"Bien sûr, vous voulez dire cet odieux prince russe qui a amené avec lui cet adepte tout aussi odieux, comme il se fait appeler", dit Nitocris avec une dureté inhabituelle qui fit lever les yeux à tout le monde.

"Oh, Niti", s'est exclamée Brenda, "et je t'ai demandé de me laisser l'amener !"

"Je suis vraiment désolée, chérie," répondit-elle doucement, mais avec un sourire rassurant. " Ce n'était pas votre faute, bien sûr. Il a peut-être été très gentil avec vous, mais je suis obligé de dire que dès le premier instant où je l'ai regardé, j'ai été possédé par un sentiment inexplicable d'aversion, et même de peur, même si je suis certainement Je n'ai jamais détesté ni craint personne auparavant. Si je l'avais rencontré avant de recevoir votre message, je pense vraiment que j'aurais dû vous demander de nous épargner cet honneur. Il m'a semblé qu'il y avait quelque chose d'étrange chez cet homme. curieux."

Son père la regarda un instant, se demandant ce qui se passerait s'il lui expliquait sur-le-champ la mystérieuse antipathie. La petite discussion théologique paraîtrait bien minime après une telle révélation. Mais lui aussi avait eu une révélation que la conversation quelque peu décousue avait fait en sorte de le faire comprendre. Il avait vu l'avènement de la reine et entendu ce qu'elle avait dit à Phadrig avec d'autres yeux et d'autres oreilles que ses invités, car pour eux ce n'était que Nitocris qui était allé vers lui et lui avait dit quelques mots inaudibles, qu'ils avaient entendus. avait pris comme une demande de conclusion de sa "performance".

Il avait parcouru les brumes de plusieurs siècles et les avait reconnus tels qu'ils étaient, et il avait appris qu'Oscarovitch le Russe était désormais entré dans le cercle de l'influence de la Reine, et donc de sa propre influence. Une soudaine inquiétude pour la sécurité de sa chérie Niti s'était réveillée dans son cœur. Il avait vu le désir de possession flamber dans les yeux de l'homme, et maintenant qu'il savait qui il était – et avait été – il décida que quel que soit l'autre aventurier qui pourrait enflammer le monde, le Skobeleff moderne ne devrait pas le faire si lui et son Royal un allié sur le plan supérieur pourrait l'empêcher. Sa venue avait été une curieuse coïncidence, peut-être une conséquence de causes obscures ; mais, pour une raison ou une autre, il commençait à porter un regard plus favorable sur le commandant Mark Merrill – peut-être parce qu'il incarnait une hostilité sans compromis envers tout ce que représentait Oscarovitch.

Le dîner était maintenant terminé, et Nitocris profita donc de mettre fin à une conversation qui semblait juste pour devenir quelque peu gênante. Elle jeta un coup d'œil autour de la table et se leva en disant :

" Ne penses-tu pas que nous avons eu assez de polémiques pour un petit dîner, papa ? Il y a une belle lune, alors nous prendrons notre café sur la véranda, et toi et M. van Huysman pourrez régler les affaires de l'univers confortablement. vos pipes. Donnez à Lord Leighton et à M. Merrill quelque chose à fumer, et nous vous rejoindrons lorsque nous aurons quelques emballages.

À leur retour des appartements de Nitocris, Mme van Huysman choisit de prendre son café dans un grand fauteuil profond près de la fenêtre du salon. Elle dit qu'elle avait un peu senti le soleil et qu'elle pourrait éventuellement faire quarante clins d'œil, ce qu'elle fit quelques minutes après s'y être confortablement installée . Puis Nitocris a pris Brenda par le bras et l'a accompagnée à mi-chemin sur la pelouse.

"Je veux prendre possession de Lord Leighton pendant environ une demi-heure, ma chérie, si cela ne vous dérange pas. J'ai quelque chose de très sérieux à lui dire. Papa, avec la lâcheté caractéristique de son sexe, a laissé le soin à C'est à moi de dire. Il s'agit... eh bien, il s'agit d'une momie : une momie femelle, ou, du moins, je suppose que je devrais dire une momie qui était autrefois une femelle — il y a environ cinq mille ans.

"Ma chère Niti———"

"Non, non, ne m'interrompez pas, pour l'amour de Dieu. C'est trop grave. C'est vraiment le cas. Nous avons eu quelque chose qui ressemble à une tragédie ici ces derniers jours, et les choses semblent avoir été, comme on dirait." , bien mélangés depuis. Je ne comprends pas du tout, mais ils l'ont été.

« Mais, ma chère Niti, que diable pouvez-vous dire à Lord Leighton à propos d'une… d'une momie ? Quel intérêt un cadavre vieux de cinq mille ans peut-il avoir pour lui ?

"Non, Brenda, non, du moins pas tout de suite ! Attends que je te le dise, et ensuite tu verras", dit Nitocris en pressant son bras plus près d'elle. "Lord Leighton est, comme vous le savez, je pense, un étudiant enthousiaste des antiquités égyptiennes. Il était aussi, ou pensait qu'il était, amoureux de mon indigne moi. Il a trouvé cette momie dans un tombeau royal à Memphis. Il... eh bien, je supposons que je l'ai volé - bien sûr sous l'autorisation habituelle du Khédive - et je l'ai envoyé à papa. Maintenant vient le mystère : c'était la momie de Nitocris, la fille du grand Ramsès, et c'était l'image morte de mon vivant. soi."

"Oh, mais, Niti, que veux-tu dire ?"

"Je ne sais pas, Brenda. J'aurais aimé le savoir. Tout ce que je sais, c'est qu'il a été volé le soir même dans le bureau de papa dans la vieille aile, et que je dois tout raconter à Lord Leighton. Je Je suis sûr que papa aurait pu lui dire beaucoup mieux, mais d'une manière ou d'une autre, il semble avoir peur.

"Oh, c'est tout... juste le vol de ce qui était peut-être une relique très précieuse ? Ils essaient de voler des cadavres bien plus frais qu'aux États-Unis s'il y a des dollars dans le business."

"Ne sois pas brutale, Brenda ! Je sais que tu ne le penses pas, et cela ne te ressemble pas. Maintenant, écoute. Cette fois, avant qu'il ne parte en Égypte, Lord Leighton m'a demandé de l'épouser. J'ai dit 'Non, " et pour deux raisons, je savais qu'il m'aimait beaucoup - il l'a toujours aimé - et le pauvre papa a pris son goût pour l'amour et l'a encouragé : mais je suis une femme et, je sais, ce goût n'est pas l'amour... et puis j'aime quelqu'un d'autre. Et maintenant, je veux dire Lord Leighton, il aime quelqu'un d'autre. Tournez votre visage vers la lune. Oui, vous savez qui est cet autre, je suis si heureux, car je pense. toi--"

"Niti, vous dites des bêtises flagrantes pour une jeune femme instruite. Je ne connais Sa Seigneurie que depuis un jour, et comment pouvez-vous———"

" Parce que les femmes bachelières en sciences et diplômées de Vassar, quoi qu'en disent les stupides, ont un cœur *aussi* bien qu'un intellect, ma chère, et c'est ce qu'elles savent. Il me semble qu'on m'a donné une sorte de sixième sens aujourd'hui, et, lorsque vous avez rencontré Lord Leighton, je l'ai vu, et je crois que vous l' *avez senti* . J'ai vu vos yeux s'éclairer et votre visage rougir – seulement un peu, mais c'est le cas, tout comme le sien. Vous connaissez ma croyance dans la Doctrine. J'ai été amants, peut-être mariés, autrefois, comme on dit dans les contes de fées.

" Comme c'est horrible – non, je veux dire, comme c'est merveilleux – si seulement cela pouvait être vrai ! Et maintenant, comme tu m'as dit tout cela, tu pourrais aussi bien me dire qui est ton quelqu'un d'autre. "

"Vraiment, Brenda, je pensais que tu avais plus de perception. Il est là sur la véranda en train de fumer avec ton Lord Leighton."

"Oh ! Alors, bien sûr, tu vas l'épouser ?"

"Je suis désolé de dire que papa ne veut pas que je le fasse. Avec tout son génie et son apprentissage, il est un enfant parfait dans ce genre de choses. Il n'a aucune idée de la sélection naturelle. Maintenant écoute encore, Brenda.. Quand j'ai eu Pour dire à Mark que papa ne me laisserait pas l'épouser, il m'a soulevé d'une chaise dans la véranda, là où ton père et le mien sont assis, et m'a embrassé trois fois.

"Et je parierai dix cents que tu lui rendras son baiser. C'est de la sélection naturelle, si j'en sais quelque chose. Niti, si cet homme - et c'est un homme - n'est pas tué dans une bagarre, il se mariera. toi malgré tous les papas scientifiques égarés sur terre. Ne t'inquiète pas, tu m'as juste rendu heureux, je ne suis pas émotif de cette façon, mais j'aimerais t'embrasser si la lune n'était pas si brillante. . Supposons que nous retournions et essayions d'aider un peu le bienveillant Destin ?

Les Destins qui, d'une manière vaguement perçue, semblent façonner nos petites phases successives d'existence, étaient certainement d'humeur bienveillante en cette « belle nuit de juin ». Les deux professeurs s'étaient retirés dans le sanctuaire de Franklin Marmion pour discuter du whisky et du soda et des possibilités de manifestations physiques de l'Occulte. Mme van Huysman dormait franchement et confortablement dans le fauteuil profond et largement rembourré, et les deux jeunes hommes aspiraient presque aussi franchement à une compagnie plus douce que la leur.

Mais le jumelage, si adroitement géré par Nitocris, ne leur parut pas au premier abord entièrement satisfaisant, et pourtant quelques minutes de conversation suffisent pour les convaincre de la sagesse de l'arrangement. Brenda, avec tout le tact délicat qui fait de toute femme hautement qualifiée une diplomate habile, réussit non seulement à charmer complètement Merrill comme un homme amoureux d'une autre femme aime être charmé, mais aussi à lui faire comprendre encore plus clairement. qu'il n'avait fait combien les Parques l'avaient béni en lui donnant l'amour d'une fille telle que Nitocris ; puis, par quelques suggestions très adroitement transmises, elle lui fit comprendre en outre que, dans la mesure où Lord Leighton avait toujours été un obstacle inconscient sur son chemin, il était même maintenant en train de se retirer. C'est pourquoi le commandant Merrill aimait fumer et se promener sous les hêtres bien plus qu'il ne l'avait prévu.

La position dans laquelle Lord Leighton se trouvait avec Nitocris était certainement plus difficilement ambiguë, mais ici aussi son tact et sa parfaite franchise aidaient sa propre chevalerie innée à accomplir tout ce qui était désirable avec le moins de frictions possible. Elle commença par lui raconter, comme elle l'avait dit à Brenda, le mystérieux vol de la Momie, et lui présenta une sorte d'excuse pour que son père lui en ait chargé de le raconter - bien sûr, en parfaite innocence quant à la véritable raison de son vol. Ce faisant. Il déplora avec elle la perte de ce qu'ils croyaient tous deux être une relique inestimable de l'âge d'or égyptien, mais il la passa à la légère, principalement parce qu'il y avait quelque chose dans son esprit à l'instant qui était bien plus grave que même la perte de la momie de son homonyme mort depuis longtemps.

Il y avait eu un petit silence entre eux après qu'il avait présenté ses condoléances, puis il dit, avec une hésitation qui annonçait bien ce qui allait arriver :

« Mademoiselle Marmion, j'ai une confession plutôt délicate à vous faire – je dois vous le dire, en fait, je pense que c'est mon devoir de – eh bien, honnêtement, je ne sais vraiment pas trop comment le dire correctement, mais — mais... euh, il m'est arrivé aujourd'hui quelque chose qui est bien plus important pour moi, au moins, que la disparition d'une demi-douzaine de momies royales.

"En effet?" » dit Nitocris, avec une supposition modestement parfaite d'ignorance. "Beaucoup de choses semblent s'être produites aujourd'hui. C'est peut-être lié aux merveilles de ce merveilleux Adepte ? Elles ont certainement étonné la plupart d'entre nous, je pense."

"Non," répondit-il, encore un peu hésitant, "à ma connaissance, cela n'a rien à voir avec lui ou ses miracles, sauf qu'il y avait certainement quelque chose de décidément étrange chez cet homme et dans l'impression qu'il faisait sur soi. Bien sûr. J'ai vu quelque chose de similaire en Égypte et dans l'Extrême-Orient ; mais il semblait assez étrange. Pourtant, ce n'est pas la question, même si cela peut avoir quelque chose à voir avec cela. »

Il hésita encore. Elle le regarda d'un air de côté et dit presque à voix basse : « Oui ?

Le clair de lune était suffisamment brillant pour qu'il puisse voir les notes d'interrogatoire dans ses yeux, et il se lança.

« Mademoiselle Marmion, je vous ai dit un jour que je vous aimais et que je vous voulais pour femme, et... et le fait est que... je veux dire, je sais maintenant que ce n'était pas vrai... et j'ai donc pensé que je devrais vous le dire. . Vous savez, bien sûr, que le professeur... »

« Mon cher Lord Leighton, » répondit-elle avec un air de sagesse tout à fait supérieure, « mon savant père est un homme très intelligent dans ses propres sujets : mais je pense que j'en sais beaucoup plus sur celui-ci en particulier que lui. Vous avez bien raison. Vous ne m'aimiez pas beaucoup, je n'en doute pas.

"Oui, et c'est ce que je fais encore et je le ferai toujours, mais..."

"Mais votre goût était assez grand pour que vous le preniez pour de l'amour. Les instincts des femmes sont plus vifs et plus vifs dans ces relations que ceux des hommes, et j'ai vu que vous ne m'aimiez pas comme une vraie femme doit être aimée, et, pour être Très franchement avec vous, quelqu'un d'autre l'a fait. Je vous aime beaucoup, Lord Leighton, et je vais continuer à vous aimer ; mais, voyez-vous, je ne pouvais pas vous donner ce que j'avais déjà donné. m'a tellement dit que tu devrais m'en dire un peu plus. Comment est née ta soudaine illumination sur ce sujet intéressant ?

Il fut infiniment soulagé par la manière absolument franche et amicale avec laquelle elle avait traité tout le sujet, et il eut donc le courage de répondre en riant :

"En bref, Miss Marmion, vous me demandez qui est l'autre fille. Eh bien, vous avez certainement le droit de savoir, car, curieusement, je n'aurais peut-être jamais fait sa connaissance sans vous..."

"Est-ce que c'est Brenda ?"

La question fut murmurée, et il répondit à voix basse :

"Oui, tu penses que j'ai une chance ?"

Une cohorte de chats sauvages n'aurait pas arraché le secret de Brenda de l'âme de son amie, et elle répondit donc d'un ton presque judicieux dans sa justesse :

"C'est, mon ami, une question à laquelle on ne peut répondre qu'en la posant à une autre - et c'est à elle qu'il faut la poser, pas à moi."

"Oh oui, bien sûr que je le dois", dit-il plutôt mollement. "Mais elle est si splendide, si belle, si exquise, et... j'aurais aimé qu'elle ne soit pas si riche. Vous voyez, même si j'avais la grande chance de... de la convaincre de m'épouser, j'en ai beaucoup pour les deux." et, vous savez, dès qu'un Anglais titulaire d'un titre se fiance avec un millionnaire américain, tout le monde dit qu'il est simplement à la recherche de dollars. »

"Cela est malheureusement généralement trop bien justifié par les faits", répondit-elle sérieusement. "Mais seuls les commérages les plus idiots et les plus ignorants pourraient dire cela de vous. Tout le monde sait que la couronne de Kyneston ne veut pas être redorée."

Et puis elle poursuivit en lui jetant à nouveau un regard de côté :

" Pourtant, comme vous le savez parfaitement, dans des affaires de ce genre, dans ces considérations diplomatiques très délicates, je me fiche de savoir s'il s'agit de cinquante shillings par semaine ou de cinquante mille par an. Vous m'avez fait un jour le très grand compliment de m'offrant un rang, une position et presque tout ce qu'une fille, du point de vue purement matériel, pouvait demander, j'ai refusé, parce que j'étais certain que vous et moi ne nous aimions pas, même si nous nous aimions et nous respections. l'autre — comme devraient le faire un homme et une femme, à moins qu'ils ne se rendent coupables d'un grand péché l'un contre l'autre. Pour le dire d'une manière très éculée, nous n'étions pas les affinités l'un de l'autre, j'avais déjà

trouvé les miennes — et je pense, et. j'espère que vous avez trouvé le vôtre -
et je vous souhaite toute la chance que vous puissiez et, peut-être, gagner.

"C'est très, très gentil de votre part, Miss Marmion ; mais pensez-vous que
vous pourriez... eh bien, m'aider un peu ? Je sais que je ne le mérite pas."

"Non, monsieur, ce n'est pas le cas", rit-elle doucement, parce que les deux
autres revenaient sur la pelouse. "Je m'étonne que vous ayez - je suis à moitié
enclin à dire l'impudence - à demander une chose pareille. Vous avez avoué
votre inconstance d'une manière presque éhontée ; et maintenant vous me
demandez de vous aider avec l'autre fille ! Non, ma Seigneur : si je sais
quelque chose sur la nature de Brenda van Huysman, personne ne peut vous
aider à part vous-même. Bien sûr qu'elle pourrait... "

« Pensez-vous vraiment qu'elle pourrait… je veux dire de cette façon ?

"Qui suis-je pour connaître les secrets de l'âme d'une autre femme ?" »
répondit-elle avec une prévarication sans hésitation. "La voilà. Allez lui
demander, et emportez avec vous mes meilleurs vœux. Maintenant, je vais
parler à *mon* affinité pendant quelques minutes."

"Alors c'était Merrill, après tout !" se dit-il tandis qu'ils rejoignaient les autres.
"Eh bien, je suis content. C'est un garçon splendide ; et elle... bien sûr, elle
vaut l'amour du meilleur homme du monde... et j'ai bien peur que ce ne soit
pas le cas... de toute façon, j'aurai l'opinion de Miss Brenda sur le sujet. avant
de rentrer à la maison ce soir.

Il est à peine besoin d'ajouter que cette opinion était non seulement
entièrement satisfaisante, mais encore exprimée avec beaucoup de douceur.

CHAPITRE XIII

AUTOUR DU THÉ ET DU TOAST

Le lendemain matin, il y eut au moins trois petits déjeuners mouvementés « pris », comme c'était autrefois la mode de dire ; un à « The Wilderness », un au Savoy et un à la maison de ville de Kyneston à Prince's Gate.

Lorsque le professeur Marmion arriva, il était un peu en retard, car il avait travaillé une longue nuit, terminant ses notes de cours à sa propre satisfaction, ou, du moins, autant qu'il pouvait y arriver. Comme tout bon travailleur, il n'était jamais vraiment satisfait de ce qu'il faisait. Lorsque la femme de chambre eut fermé la porte de la salle du petit-déjeuner, il regarda sa fille de l'autre côté de la table avec un scintillement dans les yeux et dit :

"Niti, avant de partir hier soir, Lord Leighton a eu une conversation avec moi, et vous en étiez en partie le sujet."

"Et qui aurait pu être l'autre partie du sujet, papa ?" » demanda-t-elle avec un calme parfaitement simulé.

"Ça, Niti," répondit-il lentement, "J'espère que tu le sais aussi bien que moi. J'ai tendance à me considérer comme la victime de quelque chose qui ressemble beaucoup à une conspiration."

"Je pense que tu as tout à fait raison, papa", répondit-elle avec un calme parfait. "Mais les principaux conspirateurs étaient les Parques elles-mêmes. Nous, les autres, n'avons fait que ce que nous devions faire. Lorsque vous aurez résolu ce problème de N au quatrième, je pense que vous verrez que nous n'aurions en réalité rien pu faire d'autre, car, si vous Une fois franchie la frontière – l'horizon dont parlait le professeur Cayley, je veux dire – vous devriez être en bons termes avec eux.

Avant de répondre à cette remarque un peu inquisitrice, l'homme qui *avait* traversé l'horizon vida sa tasse de café et la reposa dans la soucoupe avec un râle perceptible. Puis il dit plus lentement qu'auparavant :

"Ma chère Niti, il y a d'autres mystères que N jusqu'au quatrième. Je veux seulement maintenant t'avouer franchement que j'ai essayé de résoudre l'un d'entre eux, peut-être le plus grand de tous, et j'ai ignominieusement échoué. J'ai beaucoup appris ces derniers temps. nuit d'un jeune homme à qui je pensais avoir pu tout apprendre, et je me suis levé ce matin dans un état d'esprit nettement calmé et ainsi, pour faire court, si vous aimez conduire en ville et amener le commandant Merrill ; de retour au déjeuner, je serai très heureux de discuter avec lui par la suite.

L'instant d'après, Nitocris était de l'autre côté de la table, son bras autour des épaules de son père. Elle l'embrassa et murmura :

"Vous, le plus cher des chéris ! Si j'avais pu vous aimer davantage, je le ferais maintenant, mais je ne peux pas. Je ne conduirai pas en ville, parce que Brenda vient avec Lord Leighton dans son nouveau moteur pour me chercher ; au moins , elle le fera, si d'autres papas ont été aussi charmants que vous.

Il leva la main et lui caressa la joue avec un geste plus âgé qu'elle, et dit avec un sourire qui signifiait plus qu'elle ne pouvait comprendre :

" Ah ! c'était donc *une* conspiration, après tout ! Eh bien, ma chérie, j'espère que, pour votre bien, cela réussira. "

À peu près au même moment, Brenda disait à ses parents :

"Poppa et Mammy, j'ai des nouvelles à vous annoncer, et j'ai dormi dessus, pour être bien sûr de ce que j'ai dit."

"Et qu'est-ce que ça pourrait être, Brenda ?" » demanda sa mère en levant les yeux avec inquiétude. "Rien de bien grave, j'espère."

« Quelque chose en rapport avec les Marmions ? demanda son père d'une voix qui semblait venir de loin. Il avait le *Times* appuyé contre le sucrier de sa main gauche, et il venait de lire l'annonce de la conférence de Franklin Marmion pour le lendemain soir, et c'était pour lui une affaire assez sérieuse.

"C'est lié à eux de cette façon", a déclaré Brenda en posant ses coudes sur la table. " Toi et oncle avez voulu une couronne dans la famille, et vous savez que j'en ai refusé trois, parce que les hommes qui la portaient n'étaient pas dignes de respect, sans parler d'aimer. Eh bien, je viens de découvrir que je j'aime un homme qui a une couronne maintenant et qui en aura une autre un jour, à moins que quelque chose d'inattendu ne lui arrive ; mais attention, c'est l'homme que j'aime et que je veux épouser, et je voudrais quand même le faire s'il était toujours le même homme, et n'avait ni couronne ni dollar à son actif.

"C'est comme toi, Brenda, et ça sonne bien", dit son père, détournant son attention du titre séduisant de la conférence de Franklin Marmion. "Maintenant, qui est-ce ?"

"Si seulement c'était ce gentil jeune homme, Lord Leighton !" » dit Mme van Huysman, d'une voix qui sonnait comme un appel contre le jugement final du destin humain, « mais, bien sûr, il est... »

"Non, maman, c'est juste ce qu'il ne va *pas* faire", s'exclama Brenda en se redressant et en joignant ses mains derrière son cou. " Nitocris Marmion est amoureux de quelqu'un d'autre, et Lord Leighton est amoureux de moi – du moins, il l'a dit hier soir à « The Wilderness », et je ne pense pas qu'il l'aurait dit s'il ne l'avait pas fait. je le pensais vraiment – et je lui ai dit d'aller demander à son papa : et maintenant je vais demander à mon papa et à ma maman si je pourrais bientôt devenir Lady Leighton, et, peut-être, un jour, comtesse de Kyneston. Vous voyez, Lord Leighton l'est. juste un vicomte maintenant——"

"Quoi, juste un vicomte !" s'écria Mme van Huysman en se levant de sa chaise et en passant un bras potelé autour de son cou. « Juste un vicomte… et héritier de l'une des plus anciennes pairies d'Angleterre ! Oh, Brenda, est-ce vraiment vrai ?

"Je suppose que Brenda ne le dirait pas si ce n'était pas le cas, et c'est à peu près tout ce qu'il y a à faire", a déclaré son père en étendant son long bras au-dessus de la table. "Je te félicite, ma fille. Maman et moi avons peut-être été un peu troublés par certains de vos autres refus, mais vous semblez avoir su ce qu'il y avait de mieux, après tout : et je pense que votre oncle Ephraim pensera la même chose. Seigneur. Leighton est un homme jusqu'au bout des doigts. Il n'aurait pas fait ce qu'il a fait s'il ne l'avait pas été, mon enfant, et… »

Brenda "a tremblé", puis, sans un autre mot, elle s'est levée et s'est précipitée hors de la pièce.

"La fille a raison !" » dit le professeur van Huysman, alors que la porte se refermait derrière elle ; "et si je ne suis pas complètement idiot, elle a trouvé l'homme qu'il faut."

"Hoskins, vous pouvez tout le temps laisser cela à une fille bien élevée comme Brenda. Elle *a* raison, et tout ce que nous devons espérer maintenant, c'est que le comte aura raison aussi", dit sa femme avec un peu d'anxiété. .

"Il doit juste voir notre fille et alors il le verra, à moins qu'il ne soit un idiot né, ce qui, bien sûr, ne pourrait pas être", répondit le père de Brenda sur un ton de conviction absolue. "Maintenant, je me demande ce que cet homme, Marmion, va nous lâcher demain soir ?"

"Bonjour, monsieur", dit Lord Leighton, alors que son père entrait dans la salle du petit-déjeuner à peu près au même moment où Brenda quittait l'autre pièce du Savoy.

"Bonjour, Lester", répondit le comte de Kyneston, tandis que père et fils se serraient la main selon la vieille mode courtoise qui, au cours du dernier demi-siècle, est passée de mode, sauf parmi ceux qui ont des ancêtres dont les archives font honneur à leur descendance. "Vous avez l'air très bien et en forme - et il y a autre chose. Qu'est-ce que c'est ? Avez-vous passé une soirée très agréable hier à 'The Wilderness' ? Miss Marmion a-t-elle finalement révoqué sa décision ?"

"Non, monsieur", dit son fils en le regardant avec des yeux brillants ; "mais elle m'a convaincu que je m'étais cru amoureux de la mauvaise fille - et l'autre fille était sur la pelouse au même moment, parlant avec l'homme dont Miss Marmion était, et dont elle est amoureuse, et sera toujours, Je pense."

"Et l'autre jeune dame, Lester... parce que, bien sûr, c'est une dame, je veux dire dans notre sens du terme, très mal comprise comme c'est le cas de nos jours ?"

"C'est Brenda van Huysman, monsieur."

"Oh, la fille du professeur... je veux dire la fille de l'autre professeur. Une très bonne famille. Son père est un homme distingué et, si je me souviens bien, un certain Van Huysman fut l'un des premiers colonisateurs de la Nouvelle-Angleterre il y a environ quatre cents ans. il y a quelque temps. C'est la même famille, je suppose ?

"Oui, monsieur, je peux en témoigner."

Nitocris lui avait raconté toute l'histoire de la famille, et il était donc sûr de ses faits.

"Lester, je te félicite", répondit son père en lui prenant le bras, comme ils en avaient l'habitude. " Pendant que tu étais en train de creuser parmi ces tombeaux et ces temples égyptiens, cette fille a refusé au moins trois couronnes, et l'une d'entre elles portait des feuilles de fraisier ; elle t'aime donc pour toi-même. C'est bien, toutes choses étant égales par ailleurs, comme je le pense. ils le seront dans ce cas. Maintenant, nous allons déjeuner, et tu me raconteras toute l'histoire. Je n'ai pas entendu de véritable histoire d'amour depuis de nombreuses années.

CHAPITRE XIV

"IMPOSSIBILITÉS SUPPOSÉES"

Il fallait s'attendre à ce que l'annonce d'une conférence au titre aussi séduisant, donnée par un érudit et scientifique aussi éminent que le professeur Franklin Marmion, remplisse le théâtre de la Royal Society, comme le disaient les journalistes de manière banale mais vraie, "au maximum de sa capacité". ".

Les simples mots « Un examen de certaines impossibilités mathématiques supposées » n'étaient que autant de bombes lancées au milieu de l'arène scientifique. Les carrés du cercle, les trisecteurs du triangle, les doubleurs de cubes, les mondes plats et tous les autres prétendus faiseurs de miracles manifestement impossibles dans un monde à trois dimensions ont sauté – à juste titre – à la conclusion que leur impossibilité préférée serait choisi pour examen et, peut-être – pensée bienheureuse ! – démonstration par l'un des plus grands penseurs de l'époque, à la confusion durable des moqueurs. Les experts de la vieille école, fermement convaincus que les mathématiques avaient dit leur dernier mot depuis longtemps et que parler de « supposées impossibilités » était un blasphème des plus grossiers, sont venus avec des carnets et une sombre détermination à faire exploser les idées de Franklin Marmion. des hérésies pour le bien et pour tout. Les rêveurs de rêves de Quatrième Dimension venaient avec espoir contre tout espoir, car le professeur était connu pour être lui-même un rêveur ; et à tout cela s'ajoutait un groupe distingué de dames et d'hommes qui considéraient la conférence comme une « fonction » que leur position sociale leur imposait de fréquenter. Les amis et connaissances personnels du lecteur, parmi lesquels le prince Oscarovitch et Phadrig, comptaient naturellement parmi les auditeurs les plus anxieux du professeur.

Il est presque inutile de dire que Hoskins van Huysman avait revêtu toute sa panoplie de guerre scientifique et s'était armé de ce qu'il croyait être ses armes les plus puissantes ; et que le professeur Hartley envisageait avec une confiance amusée une véritable bataille royale d'esprit une fois la conférence terminée et la discussion commencée. Le prince et Phadrig étaient très impatients, et ce dernier n'était pas un peu nerveux.

Un compte rendu textuel de cette célèbre conférence n'aurait évidemment pas sa place dans ces pages. Si les paroles émerveillées du professeur Marmion ne sont pas déjà écrites dans les archives de la Royal Society, elles le seront sans aucun doute le moment venu, lorsque l'esprit des hommes sera préparé à les recevoir. Ici, nous nous préoccupons principalement des résultats qu'ils ont produits sur son auditoire. Certaines parties peuvent toutefois être correctement reproduites ici.

Lorsque le murmure convenable d'applaudissements qui accueillait les dernières phrases du président se fut calmé et que Franklin Marmion se dirigea vers le pupitre de lecture et déplia ses notes, il y eut un silence tendu d'anticipation, et des centaines de paires d'yeux, qui avaient certains du derrière eux, les cerveaux les plus vifs d'Europe convergeaient vers sa silhouette droite et épurée et son visage raffiné, net, quelque peu sévère.

"Monsieur le Président, mes seigneurs, mesdames et messieurs", commença-t-il de son ton calme mais profond. "Le titre quelque peu particulier que j'ai choisi pour ma conférence n'a pas été, j'espère que j'ai à peine besoin de le dire, choisi dans le but d'éveiller autre chose que cette curiosité intelligente qui est toujours caractéristique d'un auditoire aussi distingué que celui dont j'ai l'honneur de en m'adressant ce soir, je l'ai choisi après une réflexion quelque peu anxieuse, car je suis conscient que la majeure partie de l'opinion dans le monde scientifique insiste fortement sur la finalité des axiomes mathématiques, et c'est donc avec beaucoup d'hésitation que j'ai abordé cette question. un sujet comme celui-ci. Je suis bien conscient que, de l'avis de la plupart de mes *confrères érudits* et de mes collègues chercheurs de vérité scientifique, suggérer que ces axiomes n'incarnent peut-être pas la vérité finale et universelle, c'est, si je puis m'exprimer ainsi, poser des questions. mains sacrilèges sur l'Arche de l'Alliance Scientifique."

Un murmure sourd, prélude à l'orage à venir, parcourut le théâtre, et le professeur van Huysman se permit de renifler distinctement, ce pour quoi il fut très promptement, quoique doucement, rappelé à l'ordre par sa fille, assise devant la tribune. entre lui et Lord Leighton. Franklin Marmion s'arrêta un instant et sourit légèrement. Nitocris regarda autour d'elle le public désormais enthousiaste, avec un peu d'inquiétude, car elle avait une idée assez claire des ennuis qui pourraient éventuellement l'attendre. Son père reprit aussi doucement qu'avant :

"Bien sûr, tout le monde ici sait que le grand Napoléon a dit un jour que le mot "impossible" n'était pas français. Je n'ai pas besoin de rappeler à un auditoire comme celui-ci que plus d'un étudiant et chercheur distingué a suggéré que ce n'était peut-être pas non plus le cas. scientifique."

Le murmure reprit et Hoskins van Huysman se moucha de manière assez agressive. Sa bile scientifique commençait à monter. Il désapprouvait très fortement le ton qu'avait pris son rival. Sa confiance tranquille était quelque peu inquiétante. Le conférencier continua sans s'apercevoir de l'interruption, et commença à donner un *résumé long et savant, mais singulièrement lucide* , des progrès les plus récents dans les mathématiques supérieures et des spéculations profondément intéressantes auxquelles ils avaient donné lieu. Ceci, avec certaines démonstrations qu'il faisait sur le grand tableau noir à côté de lui, dura près d'une heure. Quand il eut fini, il y eut un autre murmure, qui cette fois était entièrement d'applaudissements, car cette partie de la conférence avait été non seulement magistrale mais entièrement orthodoxe. Puis le silence retomba, le silence de l'attente, car chacun sentait que « l'Examen » arrivait maintenant. » Il recommença d'une voix légèrement modifiée.

"Ce que je viens de dire était nécessaire à mon sujet dans la mesure où il était abordé, mais il n'en était pas moins principalement une introduction à ce que je vais maintenant porter à votre connaissance. Mais il s'agit plutôt d'une question d'illustration et de discussion que d'une question de discussion. simple discussion. Par conséquent, pour gagner du temps autant que possible, je passerai immédiatement à l'illustration, puis nous aurons la discussion.

Le professeur van Huysman renifla encore, comme un cheval de guerre qui étouffe la mêlée. Cette fois, Franklin Marmion sembla reconnaître le défi impliqué, car il regarda autour de la salle bondée avec un sourire curieux qui semblait dire : « Oui, messieurs, je vois que certains d'entre vous se préparent à une bagarre. J'ai bon espoir. de pouvoir vous obliger.

"Maintenant," continua-t-il, "il est généralement admis qu'une once de pratique vaut plusieurs kilos de précepte, c'est pourquoi je vais aborder la pratique. Je n'ai pas besoin de vous rappeler que depuis que les mathématiques sont devenues une science exacte, trois problèmes se posent. ont été reconnus comme impossibles à résoudre : diviser le triangle, quadraturer le cercle et doubler le cube. J'ai maintenant le plaisir d'annoncer que j'ai eu la grande chance de découvrir certaines formules qui, du moins jusqu'à présent, me conviennent. peut voir, rendre la solution de ces problèmes non seulement possible, mais relativement facile — à ceux qui savent comment les utiliser.

En disant cela, Franklin Marmion regardait directement Hoskins van Huysman. Il était désormais le challenger, et il y avait une lueur dans ses yeux et un sourire sur ses lèvres qui montraient qu'il était sérieux. L'Américain se tordit, et sans la main douce mais ferme de Brenda, il aurait pu se relever d'un bond et précipiter les choses d'une manière quelque peu embarrassante. Le président leva les yeux vers le conférencier avec des paupières relevées qui portaient sous chacune d'elles une note d'interrogation, puis il y eut ce bruit de déplacement de siège et de respiration à plusieurs voix basses qui dénote qu'une audience a été plongée dans une atmosphère très tendue. hauteur d'attente. Si un homme plus petit avait dit de telles paroles à de tels auditeurs, quelqu'un aurait ri, puis aurait éclaté une tempête de dérision. Mais le critique le plus ardent n'avait jamais encore trouvé Franklin Marmion en erreur, et sa réputation était bien trop grande pour se permettre de dire dans un tel endroit ce qu'il ne pensait pas sérieusement. Ainsi le bourdonnement s'apaisa alors qu'il se dirigeait vers le tableau noir, et Nitocris regardait Merrill avec quelque chose comme de la peur dans les yeux.

"S'il fait cela", murmura Phadrig au prince en russe, "l'histoire racontée par Pent-Ah et Neb-Anat sera vraie, ce que les Hauts Dieux interdisent !"

"Comme la trisection du triangle est peut-être le plus simple des trois problèmes", dit le conférencier avec un calme presque judiciaire, "nous allons, s'il vous plaît, commencer par cela. J'espère que messieurs qui ont apporté des cahiers avec eux auront la gentillesse de suivre mes calculs et de vérifier toute erreur que je pourrais commettre.

Mais une bonne trentaine de cahiers, de crayons et de stylos stylographiques étaient déjà sortis, et des centaines d'yeux fixaient avec impatience le tableau noir, leurs propriétaires désespérément impatients de déceler le premier faux pas de la démonstration. Le démonstrateur dessina rapidement un triangle isocèle et, sans parler, remplit de formules le reste du tableau. Le silence presque haletant n'était rompu que par le claquement de la craie sur le tableau et le grattage des crayons et des stylos sur le papier. Quand il eut fini, il fit les calculs à haute voix et dit de la voix la plus banale :

"Maintenant, messieurs, si, comme je l'espère, vous avez trouvé mon travail correct, je peux tracer les deux lignes qui couperont le triangle."

pont asinorum, très fréquenté , il dit à deux serviteurs de démonter la planche et de la poser devant la plate-forme ; puis, pendant qu'ils en soulevaient un autre sur le chevalet, il dit :

"Comme ceux qui m'ont suivi aimeraient sans doute avoir un peu de temps pour réviser les chiffres, je vais passer au prochain problème, qui sera notre vieil ami, ou ennemi, la quadrature du cercle."

Le deuxième tableau se remplit de diagrammes et de formules aussi rapidement que le premier.

"Voilà la manifestation, messieurs", dit-il tandis que les assistants la plaçaient les unes à côté des autres, à la vue de tous. "Maintenant, comme le temps presse, je vais m'attaquer au troisième problème."

La craie recommença à claquer, et les stylos et les crayons grattèrent au milieu de murmures et de chuchotements et de grognements et de reniflements occasionnels d'incrédulité. Par un coup de maître de stratégie, Franklin Marmion avait, en plaçant successivement devant eux les trois démonstrations de ce que l'on croyait impossible, depuis longtemps, avait tenu les mathématiciens érudits, mais maintenant complètement désorientés, si occupés qu'ils n'avaient littéralement pas le temps de commencer « les ennuis ». " ce que Brenda redoutait maintenant. Le visage de son père, penché sur son carnet, devenait à chaque instant plus terrible à regarder. Le simple fait qu'il n'ait pas émis un son depuis le début des manifestations était suffisamment inquiétant, car cela signifiait qu'il était perplexe – peut-être même battu – et si tel était le cas, elle redoutait même d'imaginer ce qui pourrait arriver. D'un autre côté, Nitocris sentait son moral remonter tandis qu'elle regardait autour d'elle et voyait les nombreuses têtes érudites penchées et tremblantes sur les cahiers , chaque propriétaire travaillant sous haute pression pour gagner l'honneur de trouver le premier l'erreur à laquelle tous croyaient fermement. doit exister, et qu'aucun d'entre eux n'a pu détecter.

Lorsqu'il eut terminé sa troisième démonstration, Franklin Marmion, sans interrompre la réflexion en cours, s'assit à côté du président, versa un verre d'eau et attendit les résultats.

"Marmion, quelle est cette magie blanche que tu nous as imposée ?" murmura le génie qui présidait l'assemblée savante, en levant les yeux de plusieurs feuilles de papier qu'il avait rapidement recouvertes de formules. "Ces choses sont impossibles, vous savez, à moins, bien sûr, que vous soyez beaucoup plus loin que n'importe lequel d'entre nous. Et pourtant, les calculs sont corrects pour autant que je puisse les suivre, et personne d'autre ne semble avoir trouvé quoi que ce soit. Je dois cependant avouer que vos progressistes sont trop profonds pour moi, je peux les suivre, et pourtant, à un certain moment, ils semblent m'échapper, et pourtant les calculs sont rigoureusement justes. C'est presque suffisant pour penser que vous avez fait ce que Cayley nous a dit un jour dans cette pièce que quelqu'un pourrait faire un jour.

"Mon Seigneur", répondit Franklin Marmion d'une manière presque inaudible, "J'ai commencé mon discours en faisant remarquer, comme vous vous en souviendrez, que peut-être, après tout, le mot "impossible" n'est peut-être pas scientifique."

Leurs regards se croisèrent, et le président, dont il n'y avait pas de plus grand nom dans le domaine supérieur du savoir, vit quelque chose dans celui de Marmion qui lui fit un petit frisson, et ce quelque chose lui dit qu'il était en présence d'un être supérieur.

"Cher moi!" murmura-t-il en baissant de nouveau les yeux sur ses papiers, « l'ère des miracles n'est pas révolue, après tout ; en fait, elle ne fait que commencer.

« C'est un nouveau départ, monseigneur, pour nous », fut la réponse d'une voix qui semblait venir de très loin.

Le président n'a pas répondu. En fait, il n'avait pas de réponse prête et il avait autre chose à faire. Il se leva et dit d'une voix un peu contrainte :

" Mesdames et messieurs, le professeur Marmion nous a montré des démonstrations très étranges qui ont certainement amplement justifié le titre qu'il a choisi. Bon nombre de messieurs, et quelques dames aussi, je suis heureux de le constater, ont suivi très attentivement ses calculs. Je J'ai fait la même chose moi-même, mais je dois avouer que je n'ai pu trouver aucune erreur. Je pense que j'aurai raison de dire que personne ne sera plus heureux que le conférencier érudit et… euh… doué d'entendre cela. quelqu'un d'autre a pu le faire."

Franklin Marmion acquiesça et un léger sourire apparut sur ses lèvres rasées de près. L'instant d'après, le professeur van Huysman était debout, un carnet dans une main et un stylo dans l'autre. Toute la couleur fraîche avait disparu de son visage ; ses yeux brûlaient et ses lèvres tremblaient d'excitation incontrôlable.

"Mon Seigneur," commença-t-il d'une voix que même Brenda reconnaissait à peine, "comme vous, je n'ai pu trouver aucune erreur réelle dans les démonstrations du conférencier que je prendrai la permission d'appeler la possibilité de l'impossible ; dans d'autres En termes simples, une contradiction dans les termes peut être à la fois vraie et fausse. Cela, monseigneur, mesdames et messieurs, continua-t-il en élevant la voix presque jusqu'à un cri, est toujours le cas, et je le dis. l'espoir, dans l'intérêt de la vraie science, et non d'une jonglerie adroite avec des chiffres et des formules, demeurera toujours, une autre impossibilité. Le professeur Marmion a apparemment coupé le triangle, quadrature le cercle et doublé le cube. mais, encore une fois, dans l'intérêt de la science, je désire protester contre la manière dont ces démonstrations nous ont été présentées. Des calculs qu'il a sans doute mis des mois à élaborer, il nous a demandé de le faire. test dans quelques minutes. Pour ma part, je refuse de les accepter comme vrais, et j'espère que d'autres feront de même jusqu'à ce que nous ayons eu le temps de nous assurer que ce qui était jusqu'ici impossible a été rendu possible.

Il s'assit, respirant fort et blanc de colère et d'excitation, et c'est alors que les ennuis commencèrent. Les trisecteurs, les carrés du cercle et les doubleurs de cubes avaient vu leurs théories longtemps bafouées démontrées par l'un des hommes de science les plus érudits et les plus responsables du monde, et l'un de leurs bafoueurs les plus sarcastiques et jusqu'alors couronnés de succès avait fut contraint d'avouer qu'il ne trouvait aucun défaut dans les calculs de ce Daniel mathématique venu si inopinément au jugement. Ils ne comprenaient pas ses preuves, mais ce n'était pas une raison pour les rejeter, et ils se levèrent donc d'un seul tenant pour soutenir leur champion et exiger que le professeur van Huysman retire ses imputations de jonglerie. Il resta assis et secoua la tête. Il était trop dégoûté et ahuri pour faire ou dire quoi que ce soit de plus avant d'avoir fait une analyse approfondie de ces formules diaboliques.

Mais il y en avait d'autres qui voulaient avoir leur mot à dire pour défendre l'orthodoxie scientifique, et ils l'ont eu – et le reste n'a été qu'un chaos de conflits intellectuels jusqu'à ce qu'au bout de près d'une heure, le président, qui voyait désormais avec des yeux plus clairs que chacun des participants se levait et mettait fin à la discussion en faisant remarquer qu'il n'avait pas toute la nuit devant lui et que tout ce que le professeur Marmion avait dit et fait serait publié dans les journaux scientifiques ; De plus, il serait peut-être plus profitable de mener une telle controverse sous forme imprimée que oralement. Une telle démarche donnerait à chacun amplement de loisir pour résoudre les problèmes à la lumière des nouvelles manifestations, et donnerait également de bien meilleures chances d'arriver à une conclusion logique, et donc juste, qu'une discussion dans laquelle la hâte, et éventuellement l'avance, des opinions conçues, de l'influence desquelles aucun être humain n'est vraiment libre, pourraient éventuellement promettre.

Ceci, bien sûr, mit un terme à l'affaire pour le moment, et, après les votes habituels de remerciements et de reconnaissances, la distinguée compagnie se dispersa, amusée, mystifiée, satisfaite, déconcertée et exaspérée : mais, sauvant seulement quatre de ses membres, sans aucune idée de l'effet que les débats de cette soirée étaient destinés à avoir sur le sort de l'Europe, peut-être du genre humain tout entier.

CHAPITRE XV

L'AVANCEMENT DE NITOCRIS - LA RÉSOLUTION D'OSCAROVITCH

Franklin Marmion et Hoskins van Huysman se séparèrent ce soir-là dans ce que l'on peut décrire comme un état de neutralité armée, mais avec plus de cordialité que Brenda, en tout cas, ne l'avait espéré. Pourtant, ils étaient tous les deux des gentlemen et, de plus, le scientifique américain attendait honnêtement avec impatience la découverte de quelque faille fatale dans le raisonnement de son rival anglais qui lui laisserait le triomphe final - et un tel triomphe ne serait pas seulement final. mais écrasant.

Brenda entraîna son père et Lord Leighton – qui, bien sûr, était assis à côté d'elle pendant qu'elle conduisait – vers le dîner ; Merrill se rendit à son club pour ruminer joyeusement pendant une heure ; et le héros de la soirée et sa fille rentrèrent chez eux presque en silence, et c'était un silence pour lequel il y avait une raison bien suffisante. Ces personnes ne parlent pas de futilités lorsqu'elles pensent à des problèmes bien plus graves.

Après le dîner, Nitocris suivit son père dans le bureau, comme il s'y attendait tout à fait, et lorsqu'elle eut fermé la porte, elle lui fit face et lui dit d'une voix qui n'était pas tout à fait la sienne :

"Papa, il me semble qu'il n'y a qu'une seule explication à ce que tu as fait ce soir. Je connais assez les mathématiques pour voir que c'est la seule. Si tu me dis que j'ai tort, bien sûr je te croirai - et alors je vous demanderai comment vous avez fait autrement.

Tandis qu'elle parlait, il sentait que son âme se posait une question capitale. Elle avait deviné – ou le connaissait-elle déjà ? – le Grand Secret. Et, si c'était le cas, était-elle elle-même suffisamment proche de la ligne de démarcation entre les deux mondes pour qu'il lui dise la vérité ?

Il s'assit sur la chaise devant sa table à écrire et regarda attentivement son bloc-notes pendant quelques instants. Puis il leva les yeux vers elle et vit la réponse.

"Niti," dit-il lentement, et avec un petit arrêt entre les mots, "vous m'avez posé une question à laquelle je pense que quelqu'un d'autre doit répondre, si tant est qu'on puisse y répondre. Regardez derrière vous !"

Elle se tourna rapidement et là, presque à côté d'elle, se tenait non pas la Momie, mais la Reine, son autre moi vivant, vêtue d'une robe royale et couronnée comme elle l'avait été dans un sombre passé, qui était maintenant de nouveau le présent.

Est-ce qu'elle tressaillirait ou s'évanouirait, ou crierait-elle de peur ? Si ses pieds inconscients ne s'étaient pas avancés très près de la frontière, elle ferait certainement l'un ou l'autre. En effet, c'était avec un tremblement intérieur de peur pour elle que son père lui avait dit de se retourner. Cela aurait très bien pu faire la différence entre la raison et la folie, sachant ce qu'elle avait déjà fait de la Momie et de sa mystérieuse disparition. Mais non : c'était là, sous ses yeux, que se produisait à nouveau le miracle qui s'était déjà produit dans son propre cas, même s'il était maintenant, si possible, encore plus merveilleux qu'il ne l'avait été auparavant. Alors que Nitocris se retournait, elle poussa un faible cri d'émerveillement et de reconnaissance, et tendit les deux mains vers son autre jumeau. La reine les prit et dit dans la langue ancienne, qu'elle comprenait à nouveau après plusieurs siècles :

"Bienvenue, toi qui étais autrefois moi-même, dans cette vie plus vaste à laquelle la Connaissance Parfaite t'a conduit : où le Temps n'est pas, et ce qui était, est et sera le même ! Tu as encore plusieurs jours, comme les hommes. appelle-les, à vivre dans cette vie limitée connue sous le nom de mortel, et ainsi le sort mortel, avec ses périls, ses peines et ses joies, sera encore le tien : cependant, bien que, si les Dieux Supérieurs le veulent, cette vie se terminera et commencera. et fini encore bien des fois, tu as déjà vaincu les ombres qui liaient cette petite vie à la lumière du jour qui ne connaît ni l'aube ni midi ni la nuit. Moi qui étais, et toi qui es, je suis à nouveau un ! »

Puis vint le silence. Franklin Marmion a vu les deux formes apparentées se fondre l'une dans l'autre. Il ferma les yeux un instant, comme il le pensait, et lorsqu'il les rouvrit, il se retrouva seul. Il regarda l'horloge et vit qu'il était quatre heures passées.

"Cher moi!" dit-il en se levant en secouant les épaules. "J'ai dû m'endormir. Où est Niti ? Eh bien, bien sûr, elle est au lit depuis des heures, et il est temps que j'y arrive aussi."

Lorsqu'ils se rencontrèrent avant le petit déjeuner, Nitocris lui dit :

"J'ai eu une expérience très étrange la nuit dernière, papa. Soit j'ai vu, soit j'ai rêvé que je revoyais la Momie vivante, vêtue et couronnée comme une reine de l'Egypte ancienne ; et puis nous avons semblé devenir la même personne, et je me suis souvenu de cela. J'avais été autrefois la reine Nitocris d'Egypte. Puis je me suis retrouvée seule, tellement seule, dans un nouveau monde qui ressemblait encore à celui-ci, sauf que je n'avais pas de temps supplémentaire qui me rendait capable de voir au-delà. , le présent et le futur à la fois, et ici et là, et de haut en bas, et quelque chose d'autre étaient tous pareils, et pourtant cela ne me semblait pas du tout étrange, alors je suppose que c'était un rêve.

"Ce n'était pas un rêve, Niti", dit son père en la regardant avec des yeux graves. "Hier soir, comme nous devons le dire dans l'état des Trois Dimensions, vous avez eu votre premier aperçu de l'état des Quatre. J'ai vu ce que vous avez fait."

"Ah!" répondit-elle sans aucun signe d'étonnement. " Alors c'est pourquoi j'ai pu comprendre vos démonstrations hier soir alors que tous les autres étaient perplexes. Je ne pensais pas l'avoir tout à fait compris à l'époque, cependant, mais je vois maintenant que je l'ai compris. Et donc moi et Sa Majesté ne faisons vraiment qu'un. et pareil ! Cela devrait paraître très merveilleux, mais d'une manière ou d'une autre, ce n'est pas du tout le cas.

"Je ne pense pas que quelque chose te semblera merveilleux maintenant, Niti," fut la réponse calme. "Mais comme nous sommes actuellement sur le plan inférieur de l'existence, il nous faudra aller prendre le petit déjeuner."

Oscarovitch et Phadrig retournèrent après la conférence à l'appartement du prince dans les demeures de la cour royale, qu'il trouvait, en tant que célibataire et oiseau de passage, beaucoup plus pratique à bien des égards qu'une maison. Il ordonna à son domestique russe de préparer du café pour son invité et se prépara lui-même une eau-de-vie forte et un soda. Il le voulait, car les événements de la soirée avaient ébranlé même ses nerfs. Il était essentiellement un homme puissant, tant physiquement que mentalement, doté d'ambitions sans limites et d'une volonté de fer, possédant une vaste connaissance du monde tel qu'il le connaissait et de très hautes connaissances intellectuelles ; mais l'orientation de son esprit était absolument matérielle, et c'est pourquoi il détestait et craignait à la fois tout ce qui semblait transcender le plan matériel auquel sa vision mentale était actuellement entièrement confinée.

Lorsque le domestique eut quitté la chambre après avoir apporté le café, il donna un cigare à Phadrig, en alluma un lui-même et dit à travers les premières bouffées de fumée :

"Phadrig, tu en sais, ou fais semblant d'en savoir, plus sur ces choses que moi, ou que je veux en savoir : mais, quand même, je veux que tu me dises honnêtement si tu crois que le professeur Marmion a vraiment résolu ces problèmes pour- nuit. Je vous le demande parce que j'avoue que les solutions dépassaient le cadre de mes mathématiques.

" Altesse ", répondit l'Égyptien en parlant lentement et presque avec révérence, " il l'a fait. Il n'y a, je pense, aucun autre homme sur terre maintenant qui aurait pu le faire ; mais pour ceux qui avaient des yeux pour voir, il ne pouvait y avoir aucun doute, et vous constaterez que, bien qu'il ait de nombreux rivaux et qu'il ait d'innombrables critiques, aucun ne sera capable ni d'expliquer ses solutions ni d'y trouver un défaut.

« Vous avez fait quelques choses que je n'aurais pas cru possibles l'autre jour, et que vous prétendiez être de véritables miracles. Maintenant, si c'était le cas, je suppose que vous pouvez expliquer celles du professeur Marmion ?

"Il n'y a pas de miracles, Altesse : seulement les résultats d'une connaissance supérieure à celle que possèdent ceux qui les voient. C'est pourquoi ce que j'ai fait semblait être des miracles à ceux qui regardaient. Mais ce Franklin Marmion, comme on l'appelle dans cette vie, a atteint une connaissance plus élevée que la mienne, c'est pourquoi je ne peux comprendre qu'imparfaitement, mais pas moi-même, ce qu'il fait. Pourtant, comme les Dieux Supérieurs sont vivants, il a fait cette chose et pour le faire, il doit avoir réussi ; à la vie supérieure par la porte de la Connaissance Parfaite."

"En d'autres termes", dit le Prince après une grande gorgée de son brandy-soda, "qu'il a résolu ce problème infernal de la quatrième dimension sur lequel vous avez tant à dire. Maintenant, étant donné qu'il l'a fait alors, qu'est-ce que cela signifie en ce qui concerne notre monde – le monde de la pensée pratique et de l'action réelle, je veux dire ? »

" Toute pensée est pratique, Altesse ", répondit Phadrig, " puisqu'il ne peut y avoir d'action intelligente sans pensée. C'est pourquoi plus la pensée est élevée, plus l'action est puissante, et ainsi celui qui a la Connaissance Parfaite a aussi le Pouvoir Parfait. ".

« Alors, voulez-vous me dire sérieusement – et je ne peux pas penser que vous plaisantiez avec moi – que cet homme est maintenant pratiquement tout-puissant, en ce qui concerne nous, les êtres inférieurs, comme vous semblez nous appeler ?

"Seuls les Dieux supérieurs sont tout-puissants, Votre Excellence ; mais, si j'ai bien vu, il est pour nous comme un dieu de la vie inférieure, et c'est pourquoi je vous prierais à nouveau d'abandonner complètement votre dernièrement et, comme j'ai osé le faire. pour votre bien, des projets imprudents visant à faire de la reine qui était, et de sa fille, la part de votre futur trône, la princesse Hermia n'est-elle pas assez noble et juste ?

"Non, par tous vos dieux, non !" s'écria le prince avec passion. " Depuis que j'ai vu la femme qui, comme vous le dites, fut autrefois reine d'Egypte, il n'y a et n'y aura pas d'autre épouse pour moi. Et qui es-tu pour me conseiller ainsi ? Es-tu toujours le même homme qui a fait la à condition que, si vous utilisiez vos arts, quels qu'ils soient, pour la mettre en mon pouvoir, elle serait, non seulement mon impératrice, mais aussi reine d'Egypte. Qu'est-ce qui vous a rendu infidèle à cette promesse ? vous m'avez donné en échange du mien ? Si vous l'avez oublié, n'oubliez pas que nous, les Russes, avons du chemin à parcourir avec les traîtres.

" Ce qui m'a changé, Altesse, " répondit Phadrig, ignorant la menace, " c'est la connaissance que j'ai acquise ce soir. Que vous me croyiez ou non, la dette que je vous dois me fait un devoir de vous avertir. La situation est la suivante : Nitocris, la fille de Franklin Marmion, était la reine. Pour autant que je sache, elle a peut-être également atteint la vie supérieure et est donc toujours la reine, bien que ce soit un mystère au-delà de ma compréhension ; sachez maintenant que son père y est parvenu, et que pour cette raison, à moins que vous ne chassiez ce nouvel amour de votre cœur, vous vous retrouverez dans la sphère du pouvoir de cet homme – un pouvoir suffisamment puissant pour détruire tous vos projets. que vous ayez jamais façonné, et vous condamner à un sort plus horrible que ce que le cerveau mortel pourrait concevoir, vous seriez comme un homme qui a lutté contre un dieu.

"Vous pouvez croire ce que vous dites, Phadrig, et j'ose dire que vous le croyez", s'écria encore le prince. "Je ne le fais pas, parce que je ne peux pas ; mais même si je le faisais, je revendiquerais ta promesse. J'aime cette Nitocris, reine ou femme, et ni homme ni dieu ne la garderont loin de moi, bon gré mal gré. Quant à la princesse Hermia... eh bien, son mari n'est pas encore mort.

"Mieux vaut qu'il soit mort et sa veuve votre épouse, comme cela était prévu, Altesse, plutôt que d'oser le pouvoir de quelqu'un qui a atteint la connaissance parfaite", dit l'Égyptien avec tout le sérieux d'une conviction absolue. "Mais mon devoir est accompli. Je vous ai prévenu de ce que vous ne pouvez pas voir par vous-même. Je l'ai fait à mon propre chagrin et à la destruction de mon propre rêve; mais ma promesse est faite, et je la tiendrai, même pour un sort qui pourrait être pire que la mort. »

Le Prince vida son verre et rit.

"Bien dit, mon adepte séculaire, tel que vous pensez l'être ! Vous me suivrez, car j'irai maintenant même jusqu'à la mort, ou ce qu'il pourrait y avoir de pire derrière cela, si seulement je peux emmener ma belle Reine avec moi. . Oui, je le jure, par Dieu, s'il y en a un !

Ainsi, par son blasphème ignorant, Oscar Oscarovitch, qui fut autrefois seigneur de la guerre en Égypte, pour l'amour de la même femme, a fixé son sort pour cette vie et pour beaucoup de celles qui devaient la suivre.

CHAPITRE XVI

LE MYSTÈRE DU PRINCE ZASTROW

Les événements commencèrent alors à se dérouler avec une rapidité presque déconcertante, du moins dans la mesure où ils affectaient les préoccupations temporelles immédiates de Nitocris et de son père. Pendant des jours et des semaines, une tempête furieuse fit rage autour de la célèbre conférence, et l'atmosphère du monde scientifique était épaisse de figures et de formules, de diagrammes et de dissertations ; mais comme aucun des savants discutateurs ne s'est montré capable de déceler le moindre défaut dans les mathématiques du conférencier, cela avait très peu d'intérêt pour lui, et par conséquent n'en a pas pour nous. En fait, il semblait si peu préoccupé par la tempête qu'il avait soulevée, que quelques jours plus tard, au grand étonnement et au dépit de ses critiques déconcertés, lui et Nitocris dirent adieu à leurs amis les plus intimes et disparurent dans un voyage errant vers des destinations indéterminées. destination pour changer d'air et de décor et des vacances bien méritées pour le professeur surmené. C'est du moins la raison que Nitocris donna à Lord Leighton et aux Van Huysman, ainsi qu'aux quelques autres à qui elle jugea nécessaire de donner la moindre explication.

La veille de leur départ, Merrill a déjeuné au « The Wilderness », a pris congé de sa bien-aimée et de son futur beau-père, et est parti rejoindre son navire, légèrement intrigué, peut-être, par les événements récents, mais toujours se croyant avec suffisamment de raisons être le lieutenant-commandant le plus heureux et le plus chanceux de la marine britannique.

Les véritables raisons du départ soudain du professeur, désormais plus que jamais célèbre, et de sa belle fille de la scène de son dernier et plus merveilleux triomphe peuvent être exposées comme suit :

Le soir du troisième jour après la conférence, Franklin Marmion rentrait en train à Wimbledon après une longue journée au British Museum parmi les reliques de l'antiquité égyptienne - qu'il étudiait maintenant avec intérêt, comme on peut bien le comprendre. aucun autre homme vivant n'aurait pu en être capable ; et aussitôt qu'il fut assis dans un coin confortable et qu'il eut sa pipe allumée, il ouvrit sa *Pall Mall Gazette* et, comme c'était son habitude en de telles occasions, commença par l'article principal et lut directement l'article spécial et le Occ. Notes, jusqu'à ce qu'il arrive aux nouvelles du jour, sautant seulement les nouvelles financières et les citations que, dans ses conditions d'existence actuelles, il n'osait pas se permettre de lire de peur d'être tenté par l'injustice de Mammon, une forme d'idolâtrie qu'il avait toujours profondément méprisée.

Le premier élément de la page d'actualités était intitulé en caractères gras :

« DISPARITION MYSTÉRIEUSE D'UN
PRINCE ALLEMAND AU GOUVERNEMENT.

» SOUPÇON DE JEU DÉFAUT.

" D'IMPORTANTS DOCUMENTS D'ÉTAT DISPARUENT
AVEC LUI.—SPÉCIAL.

"Malgré la censure la plus rigoureuse du Bureau de presse, il est désormais pratiquement certain que le prince Emil Rudolf von Zastrow, le jeune et très compétent dirigeant de Boravia, qui, au cours des deux ou trois dernières années, est devenu l'une des figures les plus brillantes de la société européenne, a disparu dans des circonstances si étrangement mystérieuses qu'elles suggèrent une certaine analogie avec la tragédie dont le malheureux prince Alexandre de Bulgarie était le personnage central.

« Les faits, pour autant qu'ils aient été établis, sont brièvement les suivants : — Jusqu'à il y a environ quinze jours, le prince vivait en semi-retraite avec son épouse, la princesse Hermia, dans son pittoresque château de Trelitz, qui, comme chacun le sait, regarde les eaux de la Baltique depuis une éminence rocheuse solitaire qui s'élève au milieu des vastes forêts qui couvrent les plaines vallonnées sur des lieues vers la terre. On se souvient que chaque année depuis son avènement, le Prince avait l'habitude de se retirer dans son célèbre terrain de chasse pour profiter à la fois des plaisirs de la chasse et de la société de sa belle jeune épouse dans la paix et la solitude après le tourbillon de la saison hivernale européenne. les seuls invités au château étaient le comte Ulik von Kessner, grand chambellan de Boravia, qui aurait été présent pour affaires d'État, et le capitaine Alexis Vollmar, du 55e régiment du Caucase, actuellement attaché à l'état-major impérial à Saint-Pétersbourg. Le capitaine Vollmar, en plus d'être un jeune officier brillant, est également le descendant de deux des familles les plus riches et les plus aristocratiques de Russie.

« Il est maintenant bien établi que le soir du 6 de ce mois, c'est-à-dire il y a près de trois semaines, le prince et ses deux invités revinrent après une longue journée dans la forêt, et que le prince se retira pour se reposer très peu avant le souper, on ne l'a plus revu depuis ce jour, ni chez lui ni dans le monde. Ce qui rend la disparition plus étrangement frappante, c'est que le prince, qui est colonel du 28e régiment pommeranien, n'a pas déposé de plainte. apparition à la récente revue du Kaiserhof lors de l'inspection habituelle de l'empereur allemand. Bien qu'il soit évident que Sa Majesté était à la fois perplexe et ennuyée par son absence, aucune explication officielle n'a été donnée et toutes les informations à ce sujet sont rigides. retenu. Le nôtre vient d'un ami personnel et, dans la mesure où il va, peut être absolument fiable.

Pour une raison ou une autre, qu'il pensait, après ses expériences récentes, qu'il valait mieux ne pas essayer de comprendre pour le moment, ces quelques paragraphes lui produisirent une impression étrangement persistante. Quand il rentra chez lui, il remit ses journaux du soir, comme d'habitude, à sa fille, et au dîner, le mystère de Zastrow fut le principal sujet de conversation, en fait presque le seul.

"Oui, c'est certainement très extraordinaire", a déclaré Nitocris. "Les journaux font suffisamment de mystères sur la disparition des personnes les plus ordinaires et les plus insignifiantes, qui fuyaient probablement seulement leurs dettes ou leurs problèmes domestiques, mais qu'un vrai prince disparaisse complètement ainsi, cela ressemble certainement à un peu plus qu'un mystère ordinaire. Et je suppose, » continua-t-elle après un petit intervalle de silence, « s'il y a vraiment eu un acte criminel – je veux dire, étant donné que le prince charmant, comme tous les journaux de la Société ont pu l'appeler, a eu lieu. a été enlevée pour quelque raison cachée d'État ou de politique et n'est plus destinée à voir le jour, qui sait combien de secrets peuvent être liés à cette affaire qui pourrait être comme des allumettes dans une poudrière. Et... oh oui... pourquoi ? , Papa, c'est ce même prince Zastrow qui a été mentionné par la plupart des meilleurs journaux européens comme le seul tsar électif possible de Russie si les Romanoff sont chassés par la Révolution et si le peuple revient à l'ancienne Constitution. , certains d'entre eux sont allés jusqu'à dire que seule sa sélection pourrait empêcher une course aux fragments de la Russie qui ne pourrait aboutir qu'à un incendie général.

"Oui, bien sûr", répondit son père. "Mais quelle atroce honte, s'il en est ainsi ! L'un des princes mineurs les plus populaires d'Europe s'est envolé, et peut-être soit assassiné, soit jeté dans quelque prison ou forteresse, où il traînera ses jours et ses nuits dans la solitude jusqu'à ce que il devient fou : une vie jeune, brillante et prometteuse ruinée, simplement parce qu'il se trouve en travers de quelque ambition sans scrupules ou d'une ignoble intrigue politique !

"Ce serait un crime de la toute première grandeur, c'est-à-dire du plus crapuleux, et d'autant plus horrible qu'il serait commis par des personnes situées dans les plus hautes places. Vraiment, Niti, il suffit de faire on pense qu'il devrait y avoir une puissance supérieure dans le monde capable de rendre ces crimes politiques impossibles. L'histoire intérieure de la politique européenne – je veux dire, l'histoire qui n'entre pas dans les livres ou les journaux – le prouverait, j'en suis sûr. que près de la moitié des guerres du monde, au moins pendant la période de ce que nous nous plaisons à appeler civilisation, auraient été évitées si l'on avait pu trouver le moyen de mettre fin aux misérables ambitions personnelles et aux jalousies qui n'ont jamais rien à voir avec Il s'agit du bien-être des nations, mais bien au contraire. Je ne devrais pas me demander si le pauvre prince Zastrow a été victime de quelque chose de ce genre. Il est fort possible que le tsarisme expirant ait eu la main dans le gâteau. était un officier russe au Château le jour de sa disparition. J'aimerais beaucoup voir le genre d'explication *qu'il* pourrait donner sur cette affaire, s'il le voulait. »

"Mais n'existe-t-il pas un tel pouvoir dans le monde maintenant, papa ?" » demanda Nitocris en le regardant de l'autre côté de la table avec un sourire particulier.

Il se retourna en silence pendant un moment ou deux. Puis il répondit lentement :

"Je vois ce que tu veux dire, Niti. Bien sûr, je suppose que nous pourrons lire dans les pensées de chacun maintenant, ou même converser sans parler, ou lorsque nous serons hors de portée de voix l'un de l'autre. La même idée m'est venue pendant que je Je lisais le récit de cette affaire dans le train ; mais devrais-je, ou plutôt nous, faire le bon choix en interférant activement dans les transactions, politiques et autres, du monde – ce par quoi j'entends, bien sûr, l'état des trois pays ? Ce serait une terrible responsabilité. Rappelez-vous quels énormes pouvoirs nous sommes capables d'exercer en transférant simplement – c'est si simple maintenant – notre personnalité vers le plan supérieur. Et si nous faisions le mal, nous pourrions impliquer le tout ? monde dans une catastrophe indescriptible.

"Et quelle est selon *toi* la plus grande catastrophe, ou, peut-être devrais-je plutôt dire, le plus grand mal, qui ait jamais affligé le monde, papa ?" » demanda-t-elle, avec juste un soupçon de sourire dans les yeux, même si ses lèvres étaient parfaitement sérieuses.

"Oh, la guerre, bien sûr !" » répondit-il avec son emphase habituelle lorsqu'il abordait ce sujet. "Que disais-je tout à l'heure à propos des intrigues personnelles et des ambitions qui font la guerre ? Qu'ai-je toujours pensé de la guerre ? C'est la malédiction la plus épouvantable———"

"Alors, papa," l'interrompit-elle de sa voix la plus douce, "pensez-vous que, en supposant que nous possédons ces merveilleux pouvoirs, nous pourrions mieux les utiliser que pour empêcher toute guerre qui pourrait éventuellement résulter de cette disparition du prince Zastrow, et ainsi convaincre ceux qui sont assez méchants pour plonger la race humaine dans le sang et la misère que désormais toutes les guerres d'agression et d'ambition seront impossibles ?

"Oui, tu as raison comme d'habitude, Niti," s'exclama-t-il en se levant. "Maintenant, va réfléchir à tout cela et donne-moi ton conseil demain matin. Je veux m'en aller maintenant et trouver une solution intelligible à ces trois problèmes - si je peux y arriver - pour le bénéfice de Van Huysman et le reste de mes critiques respectés. Quand j'aurai fait cela, nous partirons pour le continent ou quelque part... "

"Et voyez ce que nous pouvons faire du mystère Zastrow, peut-être !" dit Nitocris. "Bonne nuit, papa. Moi aussi, je veux réfléchir un peu."

Il se rendit à son bureau et se mit au travail pour développer les démonstrations par lesquelles il avait étonné non seulement Londres, mais le monde civilisé tout entier.

Mais ce n'était pas bon ce soir. Les idées ne viendraient pas. À maintes reprises, il reprenait le fil de ses arguments, pour ensuite les laisser tomber. Finalement, avec une sorte de désespoir, il marmonna :

"C'est foutu ! J'ai failli l'avoir la nuit dernière, et maintenant j'en ai l'air plus loin que jamais. Qu'est-ce qui peut bien avoir mon problème ?"

Il posa ses coudes sur la table, prit sa tête entre ses mains et regarda les pages couvertes d'angles et de cercles, d'accords et de courbes, et de déserts de symboles, qui étaient éparpillées sur son bureau. Tandis qu'il les regardait, elles semblaient se réunir d'une manière ou d'une autre, et les lignes et les courbes s'arrangeaient en formes symétriques, jusqu'à ce qu'elles se transforment de diagrammes en images ; et ce faisant, il se surprit à oublier tous les problèmes et à ne penser qu'à l'étrange vision qui semblait se dérouler parmi les papiers épars devant lui. Les lignes droites devinrent les murs et les tourelles d'une de ces bastides allemandes bicentenaires, moitié château, moitié manoir, que tout explorateur des sentiers détournés de la Patrie a si souvent vues et admirées. Les courbes devenaient de longues étendues de baies sablonneuses, bordées d'autres courbes de rouleaux cassants ; et à mesure que l'image devenait plus distincte, un grand cercle englobait toute une image parfaite du paysage terrestre et marin – une terre sombre et couverte de forêts dans la moitié sud ; et la mer brumeuse, parsemée d'îles, fouettée par le vent et mouchetée d'écume, vers le nord.

Le château se dressait au sommet d'une colline assez abrupte, à environ cinq cents pieds au-dessus du rivage sablonneux, sur lequel les vagues s'enroulent à quelques kilomètres de là. La colline était couverte de sapins touffus depuis la plaine jusqu'au mur du château, mais deux larges avenues s'étendaient en lignes droites, l'une vers la mer, et l'autre vers les profondeurs de la vaste forêt, jusqu'à ce qu'elle débouche sur le chemin de poste. , qui offrait le seul itinéraire de transport praticable jusqu'à la gare de Trelitz sur la ligne principale Berlin-Königsberg.

Plus il regardait, plus l'image devenait étonnamment distincte et, curieusement, moins son émerveillement grandissait. Il aperçut trois hommes à cheval qui remontaient l'avenue au petit galop depuis la forêt. Leurs costumes montraient assez qu'ils revenaient de la chasse. Tandis qu'ils avançaient, ils semblaient s'approcher assez près de lui, jusqu'à ce qu'il puisse voir leurs traits avec une parfaite netteté. À l'expression changeante de leurs visages, il pouvait dire qu'ils riaient et discutaient ; mais, chose singulière, il n'entendait pas un mot de ce qu'ils disaient, ce qui, compte tenu de la minutie avec laquelle il voyait tout, lui paraissait nettement curieux.

Il les regarda monter jusqu'à l'ancienne porte gothique pratiquée dans l'enceinte qui entourait le château et s'adaptait aux irrégularités de la colline. Ils traversèrent la cour et descendirent de cheval. Les palefreniers emmenaient leurs chevaux, et, comme les grandes portes à double battant s'ouvraient, ils entrèrent, l'un d'eux, se mettant à l'écart pour le plus jeune de ses compagnons, mais entrant avant l'autre. Dans la grande salle dont les murs étaient ornés de cornes, de têtes et de défenses, et dont le sol était presque entièrement recouvert de peaux, ils confièrent leurs armes à deux valets de pied ; Et ce faisant, il aperçut la silhouette svelte et pourtant majestueuse d'une femme qui descendait l'escalier en colimaçon qui menait au hall depuis une large galerie qui l'entourait. En arrivant au bas de l'escalier, elle rejeta un peu la tête en arrière et tendit ses deux mains vers celui qui était arrivé deuxième. Alors que la lumière d'une grande lampe oscillante au-dessus de l'escalier tombait sur son visage tourné vers le haut, il reconnut la comtesse Hermia von Zastrow, la beauté européenne régnante dont le portrait dans les journaux illustrés et dans les vitrines des grands photographes était presque aussi familier que celui de La reine Alexandra.

Le comte – car le beau jeune chasseur qui lui prenait maintenant les mains ne pouvait être autre que le prince de Boravia-Trelitz – porta courtoisement sa main droite à ses lèvres. Les deux autres s'inclinèrent profondément devant elle, puis elle monta les escaliers en tête.

Il voyait tout cela aussi distinctement que s'il avait été réellement présent, et pourtant aucun membre du groupe ne semblait y prêter la moindre attention. Mais il commençait à s'habituer à faire des miracles maintenant, et il acceptait donc les conditions extraordinaires de ses visions, ou quoi que ce soit, avec plus d'intérêt que d'étonnement. Il les suivit dans les escaliers et le long du côté droit de la galerie. Le Comte ouvrit une porte en chêne noir et s'écarta pour laisser entrer sa Comtesse. Encore une fois, le plus jeune de ses compagnons partit en premier, et encore une fois il le suivit ; puis, alors que l'homme plus âgé entrait et fermait la porte, la scène s'effaça comme si une obscurité soudaine était tombée sur ses yeux.

"Cher moi!" dit-il en se levant et en se frottant les tempes des deux mains. "Si je n'avais pas vécu autant d'expériences extraordinaires depuis ma promotion au plan N^4, j'aurais probablement aussi eu un peu peur. Mais il est vraiment étonnant de voir avec quelle rapidité l'intellect entraîné s'habitue à quoi que ce soit, même aux excentricités. du monde de la quatrième dimension. Eh bien, eh bien ! J'espère que ce n'est pas la fin de l'aventure, je suppose que cela doit être d'une manière obscure la raison pour laquelle ces paragraphes du *Pall Mall* m'ont si étrangement intéressé.

Il se dirigea vers la fenêtre, écarta le store et regarda dehors. Mais au lieu de sa propre pelouse ombragée et de la vaste étendue de terrain communal éclairé par la lune au-delà de laquelle il s'attendait à voir, il se retrouva à regarder, pour ainsi dire , à travers une fenêtre de l'extérieur, dans une grande chambre à coucher lambrissée de chêne, éclairée par une immense lampe en argent suspendue au milieu du plafond peint et corniche. Contre le milieu du mur de gauche, alors qu'il regardait dans la pièce, se dressait l'un des immenses lits à quatre montants, lourdement drapés, dans lesquels les grands de la terre avaient l'habitude de se reposer quelques centaines d'années. il y a des années. Les rideaux étaient tirés des deux côtés. Au milieu du lit gisait le comte Zastrow, d'une blancheur mortelle, les yeux et les lèvres bien fermés, respirant lourdement comme le montraient et tombant le drap brodé et la couverture de soie qui recouvraient sa poitrine. A droite se tenaient la comtesse et les deux hommes qu'il avait vus auparavant ; de l'autre côté se tenait une grande femme d'une beauté saisissante, dont les traits sombres et impérieux semblaient étrangement en désaccord avec la robe grise sévèrement façonnée et les cheveux simplement disposés qui la proclamaient soit une infirmière, soit une servante supérieure.

Il vit l'aîné des deux hommes se pencher au-dessus du lit et relever avec son pouce une des paupières du dormeur. L'infirmière prit une bougie allumée près de la table à côté d'elle et la passa devant l'œil ouvert. L'homme ferma la paupière, se tourna et dit quelque chose à la comtesse et à l'autre homme. La comtesse hocha la tête et sourit, pas tout à fait comme un homme aime voir une femme sourire, et, avec un rapide coup d'œil à la silhouette immobile sur le lit, se détourna et quitta la pièce. L'infirmière dit quelque chose aux deux hommes et, lorsque la porte se referma derrière elle, la scène changea à nouveau.

Cette fois, il ne regardait pas par une fenêtre, mais par une fenêtre. Il contemplait une vaste étendue de forêt percée par une route large et droite qui s'étendait sur plusieurs kilomètres, lui semblait-il, entre deux murs sombres de pins touffus, jusqu'à ce qu'elle se termine brusquement avec la forêt et s'ouvre sur un petit crique bordée de sable dont l'embouchure étroite était gardée par deux petits affleurements rocheux à un demi-mille au large.

Une voiture tirée par quatre chevaux noirs roula rapidement sur la route, vira sur la plage et s'arrêta. Presque au même moment, un bateau à six rames peint en gris s'échouait sur la plage de sable. Deux hommes débarquèrent d'elle et, lorsque la portière de la voiture s'ouvrit, ils saluèrent. Les deux invités du comte descendirent et les autres montèrent dans la voiture, puis l'un d'eux en descendit suivi de l'autre, et ils portaient entre eux une forme humaine molle et immobile, entièrement recouverte d'un grand tapis de fourrure sombre. Il a été emmené au bateau. Tous s'embarquèrent, et la pinasse s'enfuit à travers les petits promontoires. À un kilomètre au large se trouvait la longue forme noire d'un destroyer lance-torpilles. La pinasse accosta et ils montèrent tous à bord, deux des matelots portant le corps comme auparavant.

Le professeur Marmion se retrouva à les accompagner. Le corps fut transporté dans une petite cabane et déposé dans une couchette. Le tapis était rabattu sur le visage et il reconnut le prince Zastrow. Quelques minutes plus tard, il se retrouvait dans la cabine principale du destroyer. Les deux hommes venus en voiture étaient assis à une petite table avec un homme en mufti. Cet homme leva la tête et dit quelque chose. Il n'entendit pas ces mots, mais, à sa grande surprise, il reconnut dans ce beau visage celui du prince Oscarovitch, qu'il n'avait jamais vu avant de venir comme son invité à la garden-party du Wilderness.

Sur la cloison de la cabine, à la tête du Prince, était accroché un petit calendrier en bloc, et le feuillet exposé indiquait la date du lundi 6 juin. Tandis qu'il le lisait, une impulsion le poussa à regarder autour de lui le calendrier posé sur sa propre étagère de cheminée. Il indiquait la date du vendredi 24 juin. Il se retourna vers la fenêtre et ne vit rien d'autre que sa propre pelouse et le Common éclairé par la lune au-delà.

CHAPITRE XVII

M. NICOL HENDRY

Franklin Marmion s'assit et commença à réfléchir à la situation. Ce n'était pas une tâche facile car, à son avis, il serait très difficile, voire impossible, pour Nitocris et lui-même de contribuer à l'élucidation du mystère de Zastrow et à la prévention de toute complication européenne qui pourrait en découler. de celui-ci, tant sur les plans d'existence supérieurs que inférieurs. Bien entendu, cela aurait été tout à fait facile de le faire dans un certain sens, car à l'heure actuelle, pratiquement rien dans les affaires humaines ne leur était impossible à réaliser ; mais, d'un autre côté, il ne suffirait jamais de permettre aux personnes situées sur le plan inférieur de prendre conscience de leurs pouvoirs extra-humains. Cela était hors de question pour de nombreuses raisons, la moindre n'étant pas qu'ils devaient vivre leur vie dans des conditions ordinaires de temps et d'espace et parmi leurs semblables mortels, dont chacun les fuirait par peur, peut-être même. horreur, s'ils connaissaient leur secret. Qu'arriverait-il, par exemple, à Nitocris dans son état temporel si Merrill était le seul à le savoir ? Non, l'idée était certainement hors de portée d'une considération.

En même temps, il était dans une certaine mesure nécessaire qu'ils travaillent sur les deux plans s'ils voulaient tirer pleinement parti de leurs pouvoirs récemment acquis, et pour sortir de ce dilemme, le professeur ne semblait avoir qu'une seule voie : doit avoir l'aide des autres pour accomplir sur le plan inférieur le travail qu'il dirigerait, pour ainsi dire, du plan supérieur. La question était : qui ? Il faut évidemment qu'il s'agisse d'une personne à la discrétion de laquelle on puisse se fier entièrement. Il doit être hautement qualifié dans le travail policier et avoir une réputation à améliorer ou à perdre selon le résultat. Soudain, un nom lui vint à l'esprit. Il y a peu de temps, son ami le Président lui avait raconté l'histoire intérieure d'une affaire très complexe qui avait impliqué un scandale entre deux tribunaux. Seuls les plus maigres détails avaient visiblement été autorisés à paraître dans les journaux, mais Sa Seigneurie lui avait dit que le problème avait été résolu et réglé presque entièrement grâce à l'habileté et à la diplomatie d'un certain M. Nicol Hendry, qui tenait le poste peu annoncé mais hautement responsable. poste de chef du département anglais du Bureau international de police.

« C'est cet homme-là, dit-il, cet homme-là, et je ne devrais pas me demander s'il est impliqué dans cette affaire particulière. Il est trop tard pour télégraphier et, en plus, cela semblerait suspect. Je pourrais téléphoner à Scotland Yard. , mais je ne veux pas que même la police sache que je le veux avant de l'avoir vu. Non, j'écrirai un mot : il sera envoyé au premier courrier et personne ne saura d'où il vient.

Le lendemain, juste au moment où le déjeuner était terminé, la sonnette de la porte d'entrée sonna et la femme de chambre frappa et entra avec une carte sur un plateau en argent :

« J'ai fait entrer monsieur dans le salon, monsieur. Il dit qu'il a rendez-vous avec vous à deux heures et demie.

"Très bien : je serai debout dans un instant, Annie." Puis, alors qu'elle fermait la porte, il donna la carte à Nitocris et continua : « Peut-être notre allié sur le plan inférieur. Vous dites que vous ne voudriez pas être présent et m'aider avec votre opinion ?

"Oh non, papa. Je veux que personne ne sache que je participe à cette petite aventure. Mais si tu le présentes après, je te dirai ce que j'en pense. Tu sais, les femmes jugent généralement les autres." les gens de cette façon. »

"Très bien", rit son père en se tournant vers la porte, "ce sera mieux. Si tout se passe bien et que je pense pouvoir travailler avec lui, je l'amènerai à l'étage et vous pourrez lui donner une tasse de thé. Si je ne le fais pas, vous saurez qu'il ne le fera pas. »

« Adieu donc, pour le moment, sourit-elle, et n'effrayez pas le pauvre homme, si vous pouvez l'empêcher. J'ose dire que ce n'est qu'un policier exagéré, après tout. »

Mais c'était un tout autre genre de personne que Franklin Marmion accueillit dans le salon. M. Nicol Hendry était un homme d'une quarantaine d'années, svelte mais solidement bâti. Son front haut et quelque peu étroit était encadré de cheveux brun rougeâtre, coupés court et frisés. Sous des sourcils bruns bien définis brillait une paire d'yeux gris acier alertes d'un éclat presque surprenant. Son nez était un peu long et légèrement aquilin. Une moustache brun doré soigneusement dressée dissimulait à moitié des lèvres fermes et finement coupées, et une barbe pointue et bien taillée révélait juste la force du menton en dessous. Il était vêtu d'une redingote gris foncé et portait à sa boutonnière une rose sauvage rouge rosé qu'il avait cueillie sur le Common. Tandis qu'il lui serrait la main, le professeur le considérait mentalement comme une incarnation de la force, de l'acuité et de la tranquille inflexibilité : un résumé qui était assez proche de la vérité.

"Bon après-midi, M. Hendry", dit-il alors que les mains et les yeux se rencontraient.

"Bon après-midi, professeur", répondit l'autre d'une voix douce et dans un anglais presque parfait. « Puis-je demander à quelle heureuse circonstance, du moins j'espère qu'elle est heureuse, je dois l'honneur de faire la connaissance de celui qui a réussi à mystifier tous les mathématiciens de l'Europe ?

"Eh bien," dit Franklin Marmion avec un sourire, "je ne sais pas s'il y a tant d'honneur à cela, mais je sais que votre temps est très précieux et que j'en ai déjà utilisé une bonne partie en Je vous amène jusqu'ici, alors j'en viens au point tout de suite. Mais attendez un instant. Descendez dans mon bureau, nous pourrons y parler plus confortablement. Lorsque le professeur eut donné un cigare à son invité et allumé sa pipe, il dit tout à coup : « Il s'agit de l'affaire Zastrow.

S'il avait dit qu'il s'agissait du dernier complot grand-ducal à Peterhof, M. Hendry n'aurait pas pu être intérieurement plus étonné. Extérieurement, le professeur aurait pu évoquer le dernier meurtre banal. Seules ses paupières se soulevèrent un peu lorsqu'il répondit :

" Ah, en effet ? Eh bien, vraiment, professeur, vous devez me pardonner de dire que c'est à peu près la toute dernière question que j'aurais dû m'attendre à ce que vous souleviez. Le monde entier vous connaît comme l'un de ses hommes de science les plus distingués, maintenant, bien sûr, plus distingué que jamais ; mais je pense que personne ne s'attendait à ce que vous vous intéressiez aux mystères politiques. Je me souviens avoir entendu ou lu quelque part que la politique était votre aversion favorite.

"C'est vrai", répondit Franklin Marmion avec un bref rire. "Je considère la politique ordinaire - jongler avec des phrases pour tromper l'ignorance et flatter les préjugés de la foule, et échanger des principes contre une place et un pouvoir - comme la vocation la plus méprisable vers laquelle un homme puisse descendre, mais ce sont de la politique basse dans plusieurs sens. Or, pour un étranger, la haute politique, en tant qu'étude psychologique, est une tout autre affaire. Mais je ne vous ai pas invité ici pour discuter de banalités comme celles-ci. Bien sûr, vous ne le ferez pas. répondez-moi à moins que vous ne le vouliez – que vous soyez lié, professionnellement ou autrement, à l'affaire Zastrow ?

M. Hendry baissa les yeux sur le bout de ses bottes parfaitement formées pendant un moment ou deux. Puis il releva la tête et dit avec bonne humeur :

"Professeur, je sais qu'il n'y a pas d'homme plus honorable au monde que vous, mais même à vous, je dois vous demander franchement les raisons pour lesquelles vous posez cette question ?"

"Vous avez parfaitement le droit de faire cela, mon cher monsieur," fut la réponse calme. « Si vous dites « oui », je tiens à vous aider ; si vous dites « non », j'aimerais que vous m'aidiez : si vous ne voulez pas répondre, c'est fini. Voilà mon avis. les raisons."

Il en fallut beaucoup pour étonner Nicol Hendry, mais il l'était maintenant considérablement. Pourtant, il était impossible d'avoir le moindre doute sur le sérieux absolu de Franklin Marmion. Mais pourquoi, plus que tous les hommes sur terre, devrait-il vouloir percer le mystère de Zastrow ? Quel intérêt, hormis la simple curiosité, pouvait-il y avoir ? Et pourtant, il n'était en aucun cas du genre à être simplement curieux. L'étrangeté même de sa proposition le convainquit à moitié qu'il devait y avoir une autre raison très forte derrière celles qu'il avait avancées. Encore une fois, on devait lui faire entièrement confiance, donc on ne pouvait faire aucun mal en essayant de découvrir si tel était le cas, puisque s'il pouvait aider, il le ferait loyalement. Alors il lui a dit.

"Oui, professeur", dit-il en le regardant attentivement dans les yeux, "je suis intéressé par cette *affaire* , professionnellement intéressé et, je dois ajouter, très profondément intéressé, par-dessus le marché."

"Je suis heureux d'entendre cela", a déclaré Franklin Marmion avec un sérieux inattendu. "Maintenant, la question suivante est : accepterez-vous mon aide, quelle qu'elle soit, dans mes propres conditions, qui sont les suivantes : personne d'autre que vous ne saura que je vous aide, et vous ne me demanderez pas comment je vous aide. toi."

Une fois de plus un casse-tête. Nicol Hendry réfléchit quelques secondes avant de répondre lentement :

"Oui, professeur. Tant que vous nous aidez, je ne me soucie ni du pourquoi ni du comment, car, comme je peux maintenant être tout à fait franc avec vous, nous avons certainement très besoin d'une aide quelconque. Les journaux sont tout à fait appropriés pour cela. Une seule fois, ni ici ni sur le continent, nous n'avons trouvé un seul indice qui mérite d'être relevé. C'est humiliant, mais c'est vrai.

"Alors avant de partir, j'espère pouvoir vous en donner qui vaudront la peine d'être récupérés et gardés aussi", dit le scientifique avec un léger sourire ; "En tout cas, je pense pouvoir vous orienter vers certaines pistes d'enquête qu'il vous sera utile de tracer."

Nicol Hendry était un homme ambitieux, et il aurait donné beaucoup pour savoir ce qui se passait dans l'esprit de l'autre à ce moment-là, mais son expression ne trahissait rien de plus qu'une anticipation intéressée.

"Nous vous en serons entièrement reconnaissants si vous le faites, professeur", murmura-t-il.

" Je n'en doute pas, mon cher monsieur. Maintenant, pour commencer : je présume qu'il existe des photographies des personnes mentionnées dans les journaux comme étant au château de Trelitz avec le prince le dernier jour où il a été connu. Soyez là?"

"Certainement ; il ne faut pas laisser de côté un simple préliminaire comme celui-là", sourit Nicol Hendry. "À l'exception de Fraülein Hulda von Tyssen, la dame de la chambre de la princesse, toutes ont été photographiées pour publication, et nous avons obtenu la sienne par une source privée. Le chef de chacun de nos départements en a une copie, et Il se trouve que j'ai le mien dans ma poche maintenant, si vous voulez les voir, vous devez bien sûr l'avoir vue dans la vitrine de tous les photographes du West End.

"Oh oui, je l'ai vue. Qui ne l'a pas vue ? C'est une femme singulièrement belle. Mais j'aimerais beaucoup voir les autres, si vous me le permettez."

Le chef de bureau le regarda attentivement tandis qu'il sortait de sa poche intérieure une petite trousse carrée en maroquin et l'ouvrait. S'approchant d'une petite table, il y étala cinq petites photographies non montées. Il en mit deux de côté, en disant :

"Ceux-là, bien sûr, vous les connaissez ; ce sont le prince et la princesse. Celui-ci est le comte Ulik von Kessner, grand chambellan de Boravia ; celui-ci, le capitaine Alexis Vollmar ; et celui-ci est Fraülein von Tyssen."

Franklin Marmion les regardait avec un intérêt bien plus qu'ordinaire, car il les reconnut tous les cinq aussi clairement que s'il venait de les laisser dans sa propre salle à manger.

"Il n'y a aucun soupçon attaché à aucune de ces personnes, je suppose ?" » dit-il négligemment.

"Mon cher professeur," répondit Nicol Hendry un peu froidement, "ceux qui écrivent des histoires sur notre profession disent toujours que c'est notre règle invariable de soupçonner tout le monde, mais nous avons un peu de bon sens, et nous connaissons les dossiers de ces dames. et messieurs dans les moindres détails, depuis le prince lui-même jusqu'à Fraülein Hulda, nous n'avons la moindre raison de soupçonner aucun d'entre eux.

"Ah, c'est juste", dit l'autre d'un air songeur ; "Non, bien sûr, vous ne l'auriez pas fait et, malheureusement, je ne peux pas vous dire pourquoi vous devriez le faire. Mais je vais vous dire ceci : si jamais vous trouvez des raisons de soupçonner l'une de ces personnes, vous constaterez que ce groupe n'est pas complet. Il devrait contenir la photographie du prince Oscar Oscarovitch.

« Prince Oscar Oscarovitch ! s'exclama Nicol Hendry, en le regardant cette fois avec les yeux grands ouverts. "Pourquoi diable devrais-tu———"

"Pardonnez-moi, mon cher monsieur", interrompit doucement Franklin Marmion, "rappelez-vous que vous n'êtes pas censé vous soucier du pourquoi ni du comment. J'ai déjà expliqué que je ne peux pas expliquer."

"Mille pardons, professeur. Je ne m'oublie pas souvent, mais je l'ai fait à ce moment-là. Vous m'avez tellement pris par surprise."

« Je crois que vous serez bien plus surpris avant d'être arrivé au terme de cette affaire », fut la réponse souriante mais presque exaspérante ; "Mais, comme je l'ai laissé entendre, je ne peux que vous donner des indices. Je ne peux même pas vous dire comment je les obtiens, et c'est à vous de les suivre ou non, selon votre jugement. Maintenant, en voici un ou deux pour continuer. Essayez de découvrir s'il y avait ou non un destroyer russe à quatre cheminées dans les environs de Trelitz dans la nuit du 6. Suivez d'aussi près que possible les mouvements du prince Oscarovitch ce jour-là et les deux jours précédents. découvrez si un grand char fermé, quelque chose comme une calèche, tiré par quatre chevaux noirs, est allé de quelque part en direction du Château ce jour-là et enfin, surveillez de très près l'Adepte égyptien, comme il se fait appeler. — il s'appelle Phadrig Amena — qui a accompli ces prétendus miracles lors de la garden-party de ma fille l'autre jour. Le prince s'est pratiquement invité et a amené cet homme avec lui. Si vous parvenez à découvrir la véritable relation entre eux, je pense que vous l'aurez. j'en ai découvert suffisamment pour vous tenir plutôt occupé pour le moment. Si vous pensez quelque chose à ces petits points et les examinez, faites-moi savoir comment vous vous en sortez. Nous partons passer quelques vacances à l'étranger, mais je vous enverrai mon adresse de temps en temps. Maintenant, retournons au salon, et ma fille nous offrira du thé.

Lorsque Nicol Hendry quitta "The Wilderness" cet après-midi-là, il était l'homme le plus mystifié de Londres. Après son départ, Franklin Marmion dit à Nitocris :

"Eh bien, Niti, que penses-tu de notre ami aux yeux vrilles ? Le fera-t-il ?"

"Oui, papa ; j'aime ses manières, et il semble très intelligent à sa manière. Un vrai gentleman aussi", répondit-elle.

"Je suis content que tu penses ça", a-t-il ajouté ; "Mais quel dommage que nous ne puissions pas amener le monde à accepter les preuves de la quatrième dimension sans retourner ledit monde. Nous pourrions alors éclaircir toute l' *affaire* Zastrow en une semaine."

"Mais nous ne devrions pas profiter autant de nos vacances, j'ai peur, ce serait trop excitant", a conclu Nitocris.

CHAPITRE XVIII

MEURTRE PAR SUGGESTION

Deux jours plus tard, les Marmions quittèrent Londres pour Copenhague, d'où ils avaient l'intention de faire un voyage parmi les îles baltes, qui paraissent désormais les plus brillantes et les plus jolies, puis le long des fjords norvégiens, juste avant le début de la ruée touristique, et enfin de Trondjem à l'Islande. . Ils étaient tous deux d'excellents marins et tous deux n'aimaient pas les foules, surtout lorsque ces foules chassaient pour le plaisir. D'ailleurs, ils avaient désormais une raison particulière d'être seuls pour pouvoir jouir ensemble — eux, les deux seuls mortels qui le pouvaient — des innombrables merveilles de cette nouvelle existence qui leur était désormais devenue possible. Où pourraient-ils faire cela avec plus d'avantage que dans l'ancien Northland, dont le merveilleux passé serait désormais pour eux comme le présent de leur propre vie temporelle ?

Les Van Huysman et, bien sûr, Lord Lester Leighton devaient rester à Londres jusqu'à la fin de la saison. L'oncle Ephraim avait télégraphié de chaleureuses félicitations et de gros crédits, et Brenda, tout naturellement en tant que jeune fiancée et future comtesse, voulait tout ce que Londres, Ranelagh et Henley, Ascot et Goodwood et Cowes pouvaient lui offrir avant le yacht de son amant dévoué. les emporta vers la Méditerranée. Plus tard dans l'automne, ils devaient tous se rendre aux États-Unis pour passer l'hiver à Washington et à New York, d'où ils devaient retourner à Londres pour le mariage en mai : un programme sûrement aussi agréable - je crains que Miss Brenda ne l'ait écrit " programme " - comme pourrait le souhaiter même une belle jeune fille sur laquelle les bons destins avaient déjà comblé leurs cadeaux les plus précieux. La seule goutte d'amertume dans la coupe de contentement familiale était le fait que le professeur van Huysman était plus loin que jamais de dévoiler l'erreur que, comme il en était inébranlablement convaincu, ces abominables démonstrations *devaient* contenir.

Après consultation entre Nicol Hendry et ses collègues de France, d'Allemagne et de Russie, il fut décidé de donner suite aux indices qu'il avait si mystérieusement reçus. Les autres auraient, bien sûr, été très heureux de savoir où et comment il les avait obtenus, mais au début il les avait mis sur l'honneur de ne pas le demander, et l'étiquette professionnelle leur interdisait donc de faire autre chose que d'accepter son l'assurance qu'il les avait reçus d'une source tout à fait irréprochable. Une fois la situation acceptée, ils se mirent au travail avec une minutie tranquille, ce qui aboutit à étendre un filet invisible mais incassable autour des traces de chacun des suspects, depuis le grand Oscarovitch lui-même jusqu'à l'humble vendeur de bibelots de Candler's Court, en passant par ses amis encore plus humbles, Pent-Ah et

Neb-Anat, connus des rares personnes qui les connaissaient sous le nom de M. et Mme Pentana, rénovateurs et, peut-être, fabricants de pierres précieuses et de reliques anciennes.

Mais pour une paire d'yeux au moins, le filet de police était aussi clairement visible qu'une toile d'araignée suspendue au soleil.

Trois jours plus tard, Phadrig reçut la visite d'un commerçant juif mal habillé mais aisé avec qui il avait déjà fait affaire, qui voulait savoir s'il pouvait lui permettre d'acquérir de très bonnes vieilles pierres précieuses et bijoux égyptiens. à montrer en approbation à un riche mécène qui souhaitait offrir à sa fille un ensemble d'ornements rares et peu communs le jour de son mariage. C'est par ce biais, en agissant comme intermédiaire entre ceux qui avaient quelque chose à vendre et ceux qui souhaitaient acheter, que Phadrig était censé gagner modestement sa vie. Sa connaissance des antiquités orientales était certes grande, même si, bien entendu, personne ne savait à quel point elle était grande, et on lui avait souvent demandé pourquoi, au lieu de vivre d'une manière si misérable, il ne s'était pas lancé dans une petite entreprise ; à quoi il répondait toujours qu'il n'avait pas de capital, et qu'il préférait l'indépendance, si pauvre soit-elle, aux soucis et aux liens du commerce régulier.

Lorsque le juif eut exposé ses affaires, Phadrig le regarda avec des yeux endormis avec une expression étrange qui, pour une raison ou une autre, maintenait fixe le regard habituellement fuyant de son visiteur, et dit d'une voix lente et douce :

"C'est très gentil à vous, Monsieur Josèphe, de m'apporter toutes ces jolies petites commissions. Elles sont d'un grand bénéfice pour un pauvre étudiant en antiquités comme moi, bien que je n'aime pas faire le commerce des choses que j'aime. Pourtant, il faut vivre si l'on veut étudier. Or, on m'a envoyé l'autre jour une pierre précieuse que j'aimerais beaucoup posséder, mais, hélas, je pourrais aussi désirer le Koh-i-Noor lui-même. D'ailleurs, c'est déjà promis. — non, presque vendu. Mais qu'ont les pauvres à faire avec de telles splendeurs, sinon d'aider les riches à les acheter ! »

Les yeux proéminents du Juif brillèrent d'une lumière intérieure à l'évocation de la pierre précieuse, et il dit d'une voix câline :

"Mon cher Phadrig, nous avons toujours été amis depuis très longtemps, et tu dis que j'ai été un bon client pour toi. Pourrais-je jeter un œil à ce joyau ? Tu sais à quel point j'aime les jolies choses. As-tu tu l'as ici ?"

"Oui, et vous le verrez avec plaisir, mon bon Josèphe", répondit Phadrig, connaissant bien la pensée qui lui venait en tête lorsqu'il lui demanda s'il avait la pierre précieuse là, dans cette pièce délabrée et sans protection.

Il se dirigea vers le vieux secrétaire en chêne, ouvrit une armoire sur le côté, puis un tiroir à l'intérieur, suivi dans tous ses mouvements par les yeux brillants du juif, et en sortit un paquet de cuir. Il l'a défait et a sorti une boîte d'environ quatre pouces de long sur trois de large, en bois noir poli. Cela semblait solide, mais Phadrig fit un mouvement rapide avec ses doigts, et une moitié glissa de l'autre. Il le tendit vers son visiteur et dit :

" Que pensez-vous de cela comme d'un spécimen d'art ancien, Monsieur Josèphe ? "

Le Juif regarda. L'intérieur de la boîte semblait rempli d'une lumière verte teintée de jaune. Du milieu commença à briller une lumière verte plus profonde qui se cristallisa en l'émeraude la plus glorieuse dont il ait jamais rêvé. C'était un carré d'un pouce carré, impeccable et d'une couleur parfaite. L'éclat jaune provenait d'un cadre en or lourd et superbement travaillé. Phadrig le sortit et le tint devant lui, et la lumière verte sembla rayonner à travers l'atmosphère morne de la pièce. Le juif la regardait avec des yeux exorbités et des lèvres tremblantes, et ses mains s'avançaient vers elle avec un geste qui ressemblait à une adoration.

"Dieu d'Israël", haleta-t-il, "est-ce qu'on a jamais vu quelque chose d'aussi splendide auparavant ! M. Phadrig, est-ce... est-ce réel ?"

"Réel?" » répéta l'Égyptien avec mépris. "Avez-vous déjà vu une lumière comme celle-là sortir d'une fausse pierre ? Vous devriez en savoir plus sur les pierres précieuses que cela, M. Josèphe."

" Ah oui, oui, bien sûr. C'est glorieux ; c'est digne de briller sur la cuirasse du Grand Prêtre — et quel prix cela doit être ! Est-il permis de demander le nom du grand millionnaire à qui il est destiné ? " ?"

"Oui. Elle sera dans quelques heures la propriété du prince Oscar Oscarovitch."

Pendant que Phadrig parlait, il cacha la pierre précieuse dans sa main. Sa voix était tellement changée que le Juif leva les yeux vers lui. Ses yeux étaient grands ouverts maintenant et brillaient d'un feu qui les rendait presque d'un rouge terne. Ils semblaient voir à travers ses yeux et regarder dans son cerveau. Josèphe sursauta comme s'il avait été frappé. Il essaya de détourner la tête, mais les yeux terribles le retenaient. Son visage gras, huileux et olive devint gris et sec, et sa tête tremblait d'un côté à l'autre.

"Qu'y a-t-il, mon cher Monsieur Josèphe ?" » demanda Phadrig d'une voix lente et sévère. « La mention du Prince semble avoir affecté vos nerfs. Connaissez-vous Son Altesse ?

"Moi ? Moi ? Pourquoi, comment pourrais-je connaître un grand homme comme le noble Prince ? Non, non ; bien sûr, je le connais comme un très grand et très grand gentleman, mais c'est tout, vraiment tout, mon cher Phadrig."

"Oui, oui, bien sûr", dit encore une fois l'Égyptien de sa voix douce; "Ce serait peu probable, n'est-ce pas ? Maintenant, si vous voulez regarder la pierre précieuse de plus près, allez vous asseoir là près de la lumière et prenez-la dans votre main. Vous verrez qu'elle est gravée de hiéroglyphes. On dit que ce joyau appartenait autrefois à Ramsès le Grand d'Égypte et qu'il l'avait donné à sa fille Nitocris.

Cette information n'intéressait pas du tout le juif, puisqu'il n'avait jamais entendu ces noms de sa vie ; mais le plaisir et l'honneur de tenir dans sa main un joyau aussi glorieux, même pendant quelques minutes, étaient pour lui une extase. Il s'assit et tendit avidement sa grosse main tremblante. Avec un sourire de mépris, Phadrig y plaça le bijou et dit :

"Examinez-le attentivement, mon ami. Cela en vaut la peine, et il faudra peut-être longtemps avant que vous en voyiez un autre semblable."

" Comme... comme *ça* , comme *ça* ! Par la barbe du Père Moïse, je ne devrais pas penser... je devrais penser... je devrais... oh, beau... glor... glorieux... splendide... fait... splen... oh, quelle lumière... li... lumière—li—oh———!"

À mesure que chacune des syllabes disjointes sortaient de ses lèvres tremblantes, il marmonnait de plus en plus, et sa tête s'enfonçait plus bas vers la chose inestimable dans sa paume. À mesure qu'il regardait, la pierre devenait ronde, devenait plus grande et plus brillante, jusqu'à ce qu'elle ressemble à un grand œil vert flamboyant fixant les profondeurs les plus profondes de son être. Puis la lumière s'éteignit brusquement, sa tête tomba sur sa poitrine, et tandis que sa main s'enfonçait, Phadrig la rattrapa et emporta le bijou. Puis il reposa le juif sur la chaise et, debout devant lui, il commença d'une voix lente et pénétrante :

" Isaac Josèphe, tu as regardé la pierre d'Horus, et celui qui fait cela ne peut répondre aux questions d'un adepte par des mensonges qu'au prix de sa vie. Maintenant, réponds-moi sincèrement, ou demain matin, ceux de ta maison le feront. je te trouve mort dans ton lit. »

Les yeux grands ouverts de l'homme hypnotisé le fixaient et ses lèvres lâches frémissaient, mais c'étaient les seuls signes de vie.

"Tu n'es pas seulement un marchand de pierres précieuses et de choses curieuses : tu es aussi un espion de la police, n'est-ce pas ?"

"Oui."

" Croyant que je suis un homme très pauvre, mais sachant que je m'occupais d'objets de valeur, ils pensaient que je recevais de tels objets de la part de voleurs pour les revendre, puisqu'ils ne le pouvaient pas. Est-ce vrai ? "

"Oui."

« Et, croyant cela, et sachant que tu avais des relations avec moi, ils t'ont soudoyé pour que tu viennes ici comme mon ami et mon confrère et qu'ils espionnent mes actions, afin d'avoir des preuves contre moi et de me jeter en prison. donc?"

"Oui."

" Tard, l'avant-dernière nuit, tu es allé chez Nicol Hendry, qui n'est pas un vulgaire chasseur de voleurs, mais un espion des nations dont les affaires sont avec les grands de la terre. Dis-moi : avec qui a fait tes affaires avec il s'inquiète?"

"Le prince Oscarovitch et vous-même."

"Quels étaient ses ordres ?"

"Pour vous surveiller tous les deux, surtout vous, et découvrir quand vous êtes allé le voir, et pourquoi vous étiez parfois un pauvre diable dans un trou misérable comme celui-ci, et parfois une houle allant se vanter avec lui."

"Comment allais-tu faire ça ?"

"Je connais votre serviteur ou ami, M. Pentana. Je lui ai prêté de l'argent : et Peter Petroff, le serviteur particulier du prince, joue comme un seigneur, et il me doit beaucoup d'argent, à moi et à un de mes amis. Nous allions travailler à travers eux. »

"C'est assez ; et c'est bien pour vous que vous ayez répondu honnêtement. Maintenant, dites-moi : savez-vous vous servir d'un revolver ?"

"Je n'ai jamais tiré un seul coup de feu de ma vie."

Phadrig s'est rendu chez le secrétaire et a pris un revolver ordinaire et bon marché, identique à des milliers d'autres que notre gouvernement criminel et insouciant permet d'acheter chaque jour sans présentation d'autorisation - juste une arme de voyou, en fait - est retourné le mettre dans la main du juif. Il leva la main à plusieurs reprises, et pointa le canon vers la tempe, gardant l'index sur la gâchette. Enfin il lâcha le poignet et dit d'un ton doux et persuasif :

"C'est ainsi qu'on manie un revolver quand on va tirer, mon cher Josèphe. Maintenant, laisse-moi voir si tu peux le faire toi-même."

Avec une précision mécanique, le bras du juif remonta jusqu'à ce que le museau touchât sa tempe. Encore et encore, il faisait la même chose à la demande de Phadrig, jusqu'à ce qu'il finisse par dire d'une manière un peu plus péremptoire :

"Maintenant, appuyez sur la gâchette !"

Le doigt se resserra et le marteau claqua. L'opération fut répétée cinq fois de plus, puis Phadrig prit doucement le revolver et baissa la main. Il se rendit chez le secrétaire et chargea les six chambres, arma l'arme et la mit dans la poche latérale droite de la veste de détente que portait Josèphe, et dit délibérément :

"Maintenant, souviens-toi, mon cher Josèphe : tu retourneras directement à ton bureau de Waterloo Road et tu entreras avec ta clé. Dans ton appartement privé, tu verras un homme qui veut te voler des papiers précieux. Tu seras ruiné. s'il les obtient, alors vous devez sortir votre pistolet de votre poche et lui tirer dessus. Vous me comprenez bien ?

"Oui, je dois lui tirer dessus."

"C'est vrai. Maintenant, si vous n'y allez pas, il les aura avant que vous arriviez. Levez-vous et nous vous dirons bonsoir. Vous ne devez pas mettre la main dans votre poche avant d'avoir vu l'homme qui veut vous voler. . Bonne nuit. Voilà votre chapeau.

"Bonne nuit!"

M. Isaac Josèphe a mis son chapeau et s'est éloigné vers la mort avec les mouvements d'une poupée mécanique.

CHAPITRE XIX

LA PIERRE D'HORUS

Une heure plus tard, Phadrig, le pauvre marchand de bibelots, avait disparu, et M. Phadrig Amena, l'adepte miraculeux, vêtu de vêtements de soirée et d'un pardessus léger, descendit d'un fiacre à la grande entrée des demeures de la cour royale. En un instant, l'immense gardien des Portes Dorées, magnifiquement vêtu, saluait à son coude, car un ami des princes est un très grand homme aux yeux même de dignitaires comme lui.

"Le prince vous attend, monsieur", dit-il assez fort pour que le titre soit entendu par ceux qui se trouvaient à proximité. "Voulez-vous avoir la gentillesse d'entrer ? Je vais décharger le taxi."

Il s'écarta avec une révérence et un autre salut, et Phadrig monta d'un pas léger les larges marches. Peter Petroff ouvrit la porte de l'appartement en s'inclinant profondément et le conduisit au sanctuaire de son maître. Il était évidemment attendu, car la machine à café était prête sur la table mauresque, à côté du fauteuil douillet qu'il avait l'habitude d'occuper. Le prince, qui se tenait debout sur une peau d'ours blanc près de la cheminée, lui fit signe de s'y rendre en disant :

" Ah, Phadrig, mon ami, ponctuel, bien sûr ; et également, bien sûr, vous avez quelque chose d'important à communiquer. Votre télégramme vient de m'attraper à temps pour différer un engagement qui, heureusement, n'a pas de grande conséquence. Voilà le café, et tu trouveras les cigares que tu aimes dans le deuxième tiroir. Maintenant, quelles sont les nouvelles ?

Son invité remplit une tasse de café, prit un cigare et l'alluma avant de répondre. Puis, se tournant vers le Prince, il dit de son ton lent et égal habituel :

"Altesse, j'ai le regret de dire que mes nouvelles sont à la fois urgentes et mauvaises."

" Ce serait naturellement urgent, " dit le prince en se tournant rapidement vers lui, " mais je ne m'y attendais pas mal. Eh bien, toutes les nouvelles ne peuvent pas être bonnes. Qu'est-ce que c'est ? "

"Je crains que mon avertissement soit encore plus urgent que je ne le pensais moi-même – je veux dire, en termes de temps. Votre Altesse est déjà surveillée."

" Quoi ! Un prince de l'Empire, celui qu'on appelle le Skobeleff moderne, un intime de Nicolas ! De quoi me surveiller ? " s'écria le prince moitié en colère et moitié étonné. "C'est ridicule, c'est encore un de tes rêves !"

"C'est peut-être ridicule, Altesse," répondit Phadrig, tout à fait imperturbable, "mais ce n'est pas un rêve ; et d'ailleurs, les yeux qui vous surveillent sont vifs, et ils sont partout. Vous êtes sous la surveillance de la Police Internationale. ".

Ce n'étaient pas là des paroles que même un prince du Saint-Empire russe n'aimait pas entendre. Oscarovitch resta silencieux pendant quelques instants, à cause du sérieux et du calme avec lequel ils étaient prononcés, qu'il lui était impossible d'en douter. Comme il l'avait demandé, pourquoi un homme tel que lui pouvait-il être surveillé par cette organisation aux mille yeux dont il était lui-même l'un des directeurs suprêmes ? Il était impossible que ces gens puissent soupçonner son grand projet de trahison et d'autoglorification. Cela n'était connu que de trois personnes au monde : lui-même, Phadrig et la princesse Hermia ; et la princesse, la femme qui avait volontairement sacrifié son brillant jeune époux à son amour coupable et à son ambition sans limites − non, elle ne pouvait pas être une traîtresse. Ce doit être autre chose : et pourtant quoi ?

Il fit deux ou trois tours rapides dans la pièce, mâchant et tirant sur son cigare, jusqu'à ce qu'il s'arrête devant Phadrig et dit doucement, mais avec des yeux furieux :

"Très bien, admettons que je sois surveillé par l'Internationale. Racontez-moi comment vous l'avez connu."

L'Égyptien but quelques gorgées de son café, puis raconta presque mot pour mot son entretien avec Josèphe. Il a terminé en disant :

"Votre Altesse peut croire ou non maintenant comme bon lui semble, mais je présume que vous le ferez lorsque vous lirez demain matin dans votre journal le suicide d'un respectable marchand hébreu nommé Isaac Josèphe à l'adresse que j'ai mentionnée."

Oscarovitch avait des nerfs assez solides, et il était habitué à considérer n'importe quelle sorte de crime comme un moyen tout à fait approprié de parvenir à des fins politiques : mais il y avait quelque chose dans l'absence totale d'âme de cet homme et dans l'horreur étrange du crime qu'il venait d'accomplir − car à ce moment-là, sa victime serait déjà allongée sur le sol de son propre antre d'araignée, ce qui le glaçait, malgré son sang-froid. Il le regardait allongé sur sa chaise et soufflant calmement la fumée de ses lèvres à moitié souriantes comme s'il n'avait pas d'autre pensée que les petits anneaux bleus qu'il faisait.

"C'était une chose diabolique à faire, Phadrig !" » dit-il, un peu au-dessus d'un murmure.

"Diabolique, peut-être, Altesse, mais nécessaire, c'est certain", fut la réponse calme. "Vous conviendrez avec moi que Nicol Hendry est un adversaire dangereux, même pour vous, et quant à moi, il pense sans aucun doute qu'il peut m'écraser sous son pied chaque fois qu'il choisit de le poser. J'aimerais connaître ses sentiments comme il apprend le suicide de son espion alors qu'il venait à peine de se mettre au travail.

" Cela sera certainement un choc pour lui et ses collègues, et pour cette raison, après y avoir réfléchi, je suis enclin à admettre que c'était nécessaire et horrible, comme je l'avoue ; il me semble, je pense, que vous avez pris les meilleurs moyens pour leur donner un avertissement salutaire. Après tout, la vie d'un individu, et de cet individu juif, ne compte pas pour grand-chose quand le sort des empires est en jeu. Ce qui m'intrigue, c'est comment ces gens en sont arrivés à cela. me soupçonnent, et de quoi me soupçonnent-ils, je suppose que vous n'en avez aucune idée, n'est-ce pas ?

Il le regardait attentivement pendant qu'il parlait, mais il aurait tout aussi bien pu regarder le visage d'une image gravée. Puis, comme un éclair d'inspiration, l'affaire Zastrow lui vint à l'esprit. Son lien avec cela, par un hasard extraordinaire, aurait-il été porté à la connaissance de l'Internationale ? Cette pensée était clairement inquiétante. Phadrig y avait contribué grâce à ses arts étranges. Il discuterait ensuite de cette phase de l'affaire avec lui.

Phadrig répondit en lui rendant son regard :

" Altesse, je n'ai qu'une seule explication à vous proposer, et vous l'avez déjà refusée. Si je parlais d'une autre, ce ne serait qu'une vaine invention. "

« Vous voulez parler du professeur Marmion et de ses miracles mathématiques ? » dit le prince avec un peu d'inquiétude.

"Oui," répondit fermement l'Égyptien. "Je dis maintenant ce que j'ai pensé quand je l'ai vu les travailler. Je ne croyais pas qu'un homme aurait pu faire ce qu'il a fait s'il n'avait pas atteint ce que nous appelions autrefois la Connaissance Parfaite, ou, comme ils l'appellent, -jour, a dépassé la frontière entre les états des trois et des quatre dimensions. Si le professeur Marmion a réalisé ce triomphe de la vertu et de l'intelligence - et à l'époque dont je me souviens, il y avait plus d'un des adeptes qui l'avaient fait - alors Votre Les desseins impériaux de Votre Altesse doivent être aussi bien connus de lui que de vous-même : mieux encore, car, tandis que vous ne pouvez en voir qu'une partie, le début et un peu au-delà, il peut voir le tout, même jusqu'à la fin ; déclarez, comme on nous l'a appris, que le passé, le présent et le futur ne font qu'un. Maintenant, seules trois personnes sont au courant du projet, et la trahison parmi elles n'est pas dans les limites de la raison, c'est pourquoi je demanderais à nouveau à Votre Altesse de croire que de telles informations car l'Internationale a pu les avoir reçus directement ou indirectement du professeur Marmion.

"Mais", dit le prince, qui hésitait maintenant visiblement dans son scepticisme, puisque l'explication du mystère donnée par Phadrig semblait en réalité la seule réalisable, aussi impossible qu'elle lui paraisse, "étant donné tout ce que vous dites, quel intérêt possible le professeur pourrait-il avoir ? Marmion, qu'il vive dans ce monde ou dans celui des quatre dimensions, a dû s'immiscer dans un tel projet, même s'il en savait tout, d'autant plus que tout Anglais instruit admet que la situation en Russie ne pourrait guère être pire que c'est vrai ? Je ne vois pas quel intérêt il peut avoir dans cette affaire.

"Mais, Altesse, son intérêt peut être privé et non public."

"Qu'est-ce que tu veux dire par là, Phadrig ?" demanda sèchement le prince.

"Comme je l'ai dit," répondit lentement l'Égyptien, "il se peut que sa fille, qui fut autrefois reine, soit également parvenue à la Connaissance. Dans ce cas, l'amour que Votre Altesse a si soudainement conçu pour elle vous apporterait instantanément dans la sphère de son influence et de son pouvoir. Maintenant, elle, en tant que Nitocris Marmion, la mortelle, est fiancée à l'officier anglais Merrill, et par conséquent, puisque vous êtes grand et puissant dans la vie terrestre, votre ruine, voire votre mort, pourraient sembler nécessaires pour vous éloigner de son chemin.

Oscarovitch frissonnait malgré tout son courage et sa maîtrise de soi. L'idée de craindre quoi que ce soit d'humain ne lui était jamais venue à l'esprit après sa première bataille ; mais si cela est vrai, c'est une tout autre affaire. Être menacé de ruine ou de mort par une puissance qu'il ne pouvait même pas voir, lutter contre des ennemis qui pouvaient lire dans ses pensées et même être présent dans une pièce avec lui sans qu'il le sache - comme Phadrig le lui avait assuré plus d'une fois. qu'ils pouvaient l'être - était totalement au-delà du pouvoir des hommes les plus courageux et les plus forts. Non, c'était impossible : il ne pouvait pas, ne voulait pas croire qu'une telle chose puisse exister. Son invincible matérialisme vint soudain à son secours et le sauva du reproche de peur à ses propres yeux.

"Non, Phadrig," dit-il avec un geste d'impatience, "cela n'est pas à croire. Cela peut vous sembler une réalité : pour moi, cela ne peut jamais être autre chose qu'un fantasme d'intellect fou sur un seul point. — ce qui, j'ai à peine besoin de vous le rappeler, est un défaut non rare des plus grands esprits. Une autre raison vient de me venir à l'esprit qui n'aurait pas besoin d'une explication aussi fantastique. »

"Et ça, Altesse ?" » demanda Phadrig en levant les yeux avec un haussement d'épaules presque imperceptible.

"L'affaire Zastrow. Aussi improbable que cela puisse paraître, il n'est pas impossible qu'il y ait eu trahison là-bas. J'ai de nombreux ennemis en Russie et en Allemagne, et il est bien connu que Zastrow et moi étions autrefois rivaux. Oui, c'est ça : il doit en être ainsi, et par conséquent nous devons nous préparer à combattre l'Internationale ; et avec les armes que vous êtes capables d'utiliser, il n'y a pas beaucoup de raisons pour que nous les craignions. »

Il écarta le sujet d'un geste impérieux de la main et reprit sur un ton altéré :

"Et maintenant, *à propos* de vos armes. Parlez-moi de cette merveilleuse pierre précieuse avec laquelle vous avez hypnotisé le Juif."

"Je ne vous en parlerai pas seulement, Altesse, je vous le montrerai, si vous désirez le voir", répondit Phadrig, qui reconnaissait maintenant pleinement le désespoir de vaincre le matérialisme aveugle qui était, bien sûr, inévitable pour le monde. état de vie dans lequel le Prince se trouvait actuellement.

"Quoi ! vous l'avez apporté avec vous ! Excellent ! Maintenant je pense que nous pourrons parler de sujets plus agréables que les complots et les fantasmes comme la Quatrième Dimension !" s'écria Oscarovitch qui, comme tous les Russes, aimait presque passionnément les pierres précieuses. "C'est bien de demander à un Russe s'il a envie de voir une chose pareille !"

"Votre Excellence doit faire attention à ne pas le regarder trop longtemps ou de près", dit Phadrig en mettant la main à l'intérieur de son gilet et en sortant un sac en cuir lavé. "Comme je vous l'ai dit, elle possède certaines qualités avec lesquelles il ne faut pas prendre à la légère. Vous savez bien sûr que de nombreuses pierres précieuses orientales sont créditées de pouvoirs hypnotiques. Celle-ci en possède sans aucun doute."

Tout en parlant, il sortit l'émeraude et la tint par le fermoir, sous un faisceau de lumières électriques.

« Quel glorieux joyau ! » s'écria le prince en se précipitant pour l'examiner de plus près. "Il n'y a rien de comparable, même parmi les joyaux impériaux de la Russie."

« Prenez garde, Altesse, » dit l'Égyptien en levant la main gauche, « à moins que vous ne vouliez tomber sous son influence. Une fois qu'il aurait saisi votre regard, vous ne pourriez le retirer sans la permission de son propriétaire, et en attendant il aurait complètement saisi votre regard. ma maîtrise de toi. Je suis ton fidèle serviteur, c'est pourquoi je te préviens.

Y avait-il le moindre soupçon de ricanement dans sa voix alors qu'il disait cela ? Si c'était le cas, Oscarovitch ne s'en apercevait pas. Il était déjà trop sous le charme de la Pierre d'Horus. Phadrig posa soudain la main sur la pierre précieuse et poursuivit son chemin. " L'histoire de ce joyau, Altesse, c'est qu'il y a bien des siècles, avant le début de la Première Dynastie, un petit radeau d'un bois étrange, blanc comme l'ivoire et en forme de nénuphar, descendit le Nil à pleine vitesse. au moment des crues et dériva vers le rivage devant la maison d'un homme sage et saint qui était réputé pour entretenir une communion perpétuelle avec les dieux. Sur le radeau se trouvait un berceau en osier blanc doublé de duvet, sur lequel gisait un homme. -enfant d'une beauté si exquise qu'il pouvait difficilement naître de parents mortels, son corps était nu, mais autour de son cou se trouvait une chaîne scintillante d'or merveilleusement ouvrée, à laquelle était attachée cette pierre précieuse posée sur sa poitrine. origine de la fable hébraïque de la découverte de Moïse, qui, comme tous les érudits le savent, n'était pas un Hébreu, mais un prêtre égyptien de la maison de Ra.

"Le saint homme l'emmena chez lui, enterrant la chaîne et la pierre précieuse, de peur que cela ne provoque la tentation de ceux qui les voyaient; et à mesure que le garçon devenait viril, il lui enseigna toutes ses connaissances, jusqu'à ce que lui aussi soit assez sage pour être admis dans la communion des dieux, que les adeptes appelèrent plus tard la Connaissance Parfaite. Sur la pierre précieuse sont gravés les trois symboles par lesquels la Trinité, Osiris, Isis et Horus : la Mère et l'Enfant, l'antétype de ; L'humanité est devenue connue et adorée. Le saint homme a deviné que le garçon était l'incarnation d'Horus ainsi envoyé sur terre pour enseigner aux hommes la voie de la connaissance, qui est la seule justice, puisque ceux qui savent tout ne peuvent pas pécher là où se trouvait sa maison. Il construisit le premier temple de la Divine Trinité, et Horus devint grand prêtre de ce pays. Il couronna le roi du pays et suspendit cette pierre précieuse à son cou comme symbole de sa royauté et de l'approbation des dieux.

"Depuis le premier roi, il fut transmis de monarque en monarque à travers tous les changements de dynasties, jusqu'à ce qu'il soit suspendu à la chaîne royale du grand Ramsès ; et par lui il fut donné à sa fille Nitocris, faisant ainsi d'elle reine d'Egypte après lui ; et elle l'a porté lors de cette nuit fatale des noces mortelles où, plutôt que de se marier avec vous, qui étiez alors Menkau-Ra, seigneur de la guerre, elle a inondé la salle de banquet de Pepi et s'est noyée ainsi que tous ses invités - ce qui , Altesse, est un présage que vous feriez bien de ne pas oublier si vous persistez dans votre poursuite de la fille du professeur Marmion.

Oscarovitch était un homme doté d'une imagination débordante, comme doivent l'être tous les grands soldats et hommes d'État, et c'est pourquoi l'histoire de la pierre d'Horus l'a fortement séduit ; mais ce qui l'intéressait peut-être encore plus, c'était le spectacle de cet homme, qui venait de se rendre coupable d'une forme de meurtre particulièrement horrible, assis là et racontant avec une éloquence simple et un respect évident le mythe sacré dont est issu ce qui était peut-être la religion la plus ancienne. dans le monde avait évolué. Il l'écouta dans un silence à la fois d'intérêt et de respect jusqu'à sa dernière phrase. Puis il se leva, étendit les bras et dit en riant :

" Présage, Phadrig ! Votre histoire sur la pierre m'a profondément intéressé, mais je ne crois pas plus au présage qu'à l'histoire. Oui, et même si je le faisais, j'oserais tous les présages que les sorciers ont jamais inventés pour leur vie. " pour mon propre profit en essayant de faire de Nitocris Marmion ce que je veux qu'elle soit, et ce qu'elle sera à moins qu'elle ne soit la cause de mon premier échec dans la réalisation de ce que j'avais à cœur. Mais vous n'avez pas terminé votre histoire. comment la pierre est entrée en votre possession, puisqu'elle a été emportée dans le Nil accrochée à la poitrine du Royal Nitocris.

"La saison suivante du Déluge, selon les archives, Altesse, le squelette d'une femme fut lavé jusqu'au pied de l'escalier de la rivière de la Maison de Ptah, et la pierre et la chaîne furent trouvées parmi les mauvaises herbes qui remplissaient la cavité de le coffre. Ils furent apportés avec tout le respect au Grand Prêtre, qui les porta au Pharaon et, au milieu d'une grande joie, les suspendit à son cou. Puis, de Pharaon en Pharaon, il parcourut les siècles jusqu'à ce qu'il tombe en possession. de celle qui a causé la ruine de l'Ancienne Terre. Elle a donné la pierre à son amant, et de son corps elle a été retirée par un prêtre de l'Ancienne Foi qui était autrefois Anemen-Ha, et est maintenant Phadrig Amena, l'ouvrier dégénéré de de mesquines merveilles que les ignorants de nos jours appelleraient des miracles s'ils ne les prenaient pas pour des tours de prestidigitation.

"Depuis lors, il est resté caché, vu uniquement par les successeurs de celui qui l'a sauvé des pilleurs du corps d'Antoine, jusqu'à ce que, apparemment par voie commerciale, mais sans doute pour une raison profonde qui ne m'est pas révélée, il est venu entre mes mains. Telle est jusqu'à présent, Altesse, la fin de l'histoire de la Pierre d'Horus.

"Et il reste sans doute encore beaucoup à écrire ou à raconter", dit le prince sérieusement, car il était vraiment impressionné malgré son scepticisme. Puis, après une petite pause, il reprit : « Phadrig, vous avez dit que la pierre est dangereuse pour quiconque sauf pour son possesseur. Je souhaite la posséder. Donnez votre prix, et, pour la moitié de ma fortune, vous l'aurez.

"La pierre, Altesse", répondit l'Égyptien avec l'ombre d'un sourire sur ses lèvres, "n'a jamais été et ne pourra jamais être vendue pour de l'argent, donc je ne pourrais pas la vendre, même si l'argent avait de la valeur pour moi. , ce qui n'est pas le cas. Il n'y a qu'un seul prix pour cela.

"Et qu'est ce que c'est que ça?"

"Une vie humaine - peut-être plusieurs vies - mais toutes doivent être payées successivement par celui ou celle qui l'achète, à moins qu'il n'atteigne la Connaissance Parfaite."

"Donnez-le-moi, alors!" s'écria Oscarovitch en lui tendant la main. "La vie que j'ai, je la paierai volontiers dans l'espoir de la mettre sur la poitrine du Nitocris vivant. Comme je ne crois en aucune autre, je la jetterai. Donnez-la-moi !"

"C'est une possession périlleuse, Altesse, pour quelqu'un qui n'a même pas atteint la Connaissance Supérieure, comme moi. Laissez-moi vous avertir d'y réfléchir à nouveau, car une fois que vous me l'aurez pris, le prix devra être payé jusqu'au bout. le malheur que cela pourrait entraîner. »

"Vos connaissances ne m'importent pas, Phadrig", rit le prince, tendant toujours la main. "Il me suffit de savoir que c'est la pierre la plus glorieuse de la terre, et qu'elle m'aidera à conquérir la femme la plus divine de la terre. Alors, encore une fois, donne-la-moi !"

« Prenez-le donc, Altesse », dit l'Égyptien avec un accent de solennité dans la voix. "Prenez, et avec cela tout ce que les Dieux Supérieurs peuvent vous réserver !"

Il laissa tomber la gemme inestimable dans sa main avec aussi peu de réticence qu'il lui aurait donné un bijou en laiton. Puis il se détourna pour prendre un autre cigare, laissant Oscarovitch contempler avec une extase silencieuse, comme il le pensait, son trésor facile à trouver. Alors le prince s'approcha d'un grand panneau fixé au mur du côté gauche de la cheminée, le toucha du doigt et celui-ci bascula sur le côté, révélant la porte d'un petit coffre-fort encastré dans le mur. Il l'ouvrit, plaça la pierre dans un tiroir intérieur, ferma le coffre-fort et remit le tableau à sa place.

Lorsqu'il se rassit, il dit :

"Mon bon ami, je sais qu'il est inutile pour moi de te remercier, car même si tu voulais des remerciements, je ne pourrais pas rendre justice à l'occasion, comme on dit dans les discours : mais je veux te poser encore une question, et alors je ne vous empêcherai plus de votre délicieux club oriental auquel je suppose que vous êtes lié. Maintenant que j'ai la pierre, je suis, comme vous pouvez bien le croire, plus que désireux de trouver la dame à qui elle est destinée. appartiendront - encore une fois, comme vous diriez sans doute. À mon grand dégoût, le professeur et sa fille ont disparu de la sphère de la société londonienne pour des vacances *à deux* et ont, apparemment avec intention, laissé tous leurs amis dans l'ignorance. leur destination. En avez-vous une idée ? Je sais que cette femme copte que vous employez a reçu l'ordre de surveiller attentivement les déplacements de Miss Nitocris.

"Oui, Altesse," répondit Phadrig, "et elle a obéi à ses ordres. La veille de leur départ, elle a attaqué la jolie servante de Miss Marmion sur la commune et lui a prédit la bonne aventure. Bien sûr, elle a parlé le jargon habituel des amants et lettres et partir en voyage, et la servante laissa échapper tout à fait innocemment qu'elle partait avec son maître et sa maîtresse en bateau à vapeur jusqu'au Danemark et le long des côtes de Norvège, puis en Islande sur les bateaux à passagers, et qu'elle n'aimait pas l'idée, car elle savait qu'elle aurait le mal de mer."

"Excellent ! c'est exactement ça !" s'écria le prince. "Cela ne pourrait pas être mieux si je l'avais arrangé moi-même. Mon yacht est dans le Solent en attendant la semaine de Cowes. Je serai à flot demain. Donnez à cette femme un billet de dix livres de ma part avec ma bénédiction. Maintenant , Je vous laisse tout le reste. Faites ce que vous jugerez bon à l'égard de nos amis de l'Internationale. Tuez en toute sécurité le plus grand nombre de leurs espions et faites croire aux chefs qu'ils combattent le Diable lui-même. , bonne nuit."

Lorsque Peter Petroff lui apporta les journaux le lendemain matin, le prince prit le *Telegraph* et se tourna vers la page consacrée aux événements mineurs de la veille. Son regard fut presque immédiatement attiré par un paragraphe intitulé :

"SUICIDE SUR LA ROUTE DE WATERLOO

"Peu après sept heures hier soir, les passants du côté est de cette artère ont été surpris en entendant le bruit d'une arme à feu, venant apparemment du bureau de M. Isaac Josephus au 138a. Le gendarme 206 Q., qui était de garde près de l'endroit, avait vu M. Josèphe entrer dans le bureau avec sa clé quelques minutes auparavant, marchant d'une manière assez curieuse et regardant droit devant lui. Comme la porte était verrouillée, l'officier crut de son devoir de la forcer. La porte du bureau intérieur était également verrouillée, et lorsqu'on l'ouvrit, le malheureux fut trouvé étendu en travers du bureau, avec une blessure par balle à la tempe, tenant encore un revolver bon marché chargé dans cinq chambres. La présence de M. Josèphe n'était pas une raison pour cet acte irréfléchi. le plus étrange est le fait que le suicide est presque inconnu parmi les personnes de confession juive. »

Oscarovitch sentit un petit frisson lui parcourir le dos en lisant ces lignes banales. L'homme qui avait fait cela se trouvait dans cette pièce avec lui quelques heures auparavant, et l'un des moyens du meurtre se trouvait désormais dans son coffre-fort. Il aurait été tout aussi facile pour Phadrig de lui faire regarder la gemme fatale, de lui laisser une bouteille de poison et de lui dire de la prendre comme médicament en se couchant. La seule différence aurait été qu'il y aurait eu une sensation bien plus grande dans les journaux.

Nicol Hendry lisait le paragraphe à peu près au même moment. Ses yeux se contractèrent et il caressa sa barbe avec de lents mouvements de la main. La main était ferme, mais même ses nerfs tremblaient un peu. Il devina instantanément comment le suicide-assassinat avait été provoqué, et ce fait même, joint à l'impossibilité absolue de prouver quoi que ce soit, rendit l'affaire d'autant plus inquiétante.

"C'est donc le genre de chose que nous devons combattre, n'est-ce pas ? Je n'aime pas ça. Pourtant, cela prouve loin que le professeur avait parfaitement raison lorsqu'il m'a dit de garder un œil attentif sur M. Phadrig. Aména. »

CHAPITRE XX

À TRAVERS LES SIÈCLES

Ayant découvert que le voyage en mer jusqu'à Copenhague serait quelque peu fastidieux et inintéressant et que les bateaux à vapeur n'étaient pas vraiment somptueux, Nitocris et son père décidèrent à la dernière minute de traverser jusqu'à Ostende, d'y passer une journée et de continuer jusqu'à Cologne, où ils dans quelques jours de plus dans ses lieux vénérables et odorants, et deux autres à Hambourg, afin que, pendant que les habitants actuels dormaient, ils puissent, comme le dit avec désinvolture Nitocris, faire un voyage en arrière à travers les siècles, et regardez la grande ville grandir depuis le petit village en bois des Ubii et la colonie romaine d'Agrippine jusqu'à la ville hanséatique du XIIIe siècle : regardez la pose de la première pierre du puissant Dom, le soulèvement du glorieux tissu, et le couronnement de la dernière tour en 1880.

Pendant le voyage de Hambourg à Copenhague, Nitocris, confortablement allongée dans un coin de leur compartiment dans la longue voiture facile à déplacer, s'amusait à revoir ces expériences extraordinaires du point de vue de sa vie temporelle, et ne les trouva pas seulement extraordinaire, mais aussi très curieux. Elle avait déjà appris que le lien entre les deux existences, une fois la frontière franchie, était la Volonté : mais une Volonté d'un caractère bien plus intense et exalté que celle qui était nécessaire pour inciter à l'action sur le plan inférieur. Il y avait naturellement quelque chose qui semblait extra-humain dans la force mystérieuse qui était capable de faire disparaître le monde actuel comme une ombre dans le futur ou dans le passé, sa substance apparemment solide se fondait comme « le tissu aérien d'une vision ». ," et convoquer en un instant, trop bref pour être mesuré, le passé de la tombe où il gisait enseveli sous la poussière d'âges innombrables, ou l'avenir du ventre des choses à naître.

Mais pour elle, du moins au début, la partie la plus étrange de la nouvelle révélation était la suivante : lorsque sa volonté l'avait portée à travers les limites du monde tridimensionnel et qu'elle voyait les siècles rassemblés et immobiles devant elle, elle ne ressentait plus le moindre sentiment d'émerveillement ou de crainte. Elle n'était qu'un être à part, parcourant leurs rangs et les passant en revue, elle-même invisible et inconnue sauf de cet autre être qui, dans cet état, n'était plus son père ni même son ami, mais simplement un compagnon doté de pouvoir et de puissance. une intelligence égale à la sienne. Ses espoirs, ses peurs, ses amours et ses passions humaines avaient, pour ainsi dire, été laissés pour compte. Les hommes et les choses qu'elle voyait étaient absolument réels pour elle, comme ils l'avaient été pour les hommes d'autrefois, ou le seraient dans les jours à venir ; mais elle-même était une pure Intelligence qui voyait, agissait et pensait avec une parfaite clarté, mais sans aucun sentiment autre que celui de l'intérêt intellectuel.

Elle a vu des armées se rencontrer sous le choc de la bataille, sans frisson de peur ni d'horreur ; les villes et les villages rugissaient jusqu'aux cieux indifférents dans les flammes et la fumée, et la laissaient impassible au milieu de leurs ruines ; elle entendait les cris d'agonie qui résonnaient sans frémissement dans les chambres de torture, et regardait les longues et pâles files de martyrs vers ce qu'on appelait dans la vie terrestre la Religion passer au bûcher sans un frémissement de pitié ni un frisson de dégoût. . Elle se tenait face à face avec les grands de la terre qui ont gravé leurs noms profondément sur les tablettes du Temps sans révérence ni admiration ; et elle fut témoin des actes les plus héroïques et des crimes les plus atroces, sans respect pour les uns ni haine pour les autres.

L'histoire humaine n'était à ses yeux qu'une suite logique d'événements nécessaires, ni bons ni mauvais en eux-mêmes, mais seulement tels qu'ils étaient considérés de tel ou tel point de vue, par l'oppresseur ou l'opprimé, le tueur ou le tué, le voleur ou le volé, le gouverneur ou les gouvernés. Elle a appris que l'émotion humaine n'est qu'une question de temps et d'espace. Un siècle ne ressent pas les amours et les haines d'un autre, et les chagrins d'ici n'ont aucune réelle sympathie avec les souffrances de là-bas. Au-delà de la frontière, tout cela n'était que des questions d'un intense intérêt intellectuel.

Mais lorsqu'elle revint à la vie temporelle, le souvenir d'eux fut merveilleux et terrible. Son cœur battait de pitié et brûlait d'une juste colère. L'horreur semblait s'emparer de son âme et la secouer de frissons sismiques lorsqu'elle pensait que ce qu'elle avait vu quelques instants plus tôt était réellement arrivé ; et elle aspirait à avoir le pouvoir de montrer tout cela aux hommes et aux femmes de son époque, et leur ordonnait d'en finir avec les pauvres et sombres images d'eux-mêmes, qui, s'ils avaient été vraiment des dieux, auraient fait de la vie humaine quelque chose. meilleure, plus heureuse et plus noble que l'horrible tragédie qu'elle avait vue de ses propres yeux. Mais elle savait qu'un tel pouvoir ne lui appartenait pas. Comme son père, elle avait, à travers le labeur, les conflits et le stress de nombreuses vies mêlées de bien et de mal, de connaissance et d'ignorance, gagné son chemin vers la Connaissance Parfaite ; et ainsi elle savait que tous ces pauvres rois et esclaves, conquérants et vaincus, bourreaux et torturés, faisaient tous la même chose, tous tâtonnaient à travers les ombres et la nuit vers l'aube et la lumière, à travers l'enfer de l'ignorance. au ciel de la connaissance.

Et maintenant aussi, puisque la Sagesse des Âges était la sienne, elle voyait qu'au-dessus de tout ce vaste essaim d'immortels en lutte, était suspendu l'inévitable décret d'un destin silencieux et impersonnel. "Comme vous vivez, ainsi vous mourrez ; lorsque vous finirez, ainsi vous recommencerez - dans la connaissance ou l'ignorance, dans le bien ou dans le mal, vie après vie, mort après mort, monde sans fin."

Elle comprit maintenant pourquoi « certains sont nés pour honorer et d'autres pour déshonorer » : certains pour le bonheur et d'autres pour le malheur, chacun à son degré ; pourquoi le foie d'une bonne vie était heureux, quelle que soit sa place dans la vie terrestre ; et pourquoi le mauvais foie, aussi haut qu'il puisse se tenir à ses propres yeux ou à celui des autres, portait le chancre des méfaits passés. dans son coeur. Debout, comme elle le faisait maintenant, au milieu du présent, regardant d'un seul regard le passé et l'avenir, elle vit immédiatement l'honnête luttant pour le bien dans sa vie d'hier, atteindre sa récompense dans la vie d'aujourd'hui, et les riches et puissants malhonnêtes assis dans les hauts lieux d'aujourd'hui jetés dans les caniveaux de demain. La vie n'était plus pour elle désormais une énigme.

Avec leurs arrêts à Ostende, Cologne et Hambourg, le voyage de trente-trois heures se prolongeait très agréablement en une semaine ; et ainsi, lorsque la célèbre ville du Sound fut atteinte, ils étaient aussi frais et sans fatigue qu'ils l'étaient le matin où ils quittèrent « The Wilderness ». Bien entendu, ils s'arrêtèrent à l'Hôtel d'Angleterre, et y s'amusèrent tranquillement pendant quatre jours, car de toutes les capitales européennes, Copenhague est l'une des plus agréables pour flâner quelques belles journées d'été.

Le soir du quatrième jour, ils étaient en train de s'asseoir à leur table près d'une des fenêtres donnant sur l'Oestergade, lorsque Nitocris leva les yeux vers la porte par laquelle les convives affluaient en un flot irrégulier d'hommes et de femmes bien habillés. Pendant un instant, ses yeux restèrent fixes. Puis elle pencha la tête par-dessus la table et dit :

"Papa, voilà le prince Oscarovitch. Je me demande ce qu'il fait ici ? Il est seul : s'il te plaît, va lui demander de nous rejoindre. Je te dirai pourquoi après."

Ils échangèrent des regards, et le professeur se leva et se dirigea vers la porte, tandis que sa fille réfléchissait beaucoup en très peu de temps. Bien entendu, elle était parfaitement au courant de sa participation à l'affaire Zastrow, dans la mesure où son père l'avait déjà accepté ; mais elle décida que, lorsque Copenhague serait endormie cette nuit-là, ils traverseraient la frontière et rendraient visite au château de Trelitz au moment de la tragédie, et le suivraient aussi loin qu'il était allé.

Il a déjà été démontré que lors de sa première rencontre avec le prince, elle conçut à son égard une aversion qui n'était alors inexplicable que par la théorie ordinaire de l'antipathie naturelle : mais maintenant elle savait qu'elle avait été Nitocris, reine d'Égypte, lorsqu'il était Menkau. -Ra, le Seigneur de la Guerre, qui l'aurait forcée à l'épouser par la puissance et la terreur de l'épée, et par la volonté d'une population aveugle et ivre de sang. Elle l'avait haï jusqu'à la mort, et maintenant elle le haïssait encore de son vivant ; c'est pourquoi elle désirait faire sa connaissance plus étroite sur le plan terrestre où ils s'étaient revus après de nombreuses vies.

Tel qu'il l'avait été en ces jours lointains, il était désormais un splendide spécimen d'humanité aristocratique. De nombreux regards l'avaient suivie alors qu'elle se dirigeait vers sa table, mais il y avait désormais plus de monde dans la salle, et tandis que le Prince se dirigeait vers elle aux côtés du célèbre professeur qui avait intrigué tous les mathématiciens d'Europe, toute la foule des invités la regardait. à rien d'autre qu'à ces trois-là.

"C'est en effet une bonne fortune, Miss Marmion, et aussi bonne qu'inattendue - ce qui rend peut-être les choses encore meilleures ! Qui aurait pensé à vous trouver à Copenhague ?" dit-il en s'inclinant au-dessus de sa main.

" S'il y a une raison à cela, Prince, c'est que mon père et moi aimons toujours prendre nos vacances à des heures irrégulières et dans des endroits inattendus : j'entends par là des endroits où nous ne nous attendons pas à rencontrer toutes nos connaissances. ", répondit-elle en s'asseyant. "Je pense qu'à Londres, on s'ennuie assez, et on s'apprécie d'autant plus quand on se retrouve."

"N'est-ce pas un discours plutôt disgracieux, Niti, vu qu'une desdites connaissances vient tout juste de se joindre à nous ?" » dit doucement le professeur.

"Vous voulez dire en ce qui concerne le Prince ?" elle a ri. " Certainement pas. Son Altesse n'est pas encore une connaissance. Vous savez que nous n'avons eu le plaisir de le rencontrer qu'une seule fois : et puis, bien sûr, j'ai dit *toutes* nos connaissances. Il peut y avoir des exceptions. "

Ces paroles, prononcées avec un charme tout à fait indescriptible, étaient, à son avis, les plus douces qu'Oscarovitch ait entendues depuis bien des jours. Il avait été parfaitement facile pour un homme doté de son influence officielle de retracer par télégraphe tous les mouvements des Marmions après avoir deviné qu'ils passeraient soit par Calais, soit par Ostende. Il avait télégraphié pour que son yacht, le *Grashna*, le rejoigne à Douvres, avait couru jusqu'à Ostende, avait découvert qu'ils étaient partis de là pour Cologne avec des billets directs pour Copenhague, avait de nouveau deviné à juste titre qu'ils passeraient quelques jours là-bas et à Hambourg, puis partez à la vapeur pour le Sound.

Plus il voyageait vers le nord, plus il laissait derrière lui Phadrig et ses fantasmes, et plus il se rapprochait de la conviction que, s'il avait seulement une chance équitable et le terrain pour lui seul, comme il avait l'intention de l'avoir, il ne trouverait pas grand-chose. beaucoup de difficulté à convaincre Nitocris qu'il n'y avait aucune comparaison entre l'humble officier de marine qu'elle avait laissé derrière elle pour faire son travail sur son sale petit destroyer, et le prince millionnaire qui pouvait lui donner l'un des noms les plus nobles d'Europe et tout ce que le le cœur d'une femme pourrait désirer. Et maintenant, ces paroles douces et le regard qui les accompagnait, son plaisir non dissimulé lors de cette rencontre fortuite et l'approbation très évidente de son père pour sa présence, le convainquirent rapidement mais finalement qu'il était parvenu à une conclusion parfaitement juste.

Bien sûr, il y avait le souvenir d'une autre femme, à peine moins belle que Nitocris, qui s'était enfermée là-bas dans le sombre château de Trelitz, jouant la farce de son chagrin officiel par amour pour lui, et languissant du moment où la découverte du cadavre de son mari trahi devrait la laisser libre, après un intervalle décent de deuil simulé, de joindre son sort au sien : mais qu'importe ? N'était-il pas aussi facile de se débarrasser d'une femme que d'un homme ? La beauté fatale de la Pierre d'Horus n'était-elle pas à sa disposition maintenant qu'il en était le propriétaire, pour le bien ou pour le mal ? Un suicide bien organisé pourrait facilement être considéré par le monde comme le résultat excusable, quoique déplorable, de son mystérieux deuil.

La conversation, pendant le dîner, tournait naturellement sur les voies et moyens de voyager, et, lorsque le professeur eut esquissé leurs plans, Oscarovitch dit avec une déférence admirablement simulée :

"Mon cher monsieur, j'espère très sincèrement que vous et Miss Marmion ne penserez pas que je présume d'une connaissance qui, même si elle est nouvelle maintenant, sera peut-être un jour plus ancienne, si j'ose vous suggérer une autre façon de faire votre connaissance. Je suis un vieux voyageur dans ces eaux, et je peux vous assurer que les paquebots, bien que considérablement améliorés, n'ont pas tout à fait atteint le niveau du paquebot atlantique.

"Oh, mais tu sais, Prince, nous ne nous y attendions pas", interrompit Nitocris. "Ni mon père ni moi n'avons la moindre objection à vivre un peu à la dure. En fait, c'est la moitié du plaisir d'errer."

"Et les voyages lents entre les points indiqués, pas toujours du plus grand intérêt ni du moindre intérêt, accompagnés de la compagnie forcée d'une foule de touristes et de voyageurs de commerce, qui, soit dit en passant, sont pour la plupart allemands, et donc par nature et par nécessité désagréables, "Je ferais à peu près l'autre moitié", dit Oscarovitch en se penchant en arrière sur sa chaise avec un petit rire. "Non, non, ma chère Miss Marmion, je crains que vous ne trouviez pas que la réalité corresponde parfaitement à l'anticipation. Maintenant, puis-je risquer le soupçon de présomption et proposer une proposition alternative ?"

"Pourquoi pas?" dit Nitocris avec un sourire et un regard qui l'éblouit. "Je suis sûr que c'est très gentil de votre part de vous intéresser autant à notre pauvre petite tentative de nous éloigner pendant un moment de la foule en délire qui fait le tour des mêmes plaisirs rassis et fatigués qu'ils s'efforcent de jouir. année après année, et puis je reviens *si* fatigué, après tout. »

"Alors," répondit-il en les regardant alternativement, "si j'ai votre permission, je vous suggère qu'au lieu de vous précipiter d'un point fixe à un point fixe dans des bateaux à vapeur bondés et dans les chaînes des règlements de la Compagnie ou du Gouvernement, vous devriez prendre possession de un yacht à vapeur assez confortable d'un peu plus de mille tonnes qui sera entièrement à votre disposition et vous conduira d' où vous voudrez à n'importe quelle vitesse, de cinq à trente-cinq nœuds à l'heure, avec des domestiques convenablement formés pour s'occuper de vous et, comme le disent les publicités, « tout le confort et la commodité possibles ».

"Ce qui, bien sûr, signifie que vous avez votre yacht ici et que vous avez la gentillesse de nous demander de devenir vos invités pour un temps", dit le professeur avec un soupçon de raideur. "C'est plus que généreux de votre part, Prince, mais vraiment——"

"Mais vraiment, mon cher monsieur," interrompit Oscarovitch avec un geste de dépréciation, "je peux vous assurer qu'en ce qui me concerne, il n'y a pas de gentillesse, encore moins de générosité. C'est du pur égoïsme. C'est cela. ma position. J'ai réussi à échapper pendant un certain temps aux tracas du travail et des soucis officiels, ainsi qu'aux liens presque également pénibles de cette forme de servitude pénale qu'on appelle la société. Comme vous, j'ai fui outre-mer, mais, contrairement à vous, Je n'ai d'autre compagnie que la mienne, et j'en ai déjà eu beaucoup trop, même si je n'ai passé que trois jours et trois nuits en mer, je n'ai aucun projet, je n'ai rien à faire et nulle part où aller ; ainsi, si vous et Miss Marmion aviez pitié de ma solitude, toute la générosité serait de votre côté. Bien sûr, je ne peux pas prétendre vous demander de changer vos plans d'un seul coup, mais si vous acceptez ma proposition et venez me voir. Déjeunez avec moi demain à bord du *Grashna* et remontez le Sound, disons jusqu'à Elseneur, vous pourrez peut-être prendre une décision.

C'était une belle nuit, alors ils prirent leur café et leurs liqueurs, et les deux hommes leurs cigarettes sur le balcon donnant sur l'Oestergade, qu'on pourrait appeler la rue de la Paix de Copenhague, et regardèrent les foules bien habillées se promener et se promener. devant les boutiques brillamment éclairées ; et Nitocris, qui semblait à son père d'une humeur singulièrement bonne, envoya la conversation se répercuter sur toutes sortes de sujets à l'exception de la politique et de la Quatrième Dimension. Oscarovitch devenait de plus en plus fasciné à mesure que s'écoulaient les minutes lumineuses, et il ne se souciait guère de le cacher. Nitocris, bien sûr, l'a vu et a simulé une délicieuse inconscience. Le Professeur était, pour le moment, complètement intrigué. Il savait que sa fille détestait le prince avec une profonde cordialité, et pourtant il ne l'avait jamais vue se rendre aussi charmante à aucun homme, pas même à l'exception de Merrill lui-même, comme elle l'était à cet homme, son ennemi des siècles. Il aurait pu résoudre le problème instantanément en traversant la frontière, mais la disparition soudaine d'un scientifique célèbre au milieu de la brillante compagnie installée sur le balcon aurait fait jaser tous les journaux d'Europe, avec des conséquences qui auraient été inverses à celles de agréable à la fois pour sa fille et pour lui-même.

Cependant il n'eut pas longtemps à attendre, car Nitocris se leva bientôt, disant qu'elle devait aller voir Jenny, sa servante, pour s'occuper des préparatifs pour demain ; et le prince, après une autre cigarette et une liqueur, prit congé et monta à bord du yacht pour lui donner l'ordre de la mettre dans sa meilleure tenue, puis de passer une demi-heure luxueuse avec la pierre d'Horus et de s'adonner à de tendres plaisirs. imaginer à quoi il ressemblerait suspendu à une chaîne de diamants sur la poitrine blanche de Miss Nitocris.

Lorsque le professeur se rendit dans son propre salon, il trouva sa fille attendant de lui dire bonsoir.

« Niti, dit-il en fermant la porte, je ne veux pas paraître curieux, mais, franchement, j'ai été étonné de la manière gracieuse avec laquelle vous avez traité ce scélérat d'Oscarovitch.

"Papa", répondit-elle avec une apparente indifférence, "crois-tu au pardon des péchés ?"

"Bien sûr que non ! Comment quelqu'un qui détient la Doctrine pourrait-il faire cela ? Nous savons que tout déficit moral doit être réglé et transformé en crédit par le pécheur, quelles que soient les vies de souffrance qu'il faut pour y parvenir. Pourquoi demandez-vous ?"

"Pour que tu répondes comme tu l'as fait !" dit-elle avec un petit rire. "Maintenant, cet Oscarovitch a gravement péché, non seulement dans cette vie mais dans bien d'autres, et je vais veiller à ce qu'il règle au moins une partie de son débit, comme vous le dites en quelque sorte commercialement. Il m'aimait autrefois à Memphis. , et il m'aime toujours de la même manière brutale et animale. Je sais que s'il ne peut pas m'obtenir par des moyens équitables, il essaiera de me prendre de force - et je vais le laisser faire.

« Niti ! »

"Oui, il me prendra; il pensera qu'il m'a sauvé de toi et de Mark - et quand il m'aura eu, il goûtera à ce que les prédicateurs chrétiens chauds et forts appellent les tourments des damnés. Non , je ne le tuerai pas. Il vivra jusqu'à ce qu'il prie tous ses dieux, s'il en a, afin qu'il meure sans manger, qu'il ait soif sans boire, qu'il se couche sans dormir, qu'il ait des richesses qu'il ne peut pas dépenser. et des palais si horriblement hantés qu'il n'ose pas y vivre, jusqu'à ce que, lorsque les hommes voudront illustrer l'extrême extrême de la misère humaine, ils montreront le prince Oscarovitch, je l'ai dit !

Puis, avec un changement rapide de voix et d'attitude, elle posa les mains sur les épaules de son père, l'embrassa et murmura :

"Bonne nuit, papa, du moins en ce qui concerne ce monde."

CHAPITRE XXI

CE QUI EST ARRIVÉ CHEZ TRELITZ

C'était encore le 6 juin.

Une fois de plus, le prince Zastrow chevaucha avec Ulik von Kessner, Alexis Vollmar et leurs chasseurs le long de l'allée de pins menant à la porte du château de Trelitz, mais désormais accompagné de deux Présences invisibles qui appartenaient à la fois à leur propre monde et aussi à un autre. et un plus large. Une fois de plus, les grandes portes s'ouvrirent et ils passèrent dans la salle ornée de trophées et recouverte de tapis de peau : et une fois de plus, ils furent accueillis par la majestueuse femme vêtue de soie qui descendit le large escalier pour saluer son seigneur et ses invités. Emil von Zastrow, dernier et plus digne descendant de son ancienne lignée, le très *bel idéal* de force juvénile et de dignité virile, courut à mi-hauteur de l'escalier pour rencontrer sa dame et son amour, puis les hommes repartirent dans leurs chambres, tandis que la princesse Hermia, véritable ménagère autant que princesse, se donna à l'agréable tâche de veiller à ce que tous les préparatifs du dîner soient terminés.

Le dîner était servi dans l'une des plus petites salles, dans l'aile moderne du Château, sur une table ovale. Le prince était assis à une extrémité, face à sa belle épouse. À sa droite était assis son invité, Alexis Vollmar, et une grande et belle femme d'une trentaine d'années, aux traits un peu durs, aux yeux bleu clair et aux épais cheveux jaune-or qui la proclamaient fille des plaines du nord de l'Allemagne. Il s'agissait de Hulda von Tyssen, la compagne et dame d'honneur de la princesse. Ils se trouvaient face à un homme corpulent et puissamment bâti, avec une barbe et une moustache *à la* Friedrich, Ulik von Kessner, grand chambellan de Boravia. Le capitaine Alexis Vollmar était un officier russe typique de l'école primaire, grand, bien bâti et beau à la mode moscovite. Il s'était illustré en Extrême-Orient, mais il préférait tout à l'heure l'atmosphère sereine de Boravia à l'air tonitruant de la Sainte Russie.

On parlait de chasse, de guerre, de politique et des chances de la révolution russe, et sur ce dernier sujet il était parfaitement libre, car tous savaient que les puissances avaient conclu un pacte secret par lequel elles s'engageaient, en cas de chute. de la dynastie des Romanoff et de l'oligarchie archiducale – dont toute l'Europe serait très heureuse de voir la fin – soutenir le prince Zastrow comme candidat électif au trône vacant.

Les dirigeants révolutionnaires avaient été interrogés sur le sujet et se sont montrés fortement favorables au projet. Cela signifiait un retour à l'ancien principe de la monarchie élue, et le prince Zastrow, bien que désormais prince au pouvoir allemand, représentait l'union de deux des familles les plus anciennes et les plus nobles de Russie et de Pologne. De plus, il s'était engagé en faveur d'une Constitution qui, sans tomber dans les extrêmes radicaux ou socialistes, incarnait tout ce que les partisans modérés et responsables de la cause révolutionnaire désiraient ou considéraient comme convenable pour le peuple dans son stade actuel de développement politique - ce qui, bien sûr, , signifiait tout ce dont Oscar Oscarovitch ne voulait pas.

Après le dîner, ils sortirent par les longues portes-fenêtres sur une véranda qui surplombait une vaste mer de forêt, sombre et apparemment sans limites sous la lumière du jour déclinante et l'éclat de la lune qui s'éclairait. Depuis le jour de leur mariage, le prince avait conclu un marché selon lequel, chaque fois qu'ils dînaient *en famille* , sa femme préparerait son café de ses propres mains. Elle a même rôti les baies et les a moulues elle-même, et, comme bien des fois auparavant, elle l'a fait ce soir dans l'isolement de la petite pièce réservée à cet usage et à d'autres similaires. Elle était seule au sens physique, car les deux Présences qui la regardaient étaient invisibles pour elle, et ainsi, pour autant qu'elle sache, personne ne la vit mesurer vingt gouttes d'un fluide incolore d'une petite bouteille bleue dans la tasse à couronne de porcelaine presque transparente. qui avait été l'un de ses cadeaux de mariage à son mari.

Après quelques tasses de café et une demi-douzaine de cigarettes à moitié fumées, le Prince étendit ses longues jambes, lutta pour bâiller et dit d'une voix endormie :

"Ma Princesse, vous devez demander à nos invités de m'excuser. Je suis fatigué après une longue journée au soleil ; alors, si vous me le permettez, j'irai me coucher."

Il se leva, et les autres se levèrent en même temps. Il s'inclina pour lui souhaiter une bonne nuit et les deux saluèrent. La princesse le suivit dans la salle à manger.

Les observateurs invisibles se tenaient au bout du grand lit lourdement suspendu, au milieu duquel gisait le prince Zastrow, semblant sombrer dans le sommeil de la mort. Von Kessner se pencha, leva une paupière et dit à la princesse, qui se tenait de l'autre côté, un seul mot : « Inconsciente ». Elle se pencha un instant comme pour dire adieu en silence à l'homme à qui elle avait prêté serment de jeune fille, puis se redressa et se dirigea comme un beau simulacre de femme vers la porte que Vollmar lui tenait ouverte... .

Les heures terrestres passaient, et les deux hommes montaient la garde près du lit, conversant de temps en temps à voix basse entre de longs intervalles de silence anxieux, jusqu'à ce que trois coups retentissent de la cloche de l'horloge du château. Toute la maison, à l'exception d'une femme blonde qui, aux pieds légèrement chaussés, arpentait le sol de sa chambre, dormait profondément, et l'époque des sentinelles était révolue depuis longtemps.

Von Kessner souleva doucement un des bras posés sur la couverture du lit et le laissa retomber. Il tomba comme aurait pu le faire le bras d'un homme qui venait de mourir . Il releva de nouveau une paupière, cette fois avec difficulté. Le globe oculaire en dessous était fixe et vitreux comme celui d'un cadavre. Il fit un signe de tête au Russe par-dessus le lit et, ensemble, ils rabattirent les draps jusqu'aux pieds. Puis il sortit de dessous le lit un paquet de peaux grises qu'il étala sur le sol à côté du lit. Il s'agissait d'un sac de couchage comme celui que les chasseurs utilisent en hiver dans les plaines et forêts enneigées du nord de l'Europe. Vollmar retourna le rabat. Puis ils soulevèrent le corps du prince du lit, le glissèrent dans le sac et boutonnèrent le rabat sur le visage.

"Le médicament de cet Égyptien a bien fonctionné", murmura Von Kessner.

Vollmar hocha la tête et murmura en retour :

"J'aurais aimé en avoir une poignée. Mais il est temps. Il sera prêt pour nous maintenant."

Tandis qu'il parlait, la porte verrouillée s'ouvrit comme d'elle-même, et Phadrig se tenait dans la pièce, vêtu de la livrée du cocher du prince. Von Kessner et Vollmar devinrent gris alors qu'il s'inclinait et murmuraient :

"Les portes sont ouvertes, Excellences, et tout est prêt !"

Puis tous trois soulevèrent le sac informe et le portèrent d'un pas silencieux jusqu'au hall et dehors par les portes entrouvertes où attendait une voiture tirée par quatre chevaux noirs. Bien que personne ne les surveillait, ils restèrent immobiles, comme sculptés dans des blocs de marbre noir, jusqu'à ce que le corps du prince ait été déposé dans la voiture et que Von Kessner et Vollmar aient pris place à côté. Alors Phadrig monta sur la loge, secoua les rênes, et les chevaux ferrés de caoutchouc s'éloignèrent silencieusement au trot, qui, dès que la grande route fut atteinte, devint un galop à peine moins silencieux que le trot.

La voiture s'écarta de la route et parcourut un large chemin forestier jusqu'à s'arrêter au bord d'une petite crique sablonneuse. La proue d'un long bateau noir reposait sur le sable, et six hommes, les yeux étroitement bandés, étaient assis sur le banc, les rames dehors. Un autre se tenait sur la plage avec le peintre dans les mains. Le corps du prince fut transporté de la voiture au bateau et déposé dans les écoutes arrière. Von Kessner et Vollmar restèrent à bord, et Phadrig retourna à la voiture. À un bref mot d'ordre, le rameur recula brusquement et le bateau glissa du sable dans l'eau douce de la petite crique. Puis elle s'éloigna et se fondit dans la légère brume qui planait sur la mer extérieure.

Le bateau s'arrêta à l'ombre de la longue coque noire et basse d'un destroyer à quatre cheminées. Une corde est tombée du pont et a été fixée par Vollmar à la proue. L'équipage, aux yeux bandés, a été aidé à gravir l'échelle qui pendait sur le côté et à être amené en bas vers l'avant. Puis vint un ordre précis : « Toutes les mains en bas » ; et lorsque le pont fut désert, Von Kessner et Vollmar montèrent à l'échelle et furent accueillis sur le pont par Oscar Oscarovitch en tenue civile. Il y avait un autre homme à côté de lui en uniforme de lieutenant. Il desserra les palans des bossoirs sous lesquels le bateau était monté, descendit l'échelle et les accrocha. Lorsqu'il revint sur le pont, les quatre hommes tirèrent d'abord sur un palan, puis sur l'autre, jusqu'à ce que le bateau affleure le pont. Les chutes furent assurées, et Oscarovitch monta dans le bateau et ouvrit le rabat du sac de couchage. Il toucha le ressort d'une lampe de poche électrique et regarda les traits calmes et froids de son rival. Puis il referma le rabat et revint sur le pont. Tous quatre descendirent dans la cabine : les coupes étaient remplies de champagne, et comme Oscarovitch portait la sienne à ses lèvres, il dit :

"Comte et capitaine Vollmar, je suis satisfait. Buvons au Nouvel Empire des Russies et au sceptre d'Ivan le Terrible !"

"Et son illustre successeur !" » ajouta Von Kessner.

En moins d'une demi-heure, un petit bateau fut mis à l'eau ; le chambellan et Vollmar y montèrent et ramèrent vers la crique. L'officier russe se dirigea vers le petit pont, fit signe « toute vitesse » à la salle des machines, puis prit le volant. Les vis broyèrent l'eau à l'arrière en mousse, la forme noire bondit en avant et fila vers l'est dans l'aube scintillante avec son passager silencieux allongé dans le bateau qui se balançait et les observateurs invisibles debout près du timonier.

D'autres heures terrestres se sont écoulées. Le soleil s'est levé sur une mer solitaire. Le destroyer s'arrêta et un point blanc sur l'horizon à l'est se transforma rapidement en la forme blanche d'un grand yacht volant sur l'eau à une vitesse énorme. En quelques minutes, elle était presque à côté. Elle fit demi-tour dans un virage serré, ralentit et largua un bateau. Oscarovitch et le lieutenant abaissaient le canot du destroyer jusqu'à ce qu'il touche l'eau. L'autre arriva, et le corps du prince Zastrow y fut transféré, et Oscarovitch le suivit. Quatre hommes du bateau du yacht ont sauté à bord du destroyer et ont hissé le sien. L'autre était adossé à l'échelle et ils montèrent à bord. Un salut silencieux fut échangé entre Oscarovitch et le lieutenant, et quelques minutes plus tard, le bateau du yacht fut hissé jusqu'aux bossoirs, et la forme blanche devenait plus petite et plus pâle au milieu de la brume légère qui gisait sur l'eau scintillant sous les rayons obliques du lever du soleil. soleil.

Le matin s'est transformé en midi, midi s'est transformé en soirée et le soir s'est assombri en nuit. Le yacht se heurta à un gouffre immense entre deux pointes couvertes de forêts, au sud desquelles scintillaient les lumières d'une grande ville. Ceux-ci furent bientôt abandonnés par le yacht volant, et alors qu'une vaste mer de nuages laineux dérivait du nord-est et étendait son voile sur la trajectoire de la demi-lune, un petit groupe de lumières brillait sur la proue bâbord. Son bout-dehors fit un écart vers la gauche jusqu'à ce qu'il pointe directement vers eux. Bientôt, elle ralentit et courut dans une petite baie enclavée entourée d'épaisses pinèdes qui descendait presque jusqu'au bord de l'eau, pivota et ralentit le long d'une jetée en bois. De là, une large route, coupée tout droit à travers la forêt, montait en pente raide jusqu'à un plateau sur lequel se dressait un château décharné, gris et à tourelles, l'image même de la maison des voleurs de mer qu'elle avait été à l'époque de la vie peu connue d'Oscarovitch. ancêtres lointains. Par cette route et par la porte extérieure, par-delà le pont-levis abaissé, le sac de couchage et l'homme insensible à l'intérieur furent transportés. Par la cour du donjon, on entra dans le château et dans une grande chambre de la tourelle orientale, confortablement meublée et contenant un lit presque aussi luxueux que celui dans lequel le prince Zastrow s'était couché la veille. Oscarovitch précéda les hommes qui le portaient et fut accueilli à la porte par un homme aux cheveux gris et aux yeux perçants, qui s'inclina devant lui et dit à voix basse :

« Puis-je prétendre vous demander si c'est ma charge, Altesse ?

"C'est vrai, docteur Hugo, et je le remets entre vos mains avec toute la certitude que vous rétablirez la santé de votre patient aussi rapidement que n'importe quel homme en Europe pourrait le faire. Je dois partir immédiatement, et c'est pourquoi je vous confie tout. Tous les soins. Il faut lui retirer. Il ne doit manquer de rien de ce que vous pouvez lui donner, sauf la liberté.

Oscarovitch rendit au docteur sa révérence et quitta la pièce. En une demi-heure, le yacht volait à toute vitesse sur les eaux calmes de la Baltique, se dirigeant un peu vers le sud de l'ouest.

CHAPITRE XXII

UN VOYAGE SUR LE SON

"Bonjour, papa", dit Nitocris en entrant dans le salon environ une demi-heure avant le petit-déjeuner le lendemain matin. "Quelle est votre opinion sur la situation européenne actuelle ?"

"Bonjour, Niti ; quel est le tien ?" demanda son père en la regardant avec des yeux graves et des lèvres souriantes.

"Comme hier, mais un peu plus encore. Dans son incarnation actuelle, le prince Oscar Oscarovitch est, à mon avis, le scélérat au cœur le plus noir qui ait jamais pollué l'air que respirent les honnêtes gens."

"Je suis tout à fait d'accord avec vous. Et maintenant, croyant cela, proposez-vous toujours de vous confier à ses tendres miséricordes à bord de son propre yacht, entouré, comme vous le serez, d'hommes qui sont sans doute ses esclaves absolus ?"

« *Je* me confie à sa tendre miséricorde, papa ? répondit-elle en se redressant et en rejetant un peu la tête en arrière ; "Vous semblez avoir pris la chose par le mauvais bout, comme dirait Brenda. Ce n'est que ce à quoi cela ressemblera. La réalité sera qu'il se confiera aveuglément à *ma* miséricorde - et je peux vous assurer qu'il les trouverons tout sauf tendres. Non, ma chère, nous accepterons l'invitation de Son Altesse à déjeuner, puis son offre de l'hospitalité du yacht pour le voyage, qui, soit dit en passant, sera plus à l'est qu'à l'est. le nord——"

"Tu veux dire, je suppose, Trelitz et Viborg ?"

"Pas Trelitz, je pense, mais Viborg presque certainement. Ce sera la fin de l'enlèvement d'après ce que je peux voir depuis notre plan d'existence actuel."

" Vraiment, Niti... eh bien, eh bien. Bien sûr, je sais que vous serez parfaitement en sécurité : mais que penseraient nos bons amis dans cet avion, comme vous le dites, les Van Huysman, par exemple, s'ils pouvaient vous entendre parler ? si calmement à ton propre père au sujet de t'avoir fait enlever par un homme que tu considères à juste titre comme l'un des scélérats les plus sans scrupules de la terre. Et, à propos, que vais-je devenir dans l'exécution de ton petit projet ! ? J'espère que vous ne vous attendez pas à ce que je sois complice de l'enlèvement de ma propre fille. J'ai une certaine réputation à perdre, vous savez.

"Oh, si Son Altesse est le méchant intelligent que nous connaissons, je pense que nous pouvons lui faire confiance en toute sécurité pour organiser votre disparition temporaire de la scène. Et quoi qu'il fasse, il vous sera facile de jouer le rôle du victime passive pour le moment. Il ne peut pas vous blesser ni vous tuer, car si cela en arrivait aux extrémités, vous avez le moyen de donner à son peuple une telle frayeur qu'il le ferait probablement perdre la raison, tout comme je le pourrais si leur maître. est devenu gênant. Vraiment, d'un certain point de vue, l'aventure aura un aspect résolument humoristique.

"Avec un levain de tragédie très considérable."

"Oui, la tragédie sera une séquence logique de la comédie - et, comme je l'ai dit hier soir, ce sera une tragédie. Et maintenant, supposons que nous allions prendre le petit-déjeuner. J'ai passé près de deux heures à aider Jenny à faire les bagages, et ceci Le bel air m'a donné un appétit furieux. Il reste encore un peu à faire, et nous aurons bientôt Son Altesse ici pour demander notre décision et nous emmener au yacht.

Ici, elle avait tout à fait raison, car à peine avait-elle laissé son père à sa pipe après le déjeuner et était-elle montée aider sa femme de chambre, qu'Oscarovitch entra dans le fumoir.

"Bonjour, professeur Marmion ! Je n'ai pas besoin de vous demander si vous avez passé une bonne nuit. Vous ressemblez à l'image même d'un homme qui a dormi du sommeil du juste. Et Miss Marmion ?"

"Merci, Votre Altesse, je pense que nous avons tous les deux réussi à passer la nuit à bon escient. L'air ici est magnifique en ce moment. Je pense toujours qu'un sommeil profond et sans rêves est le meilleur signe qu'un endroit vous fait du bien."

"Oh, sans aucun doute, même si pour une raison ou une autre, je n'ai pas très bien dormi la nuit dernière. Quelque chose n'était pas d'accord avec moi, je suppose. J'avais l'impression d'être poursuivi jusqu'aux extrémités de la terre et de revenir par quelqu'un. un ennemi implacable qui ne me permettait tout simplement pas de prendre un moment de repos. Mais je ne suis pas venu parler de ce dont sont faits les rêves, je suis venu me demander si ma croisière devait être solitaire ou si je devais le faire. ayez le très grand plaisir de votre compagnie."

Franklin Marmion, peut-être pour la première fois de sa vie, se sentit nettement meurtrier envers un semblable en regardant ce splendide spécimen d'humanité physique, connaissant si bien le véritable homme qui se cachait derrière cet extérieur fascinant ; mais il parvint à répondre assez agréablement :

"Nous avons discuté de la question, Prince, et nous sommes arrivés à la conclusion que votre très aimable invitation est vraiment trop belle pour être refusée. Nous savons que nous contractons une dette que nous ne pourrons pas payer, mais nous sommes comptant sur votre générosité pour nous laisser partir."

"Au contraire, mon cher professeur," dit Oscarovitch sans le moindre effort pour cacher le plaisir que lui procurait l'acceptation, "c'est vous et Miss Marmion qui avez fait de moi votre débiteur. En fait, si vous ne vous étiez pas trouvés Pour venir, j'aurais ramené le *Grashna* à Cowes, monté à Londres, plongé dans un maelström de dissipation, et probablement fini par perdre beaucoup d'argent à Ascot et Goodwood. Ah, Miss Marmion, bonjour ! eh bien, l'air de Copenhague semble vous convenir ! Le Professeur vient de réjouir mon âme en me disant que vous avez décidé d'avoir pitié de ma solitude.

"Bonjour, Prince !" répondit-elle en posant un instant sa main dans celle qu'il lui tendait. "Oui, nous venons, si vous le voulez bien. En fait, je viens juste de finir de faire mes valises."

" Ah ! excellent ! Eh bien, puisque c'est heureusement arrangé, ce serait dommage de gâcher une partie de cette belle matinée. Le Sound est comme une traînée de ciel bleu tombé du ciel. Mon concert est en bas sur la jetée, et je ayez quelques-uns de mes hommes ici qui conduiront vos bagages, s'ils sont emballés, comme vous le dites, vous n'aurez pas à vous en soucier, vous trouverez tout en sécurité à bord.

"Merci, Prince", dit le professeur. "Alors j'irai m'installer au bureau pendant que Niti mettra son chapeau. Je ferai descendre les affaires, et autant marcher jusqu'à la jetée. Cela me fera du bien après ce gros petit-déjeuner. Jenny ferait mieux d'aller chercher." dans un taxi et descends avec les bagages.

Lorsqu'ils atteignirent la promenade le long des rives du Sound, Oscarovitch désigna un yacht blanc à trois mâts et à deux cheminées de belle forme, situé à environ cinq cents mètres de là, et dit :

"C'est la *Grashna* , Miss Marmion. J'espère que vous aimez son look."

"Elle est belle!" s'écria Nitocris, reconnaissant aussitôt le navire qui avait rencontré le destroyer russe au petit matin du 7. "On dirait presque qu'elle sait voler."

"Alors elle le peut dans un sens", rit le prince. "Viens, voici le cabriolet. Nous monterons à bord et tu la verras faire ses pas."

Ni elle ni son père n'étaient étrangers aux yachts, mais lorsqu'ils montèrent sur le pont du *Grashna* et le contemplèrent de la proue à la poupe, ils durent admettre qu'ils n'avaient jamais rien vu d'aussi délicatement splendide. Ils avaient choisi leurs chambres et Jenny était en train de déballer ses bagages. Même s'il avait bien sûr un capitaine à bord, le prince conduisait souvent lui-même le yacht lorsqu'il avait des invités à bord. Il avait un véritable amour pour ce beau métier et il prenait un plaisir presque enfantin à montrer ce qu'elle pouvait faire. C'était un bateau à turbine triple de douze cents tonnes, à triple hélice, et, grâce à l'économie spatiale du nouveau système, ses constructeurs avaient pu ranger quinze mille chevaux-vapeur dans sa salle des machines. et cela, une fois pleinement développé, donnait une vitesse en eau calme de trente-cinq nœuds ou un peu plus de quarante milles terrestres à l'heure.

L'ancre fut levée presque aussitôt qu'ils arrivèrent sur le pont, et Oscarovitch plaça l'aiguille du télégraphe sur « En avant lentement ». Le quartier-maître dans la timonerie ovale derrière lui déplaça la petite roue de quelques rayons vers tribord, son doux sifflement retentit, et elle glissa dans une courbe vers l'extérieur à travers les autres yachts et les navires, et gagna l'eau libre.

"Maintenant," dit-il en se tournant vers Nitocris, "nous pouvons commencer à bouger. Elseneur est à environ trente milles anglais. Si vous n'avez jamais fait de voyage rapide en mer et que vous aimeriez en faire maintenant, je peux vous y emmener. dans environ trois quarts d'heure.

"Quoi!" s'écria le professeur, trente milles en quarante-cinq minutes de mer ! Cela fait plus de quarante milles à l'heure. Une vitesse merveilleuse.

"Oui", répondit-il presque tendrement; "Mais ma belle *Grashna* est un merveilleux engin - du moins, je pense que vous le direz quand vous verrez ce qu'elle peut faire. Maintenant, si vous voulez bien suivre conseil, vous et Miss Marmion irez vous abriter, car il va commencer à souffler." bientôt."

Derrière la timonerie se trouvait une salle d'observation, comme on l'appellerait aux États-Unis, s'étendant sur presque toute la longueur du pont et recouverte d'épaisses vitres. Ils entrèrent et Oscarovitch tourna l'aiguille à mi-vitesse. Il n'y avait pas d'augmentation des vibrations, mais le rivage commençait à s'éloigner derrière eux de plus en plus vite, et la banlieue nord de Copenhague s'élevait en avant et en arrière comme si elle faisait partie d'un panorama en mouvement rapide. Alors le pointeur descendit à toute vitesse, et le prince, après un mot au quartier-maître, les rejoignit dans le pont et ferma la porte.

« Vous aurez besoin de tous vos yeux pour voir une grande partie du rivage maintenant », dit-il ; "Je lui ai donné ses ailes."

Nitocris sentit un frisson sur la moquette. En regardant devant elle, elle vit la proue se soulever légèrement. Puis une bande d'eau douce et verte s'enroula de chaque côté. Elle regarda vers l'arrière et vit un large torrent d'écume, écumant comme un courant furieux et rapide loin de la poupe. Les maisons et les arbres du rivage semblaient se heurter les uns aux autres et glisser hors de la vue presque avant que l'œil puisse s'y poser. L'eau à côté n'était qu'un flou bleu-vert. Nitocris retint involontairement sa respiration comme si elle avait été sur le pont.

"C'est merveilleux, Prince !" dit-elle presque à voix basse. "Ce prétendu express en provenance de Hambourg n'avait rien à voir avec cela : et pourtant, avec quelle régularité il se déplace malgré la vitesse. J'aurais cru qu'il nous aurait presque secoués."

"Ce sont les turbines, ma chérie", dit son père, qui se demandait déjà si Oscarovitch ne faisait cela que pour montrer à quel point la poursuite d'un tel navire serait désespérée. "Ils constituent un merveilleux moyen d'utiliser la puissance de la vapeur. Le lieutenant Parsons prive la mer d'une, au moins, de ses pires terreurs."

"Oui," ajouta le prince, "nous voyageons un peu plus de quarante milles à l'heure; et si vous obteniez cette vitesse avec des moteurs à mouvement alternatif, vous seriez à peine capable de vous allonger sur le pont sans vous accrocher à quelque chose, et pourtant nous voilà. aussi confortable que si nous étions dans un salon.

"Vous nous avez offert une nouvelle expérience pour commencer", a déclaré Nitocris, pensant à quel point ce serait agréable de faire son voyage de noces avec Merrill dans un vaisseau comme celui-ci. "Eh bien, regarde les deux rives qui se rejoignent, papa !"

" Non, excusez-moi, " dit Oscarovitch, " nous ne sommes qu'à mi-chemin de la porte de la Baltique. La terre à droite est l'île de Hvreen. Lorsque nous l'aurons dépassée, vous verrez bientôt les hauteurs d'Elseneur. et Helsingborg qui nous précède. Il n'y a qu'environ deux milles et demi entre le Danemark et la Suède.

"Oh oui, bien sûr. J'oublie ma géographie", rit Nitocris, alors que le terrain bas et boisé se précipitait vers eux comme s'il était à la dérive sur un ruisseau au courant rapide. "Mon Dieu, quelle vitesse !"

« Un engin très merveilleux, Prince », ajouta le professeur tandis que l'île dérivait ; "elle m'incline assez vers une violation du dixième commandement. Maintenant que vous nous avez fait goûter aux délices de la vitesse, je pense que si j'étais millionnaire, j'essaierais de m'en construire un pour la battre."

"Exactement", rit Oscarovitch. "C'est merveilleuse cette fascination de la vitesse. Votre poète, Henley, a touché le pouls de l'époque lorsqu'il a écrit ses magnifiques lignes. Mais sûrement, professeur, *vous* n'auriez pas beaucoup de difficulté à laisser tout cela loin derrière vous. Un homme à dont les impossibilités mathématiques sont aussi faciles qu'une addition, devraient pouvoir réaliser le rêve des siècles et résoudre le problème de la navigation aérienne.

Il le regarda droit dans les yeux en disant cela. Il croyait pleinement à la possibilité du vol humain, étant donné le génie transcendant capable de résoudre l'équation du poids et de la puissance. Peut-être que ce génie serait avec lui maintenant dans la maison du pont. Son imagination débordante imaginait déjà à ses côtés la charmante jeune fille couronnée impératrice des Russies et de l'Orient, et lui-même commandant une marine aérienne, sous l'assaut de laquelle les armées, les marines et les forteresses du reste du monde seraient autant d'ennemis. des jouets avec lesquels jouer et détruire.

"Si je pouvais le faire, et je ne pense pas que ce serait si difficile après tout", a déclaré Franklin Marmion en lui rendant son regard, "je ne le ferais pas. Cela donnerait trop de pouvoir entre les mains de quelques hommes. , et nous en avons déjà assez. Le propriétaire d'une flotte de navires de guerre aériens serait au-dessus de toutes les lois humaines, il pourrait terroriser la terre et faire de l'humanité ses esclaves dans de telles conditions. En plus, la liberté de mourir de faim est déjà assez mauvaise, mais c'est au moins possible. L'autre serait impossible. Il n'y a aucun homme assez honnête pour se voir confier un tel pouvoir, et c'est le cas. parfaitement faisable, mais j'ai brûlé mes conceptions et mes calculs."

"Quoi!" s'écria Oscarovitch en rougissant malgré ses efforts pour retenir le sang de son visage. « Vous avez résolu le problème et vous n'utiliserez pas la plus grande invention de tous les temps ! Sûrement, professeur, c'est un peu chimérique, n'est-ce pas ?

"Qui suis-je pour jeter une malédiction sur l'humanité, Prince ?" répondit-il gravement. "Ne vous entretuez-vous pas assez vite maintenant ? Non, le monde n'est pas encore prêt pour une telle évolution. Mes résultats resteront les miens jusqu'à ce que l'idéal de bon gouvernement de Tom Hood soit réalisé."

"Et qu'est-ce que c'était, papa ?" » demanda Nitocris, qui avait une double raison de s'intéresser à la conversation. "Si jamais je l'ai su, je l'ai oublié."

"Despotisme, Niti - et un ange du ciel pour le despote", répondit-il, avec un autre regard dans les yeux du prince qui l'amena à la conclusion que plus tôt sa présence à bord du *Grashna* serait supprimée, mieux ce serait pour ses projets. Il y avait dans les manières de Franklin Marmion un sentiment de maîtrise tranquille qui le mettait mal à l'aise.

" Ah ! il y a la fameuse forteresse, n'est-ce pas ? la demeure d'Hamlet et d'Ophélie et du Fantôme ! " s'exclama-t-elle en désignant devant elle une masse gris-bleu qui surgissait de l'eau. "Croyez-vous aux fantômes, Prince ?" ajouta-t-elle soudain en lui lançant un regard qui sembla transpercer son cerveau comme un rayon de lumière surnaturelle.

" Des fantômes ? Non, Miss Marmion. J'ai bien peur d'être trop désespérément matérialiste pour cela. Je n'ai jamais vu ni entendu parler d'un

fantôme authentique, et je n'ai pas l'intention de le croire avant de l'avoir vu.
"

"Nous avons un fantôme à 'The Wilderness', le spectre d'une pauvre jeune femme qui s'est suicidée après qu'un garde royal ait abusé de sa propre hospitalité. Elle vient souvent me rendre visite dans mon bureau," dit le professeur, comme s'il racontaient l'événement le plus ordinaire.

" Ah, " sourit le prince, " c'est très intéressant : mais, bien sûr, il serait au pouvoir d'un homme comme vous de vivre des expériences qui sont refusées au commun des mortels. Pourtant, tout cela étant dit, j'avoue que je Je me suis souvent demandé si je devais ou non avoir peur si je voyais réellement un fantôme.

"Oui, je me demande ?" murmura Nitocris, avec beaucoup plus de sens qu'il n'en avait eu l'idée à ce moment-là.

Tous trois sentaient que la conversation devenait un peu difficile, et ils ne furent pas fâchés lorsque la montée rapide du rocher d'Elseneur obligea Oscarovitch à se rendre au télégraphe à moteur.

"Son Altesse ne croit plus aux fantômes maintenant", murmura Nitocris à son père lorsque la porte se referma derrière lui, "mais je pense qu'il le fera d'ici très longtemps. Je me demande ce qu'il va vraiment faire ? J'ai une demi-heure. l'esprit pour--"

"Non, non, Niti," dit-il rapidement ; "Gardez ce côté de la frontière jusqu'à ce que vous deviez vraiment la traverser. Que diable, littéralement, se passerait-il s'il revenait et me trouvait seul ici ?"

"Oh, bien sûr, je ne le pensais pas", sourit-elle. " Ce serait un très mauvais sport de gâcher à la fois la comédie et la tragédie avant le lever du rideau. Je me demande si le drame va commencer ce soir ? Je ne devrais pas être surpris.
"

"Moi non plus", dit le professeur, un peu sombre. "Je n'aimais pas du tout son apparence quand je parlais de la machine volante. Cette brute avait l'air tout à fait capable de m'enfermer et de m'affamer ou de me torturer jusqu'à ce que je lui révèle le secret. Ma parole, j'aimerais bien. pour le voir essayer ! Je le ferais ramper à mes pieds dans cinq minutes.

La porte s'ouvrit et Oscarovitch entra. Il ôta la casquette qui lui couvrait les yeux et dit :

"Eh bien, nous sommes arrivés ! Presque exactement quarante-cinq minutes. Il y a Elseneur, il y a Kronborg, le château du roi Frédéric du XVIe siècle, et il y a Marienlyst, qui est à Copenhague ce que Brighton est à Londres, seulement, je dois le dire, dans un sens beaucoup plus raffiné. Maintenant, quel est votre plaisir, Miss Marmion ? Il nous reste encore près de deux heures avant le déjeuner, donc, si vous souhaitez une heure de promenade à terre, le concert sera prêt dans quelques minutes.

"Merci, Prince", dit-elle avec un sourire enrichissant. "Papa, qu'en penses-tu ? Tout est très beau sous ce soleil et ce ciel."

"Ce qui, bien sûr, veut dire que tu veux aller à terre, Niti", dit son père. "Pour ma part, j'aimerais certainement faire une petite promenade en terrain nouveau. Je ne suis jamais venu ici auparavant."

« Alors, bien sûr, nous partirons », dit Oscarovitch en ouvrant la porte et en se dirigeant vers le télégraphe.

Le yacht s'est immobilisé au bout de quelques minutes et le cabriolet attendait au pied de l'échelle de la passerelle. Ils passèrent une heure très agréable à terre, et ce qu'ils virent, vous pouvez le lire dans votre Murray et Baedeker, c'est pourquoi il n'est pas nécessaire de le noter ici. Lorsqu'ils remontèrent à bord, le déjeuner était presque prêt, et le steward offrit à son maître et au professeur des cocktails tout à fait exceptionnels dans le fumoir. Puis ils allèrent se laver et le doux gong retentit.

Je n'aime pas beaucoup ces descriptions dans des récits qui se lisent comme des extraits d'une liste de prix de tapissier, ni encore ces récits de repas qui, après tout, ne sont que des menus en gros, aussi suffira-t-il de dire que le salon du *Grashna* était un arrangement de panneaux de bois de santal, encadrés de fins filigranes d'argent et ornés de petits chefs-d'œuvre exquis à l'aquarelle, en noir et blanc et au crayon, principalement des paysages marins, avec ici et là une belle tête aux yeux vivants qui je t'ai suivi partout; que le jaune riche des panneaux était rehaussé par *des portières* et des rideaux de soie d'un bronze doré profond, et que le plafond en forme de dôme était en émail bleu ciel pâle parsemé des constellations des cieux du nord, qui illuminaient la nuit tout le salon. avec un doux rayonnement électrique. Quant au déjeuner, il était aussi parfait que le chef le mieux payé du monde pouvait le préparer, après que son maître le lui avait demandé par faveur personnelle.

Ils revinrent tranquillement à Copenhague à vingt nœuds, et Oscarovitch et le professeur descendirent à terre pour envoyer quelques télégrammes, laissant Nitocris, pour ses propres raisons, s'installer chez elle sur le yacht. Ils revinrent à temps pour s'habiller pour le dîner et profiter d'une promenade sur le large pont supérieur, et admirer le coucher de soleil sur la ville et l'éclat de plus en plus rapide des myriades de lumières sur le rivage et la mer. Lorsqu'ils remontèrent après le dîner, ces lumières n'étaient représentées que par une brume lumineuse scintillant sous les étoiles vers le nord. Le *Grashna* se dirigeait presque plein sud à une vitesse tranquille vers les îles Baltes.

Quelque chose disait à Nitocris et à son père que l'heure décisive viendrait bientôt, et ils étaient tous deux préparés à son avènement.

CHAPITRE XXIII

LA DISPARITION DU PROFESSEUR

Le prince et le professeur restèrent assis longtemps dans le fumoir après que Nitocris se fut retiré. Oscarovitch faisait tout son possible pour persuader son hôte de revenir sur sa décision quant à la création des navires de guerre aériens. La simple annonce de Franklin Marmion, à laquelle il n'avait jamais pensé un instant d'incrédulité, avait rempli son esprit de nouvelles idées, qui prenaient rapidement la forme de rêves magnifiques d'un empire tel que l'homme mortel n'avait jamais gouverné auparavant. Tous ses projets actuels sont devenus de simples trivialités en comparaison de cette splendide conception. Il représentait Nitocris, comme son épouse, impératrice de l'air, et lui-même seigneur de la terre, de la mer et du ciel. Mais tous ses arguments subtils, toutes ses suggestions délicatement formulées et ses promesses savamment formulées ne parvinrent pas à produire le moindre effet sur l'homme génialement inflexible, qui les repoussa doucement, comme un homme adulte traiterait les arguments d'un garçon.

L'idée que cet homme allongé dans son fauteuil profond, tenant un cigare dans une main blanche et délicate, assez forte pour ébranler le monde jusqu'à ses fondations, doive posséder un pouvoir si immense et refuser pourtant d'en user. cela, aussi doucement qu'il aurait pu décliner une invitation à dîner, l'exaspéra presque au-delà des limites de la patience. S'il voulait seulement s'associer à lui, quelles gloires ne pourraient-ils pas atteindre, quelles splendeurs de pouvoir et de possession ne pourraient-ils pas être les leurs ! Ici se trouvait l'empire universel, dans un sens, à seulement quelques mètres de lui ! Dans un autre, il était plus éloigné que les soleils qui flamboient dans l'espace au-delà de la Voie lactée. C'était exaspérant, mais c'était vrai, et il connaissait suffisamment bien l'homme maintenant pour être absolument assuré qu'aucun tourment mental ou physique extrême ne lui arracherait ce secret inestimable.

Eh bien, si cela devait être le cas, cela devait être le cas. S'il n'a pas pu découvrir le secret, au moins personne d'autre ne le devrait. Avant le matin, elle serait enterrée à jamais sous les eaux de la Baltique, et il se vengerait sur la fille de ce que le père refusait de faire. Si Franklin Marmion ne lui donnait pas le sceptre de l'Empire mondial, alors Nitocris devrait être sa femme et son impératrice si elle le voulait, et sinon, son esclave et son jouet, comme il l'avait juré à Phadrig l'Égyptien. Le château-forteresse d'Oscarburg, sur la rive boisée et solitaire de la baie de Viborg, avait jusqu'ici gardé bien des secrets, et il garderait celui-ci. Chaque serviteur du château, chaque homme, femme et enfant dans les domaines à des lieues à la ronde, lui appartenait corps et âme, comme leurs pères avant eux avaient été les serfs aveugles et inconditionnels de ses pères. Là, sa parole était la loi et sa volonté le destin. Il n'y avait pas de « liberté » dans ses domaines, puisque aucun homme ne la voulait ou ne l'aurait comprise si elle lui avait été donnée.

Une fois leur dispute terminée, ils se séparèrent, apparemment les meilleurs amis du monde. Franklin Marmion se coucha tranquillement, curieux de savoir ce qui allait se passer, et Oscarovitch rendit visite à son capitaine.

Un peu après trois heures du matin, il ouvrit très doucement la porte de la cabine du professeur et regarda à l'intérieur. La pièce était sombre et il écouta. Un bruit de respiration doux, à peine audible, provenait du lit. C'était la respiration d'un homme profondément endormi. Il appuya sur le ressort de sa lampe électrique et alluma le mince rayon sur la bouteille d'eau posée sur le support au-dessus du lavabo. Il était à moitié vide et un verre était posé sur la table au milieu de la pièce. Puis le rayon tomba sur le visage de l'homme endormi. C'était tel que le visage du prince Zastrow avait été la dernière nuit où il s'était endormi au château de Trelitz : plutôt celui d'un cadavre que celui d'un homme vivant. Son capitaine se tenait derrière lui, et il se tourna et murmura :

"Il est prêt. Les hommes sont-ils en bas ?"

"Tous, Altesse, sauf Grovno au volant et Hartog aux aguets. Ils ne verront rien, comme avant", fut la réponse murmurée.

"Très bien, alors. Toi et moi pouvons gérer ça entre nous. Vous avez la ligne ?"

Le capitaine hocha la tête et ils entrèrent dans la pièce en fermant doucement la porte. Au bout de quelques minutes, ils ressortirent, portant entre eux un long paquet de couvertures attachées de bout en bout avec une fine corde. Ils l'emmenèrent vers l'arrière le long de l'espace libre et le sortirent sur le pont inférieur par la poupe. Deux portes en fer d'un port utilisé pour le charbon étaient ouvertes sur tribord. Sur le pont gisaient deux cochons de fer attachés ensemble. Le capitaine les attacha à une extrémité du paquet et les porta vers le port. Oscarovitch saisit l'autre bout. Ils l'ont levé. Les poids tombèrent hors du port et le paquet les suivit. Le capitaine se leva, porta les mains à son front et dit dans un murmure haletant :

« Dieu Saint, Altesse, qu'avons-nous fait ?

" Que veux-tu dire, Derevskin ? Tu as obéi à mes ordres, c'est tout. Cela ne te suffit-il pas ? "

"Oui, Altesse, mais qui ou quoi était cet homme ? Était-il vraiment un homme ?"

"Es-tu fou, Derevskin ?"

"Non, Altesse, je l'espère : mais avez-vous entendu, ou plutôt n'avez-vous pas entendu ?"

"Quoi, imbécile ?"

"Il... il... le corps... il n'a fait aucune éclaboussure lorsqu'il a touché l'eau !"

Les mots balbutiés frappèrent Oscarovitch comme autant de souffles d'air glacé. Non, le corps de Franklin Marmion *n'avait* pas fait de bruit. Il avait disparu dans le port dans le silence. C'était tout. Il repoussa sa propre terreur en déployant toute sa volonté et dit dans un murmure ricanant :

" Derevskin, soit tu es fou, soit ivre ; mais je te pardonnerai cette fois parce que tu as obéi. Va te coucher et n'oublie pas d'être sobre ou sain d'esprit quand je monterai sur le pont. "

Le capitaine baissa la tête et s'avança d'un pas traînant et les membres tremblants. Oscarovitch ferma le port avec ses mains que toutes ses forces ne parvenaient pas à maintenir fermes et se mit au lit pour rester éveillé pendant le reste de la courte nuit d'été, se demandant en vain ce qui s'était réellement passé.

Il avait pris son bain et s'était habillé peu après six heures et était monté sur le pont. Le capitaine était sur la passerelle et il le rejoignit.

"Bonjour, Derevskin !"

"J'ai l'honneur de souhaiter bonjour à Votre Altesse !"

"Rien ne s'est produit pendant la nuit qui vaille la peine d'être signalé, je suppose ?"

"Non, Altesse, rien."

"Très bien : mais j'ai mal dormi, et tu as l'air d'avoir été sur le pont toute la nuit. Peut-être que c'est nécessaire parmi toutes ces îles, et je suis heureux que tu sois si vigilant, d'autant plus que j'ai des invités à bord. . Descendez maintenant dans votre chambre et envoyez votre intendant chercher une bouteille. Cela ne nous fera aucun mal.

Il y eut une assez longue conversation autour de ce petit déjeuner composé de champagne et de biscuits, après que la porte fut fermée et verrouillée, et quand elle fut terminée, Oscarovitch et son capitaine se comprirent aussi parfaitement qu'il était nécessaire.

Une heure plus tard, il vit Nitocris se promener sur le pont supérieur, l'air pâle et anxieux. Il s'approcha d'elle et lui dit d'un ton qui trahissait intentionnellement sa propre nervosité :

"Bonjour, Miss Marmion ! Avez-vous vu quelque chose du Professeur ?"

"Non, Prince, je ne l'ai pas fait. Je suis allé dans sa chambre tout à l'heure et j'ai frappé. Il n'y a pas eu de réponse et j'ai ouvert la porte. La chambre était vide, mais il était visiblement couché. N'est-il pas sur le pont ?"

"Non, Miss Marmion, ce n'est pas le cas. Il a dit hier soir qu'il aimerait prendre son bain vers six heures, et l'intendant que j'ai envoyé pour le servir de voiturier est allé dans sa chambre et l'a trouvée comme vous le dites. J'ai fait fouiller le navire en hauteur et bas, et de la proue à la poupe, et il n'y a aucun signe de lui. J'ai fait interroger tout le monde, et personne n'a rien vu de lui depuis hier soir.

"Oh, mon pauvre, pauvre papa, je l'ai perdu ! Oui, je suppose que ça doit être ça. Il est passé par-dessus bord."

« Vous êtes passée par-dessus bord, Miss Marmion ?

"Oui, oui, ça doit être ça. Le prince Oscarovitch, mon père, comme la plupart des hommes très intelligents, avait un défaut dangereux. Il marchait dans son sommeil et faisait des choses inconsciemment. C'est pourquoi il vous a parlé du fantôme du Désert. " comme s'il l'avait réellement vu. Oui, il a dû se lever pendant la nuit et monter sur le pont et passer par-dessus bord, et j'ai donc perdu le meilleur ami que j'aie jamais eu, ou que j'aurai jamais eu. Vous devez m'excuser. Prince. Je dois aller dans ma chambre. La lumière du soleil semble horrible maintenant. Jenny va s'occuper de moi ! »

Son visage était blanc et ses yeux ne regardaient rien. Elle parlait avec un calme horrible et pierreux qui, endurci comme il l'était par le crime, lui envoya un frisson palpitant dans les nerfs. Un spasme de remords le secoua ; puis il reprit son sang-froid et lui tendit le bras en silence. Il la conduisit au salon et la confia à la garde de Jenny. Puis il remonta sur le pont, alluma un cigare et se félicita de la grande chance qui avait, de son point de vue du moins, si heureusement expliqué la disparition de Franklin Marmion.

CHAPITRE XXIV

LE LUXE QUI ÉTAIT — ET EST

Nitocris garda sa chambre jusqu'à sept heures du soir le lendemain. Oscarovitch s'informait fréquemment de l'état de Jenny et recevait toujours la même réponse. Sa maîtresse était dans un état semi-inconscient et elle ne pouvait la réveiller que de temps en temps pour prendre un peu de nourriture. Malheureusement, il n'y avait pas de médecin à bord. Il avait appris à Copenhague que sa mère était très malade à Hambourg, et comme la croisière ne devait alors être que de très courte durée, il avait été autorisé à se rendre chez elle.

Le prince souhaitait retourner à Copenhague, mais ce Nitocris refusa catégoriquement. Elle avait décidé de combattre seule son chagrin, et lorsqu'elle l'aurait surmonté, elle retournerait en Angleterre et chez ses amis – ce qui était exactement ce qu'Oscarovitch avait décidé de ne pas faire. Elle était désormais absolument à sa merci. Il serait pire qu'imbécile de laisser passer une occasion aussi en or – et c'est pourquoi le beaupré *du Grashna* restait pointé vers l'est, et les lieues qui le séparaient d'Oscarburg étaient projetées derrière elle aussi vite que les vis tournoyantes pouvaient les dévorer.

La seule question qu'il devait se poser était : Comment ? et à cela une réponse simple s'est immédiatement imposée : la pierre d'Horus.

Lorsqu'il descendit vers ce qu'il s'attendait à être un dîner solitaire, il fut plus qu'agréablement surpris de trouver Nitocris vêtue d'un costume de soirée noir, ce qui était l'approche la plus proche du deuil que sa garde-robe disponible rendait possible, déjà dans le salon.

Il la salua avec un geste de révérence, qui signifiait bien plus qu'une simple politesse formelle, et dit à voix basse :

"Miss Marmion, je n'ai pas besoin de dire à quel point je suis heureux de constater que vous pouvez quitter votre chambre. Puis-je espérer que vous pourrez dîner ?"

"Oui, Prince", répondit-elle de la même voix froide et mécanique avec laquelle elle avait annoncé la nouvelle de la mort de son père. "Le pire est passé maintenant, j'espère. D'une manière ou d'une autre, nous devrons tous quitter le monde et, au moins, nous avons la consolation de savoir que mon père l'a laissé peut-être un peu mieux et un peu plus sage qu'il ne l'a trouvé. , je pense que c'est tout ce qu'un mortel ordinaire peut espérer. Nous qui détenons la Doctrine ne pleurons pas les morts : nous pleurons seulement pour nous-mêmes, qui devons attendre jusqu'à ce que nous puissions, peut-être, nous revoir.

"La Doctrine, Miss Marmion ?" » demanda-t-il en lui plaçant une chaise à sa droite. "Puis-je demander quelle est la Doctrine ?"

"De réincarnation", répondit-elle en s'asseyant et en le regardant de l'autre côté de la table.

" Vraiment ? J'aimerais sincèrement pouvoir y croire. M. Amena, que j'ai pris la grande liberté d'amener à votre garden-party, un homme aux pouvoirs très remarquables, comme vous l'avez vu, détient la Doctrine, comme vous l'appelez. , et il essaie depuis des mois de m'y convertir ; mais, comme je l'ai dit en allant à Elseneur, je crains d'être trop désespérément matérialiste pour qu'une conversion soit possible dans mon cas, du moins dans la mesure de mes expériences actuelles. sont partis."

"La foi doit être telle que la croyance", dit-elle avec un sourire grave. "Il n'est pas plus possible d'avoir une vraie foi quand on ne croit pas vraiment, pas plus qu'il n'est possible d'avoir faim quand on n'a pas d'appétit. C'est une comparaison tout à fait matérielle, mais je pense que c'est vrai."

"Absolument vrai!" répondit-il en la regardant à nouveau avec une note d'interrogation dans chaque œil. "Mais, vraiment, ces choses sont trop profondes pour moi, un simple animal humain. Et maintenant, en parlant d'appétit, voici la soupe."

Le dîner *à deux* était exactement ce qu'il avait prévu, simple et pourtant parfait dans les moindres détails. Le sujet du départ de Franklin Marmion du monde fut, comme d'un commun accord, abandonné. Oscarovitch réconfortait sa conscience en essayant de croire que ce que Nitocris avait dit à propos de sa croyance en la Doctrine était pour elle vraiment vrai. Il croyait aussi honnêtement qu'elle avait affronté son grand chagrin dans la solitude et qu'elle l'avait surmonté grâce à la force de cette croyance. Leur conversation s'éloigna facilement vers d'autres sujets, et au moment où le café lui fut apporté et qu'il lui obtint la permission d'allumer une cigarette, sa belle invitée semblait avoir laissé le passé récent derrière elle, du moins pour le moment, et était presque ce qu'elle avait été pendant la course vers Elseneur.

Ses manières étaient celles d'un calme absolu, et il est à peine besoin de dire que cette maîtrise de son émotion le forçait à un degré d'admiration, presque d'adoration, que le charme physique qui ne faisait appel qu'à ses sens animaux n'aurait jamais pu inspirer. Ici, en effet, l'Impératrice idéale des Russies et de l'Orient était assise presque à côté de lui. Et maintenant, le moment psychologique était venu !

"Voulez-vous m'excuser quelques minutes, Miss Marmion ?" » demanda-t-il en finissant son café et en se levant de sa chaise. " Pour en revenir à ce que vous disiez à propos de la réincarnation : j'ai quelque chose dans ma chambre qui, je l'espère, pourra vous intéresser. Je l'ai tenu de mon ami le faiseur de miracles. Il m'a raconté une longue histoire à ce sujet que je ne connais pas. " Je ne veux pas vous déranger : mais la chose en elle-même vaut vraiment la peine d'être vue. Du moins, je n'ai jamais rien vu de pareil auparavant.

"Alors s'il te plaît, laisse-moi le voir," répondit-elle, acquiesçant avec une inclinaison de la tête. "S'il en est ainsi, cela doit valoir, comme vous le dites, le détour."

Il se rendit dans sa chambre et revint avec à la main une grande trousse carrée en maroquin. Il le lui donna et dit :

"Faites-moi la faveur de l'ouvrir et dites-moi ce que vous en pensez."

Elle toucha le ressort et le couvercle s'envola. Elle s'attendait à moitié à ce qu'elle voyait. Là, posée dans un nid de doux velours noir, entourée d'un triple halo de diamants blanc brillant, se trouvait la pierre d'Horus. En un instant, elle voyagea à travers cinquante siècles jusqu'au lieu des noces mortelles de son autre moi, Nitocris la reine, dans la salle de banquet du palais de Pepi. Ensuite, il était resté brillant sur sa poitrine, et maintenant elle le revoyait avec des yeux de chair, après près de cinq mille ans. Maintenant aussi, elle comprenait dans toute la plénitude de son mauvais sens la raison pour laquelle Oscarovitch le lui avait apporté à une heure pareille. Avec un mépris total dans l'âme et un sourire aux lèvres, elle se pencha en arrière sur sa chaise et dit d'une voix qui avait une note d'extase :

"Oh, Prince, comme c'est beau ! Quelle pierre glorieuse ! Les diamants sont, bien sûr, splendides, mais ils ne sont qu'un écrin pour l'émeraude. Quelle pierre magnifique ! Riche comme vous l'êtes, vous avez beaucoup de chance d'en être le propriétaire. d'un tel trésor - car il doit sûrement s'agir d'un trésor.

"C'est, comme vous le dites, une pierre magnifique", répondit-il en la regardant fixement dans les yeux interrogateurs. "Mais si ce qu'Amena m'a dit était vrai, c'est quelque chose de plus qu'un joyau unique. Il y a une inscription dessus, des personnages gravés dans la pierre qui sont, comme il l'a dit, son histoire, mais pour moi, ils sont comme aussi inintelligible que le serait le cunéiforme assyrien. Peut-être en savez-vous quelque chose, si vous le savez, voici une lentille qui vous aidera à voir.

Elle lui prit le verre et se pencha sur la pierre précieuse. Elle a lu le symbole sacré de la Trinité tel qu'elle l'avait lu et connu des siècles auparavant. Mais pendant qu'elle le regardait, elle lut aussi l'intention de l'homme qui l'avait remis entre ses mains. Elle posa la lentille de côté et, posant ses paumes sur ses tempes, elle regarda profondément les profondeurs lumineuses de la grande émeraude dans un silence qu'Oscarovitch interpréta dans le sens qu'il était capable de se donner.

Les minutes passèrent en silence, et ses yeux étaient toujours fixés sur la Pierre. Son visage devint comme celui d'un beau chef-d'œuvre de Phidias : pur, froid et vrai. Un sentiment de respect l'envahit alors qu'il la regardait, et il se surprit à se demander si, après tout, l'histoire de Phadrig aurait pu être vraie. Mais, vrai ou non, il y avait la fascination qui, comme le lui avait dit Phadrig, avait attiré Isaac Josèphe vers sa propre perte. Ses yeux étaient enchaînés à la pierre précieuse : son visage n'était plus celui d'une femme vivante dominée par sa propre volonté. Après toute son incrédulité, il y *avait* un enchantement dans la Pierre, car ici, même elle, Nitocris, y avait succombé.

Il s'assit et attendit encore quelques minutes. S'il y a de la magie dans la Pierre, laissez-la opérer, pensa-t-il ; et ainsi il s'assit et l'observa jusqu'à ce qu'il s'aperçoive que le regard fixe de ses yeux et la rigidité de son visage désormais parfaitement sculptural le convainquirent que la magie de la Pierre avait, comme le lui avait dit Phadrig, fait de lui son propriétaire absolu. maître de l'homme ou de la femme qui avait contemplé sa beauté fatale.

Puis il se leva et, passant par-dessus ses épaules, saisit la chaîne de diamants qui luisait sous la douce lumière de la coupole étoilée du salon, la secoua dans un flot de rayonnement blanc, la souleva au-dessus de sa tête et la laissa retomber. très doucement autour de son cou. La Pierre d'Horus, comme si elle était dotée de sensibilité, tomba et se reposa là où elle s'était posée cinq mille ans auparavant. En touchant sa chair, Nitocris sentit un tremblement d'émotion indescriptible, non seulement du corps mais de l'âme, la traverser. Elle se renversa de nouveau sur sa chaise et murmura :

" Est-ce vraiment à moi maintenant, Prince ? Mais non ! Comment pourrais-je vous le prendre, moi qui ne peux rien donner en échange d'un tel trésor ? Non, non, vous devez le reprendre. Je ne suis pas digne de le porter. "

Il posa doucement ses mains sur ses bras et dit d'un ton doux et murmurant qui ressemblait au ronronnement d'un chat-tigre :

" Nitocris, si toutes les pierres précieuses les plus précieuses du monde pouvaient être mises dans un creuset et fusionnées en une seule, toute sa splendeur serait encore indigne de reposer sur ta poitrine blanche. Donne-moi ton amour, Nitocris. J'ai faim et J'en ai soif. Venez avec moi à Oscarburg, et vous serez couronnée princesse, et après cela impératrice, impératrice des Russies et de l'Orient. Je vous donnerai un domaine tel que la grande Catherine n'a jamais osé rêver. et dans un mois vous serez assise sur son trône. Ce n'est qu'un petit mot, très chère, seulement un petit mot ; ne le direz-vous pas, et ne serez-vous pas ma princesse, ma reine, mon impératrice ?

"Je suis fatiguée maintenant, Oscar", dit-elle avec lassitude, "il s'est passé tellement de choses en si peu de temps. Oui, je le ferai, si c'est possible : mais laisse-moi partir maintenant. Non, tu ne dois pas encore m'embrasser. Souviens-toi ce dicton russe : « Emmène tes pensées au lit avec toi, car le matin est plus sage que le soir. » Bonne nuit, Oscar, je suis très fatigué. Tu auras ta réponse demain matin, puis-je emporter ça avec moi ?

"Oui," répondit-il en lui tendant la main alors qu'elle se levait de sa chaise et en s'inclinant devant la sienne jusqu'à ce que ses lèvres la touchent. "Prenez-le, si indigne soit-il, comme un gage de la réalisation des rêves heureux qui me viendront ce soir. Au revoir, pas adieu !"

"Auf viedersehn, moi Oscar!" » répondit-elle en passant devant lui, laissant la sensation d'un léger battement de sa main dans la sienne. "Nous nous comprendrons encore mieux d'ici peu, j'espère."

"C'est mon souhait le plus cher. Bonne nuit, Nitocris, et quand l'aube viendra, qu'elle ne trouve que du soleil dans ta douce âme !"

Nitocris se rendit dans sa chambre et trouva sa servante qui l'attendait, le visage blanc et anxieux. Elle était effrayée et presque épuisée de prendre soin de sa maîtresse. Elle aurait été très heureuse d'être de retour le soir même au « Wilderness », même s'il avait perdu son maître.

" Couche-toi tout de suite, Jenny ; tu ressembles à un fantôme, comme tu pourrais bien l'être après tous les ennuis que je t'ai donnés. Non, je n'ai pas vraiment envie de toi, et tu as vraiment envie de dormir. Va te coucher , comme une bonne fille. Ce ne sera pas la première fois que je me déshabillerai.

Et quand Jenny fut partie et qu'elle eut verrouillé la porte, Nitocris se déshabilla, à l'exception du collier de diamants et du pendentif Horus Stone. Elle sortit de sa boîte à vêtements un long voile de mousseline indienne et l'enroula autour d'elle à la manière de l'Egypte ancienne, laissant nu son sein gauche. Seule la couronne d'Ureaus manquait pour faire d'elle, en chair et en os, Nitocris la reine : mais ici, sur son sein, brillait et flambait la pierre d'Horus – la sienne une fois de plus, comme elle l'avait été dans un passé lointain, symbole de sa souveraineté, et une preuve de sa foi dans la seule vraie Doctrine.

Elle regarda le joli reflet dans le long miroir derrière sa coiffeuse et se dit dans un rire bas et chuchoté :

" Ceci pour vous, Oscar Oscarovitch, c'est-à-dire Menkau-Ra qui l'était ! Oui, vous pouvez faire vos rêves agréables cette nuit ; vous pouvez m'emmener dans votre château solitaire dans la baie de Viborg ; vous pouvez me forcer à vous épouser, comme vous le pensez. Je serai - et voici mon cadeau de mariage - le mien à nouveau après tous ces siècles - béni soit à jamais la Sainte Trinité, Osiris, Isis et Horus. Que les Dieux les plus hauts m'aident et me protègent !

Elle porta la Pierre Sacrée à ses lèvres tout en parlant, éteignit la lumière et s'allongea dans son lit pour rêver à des rêves d'époques oubliées.

CHAPITRE XXV

LE DÉCÈS DE PHADRIG

Dans tout Londres, ou même dans n'importe quelle capitale d'Europe, il n'y avait pas d'hommes plus furieux et perplexes que Nicol Hendry, son collègue et ses subordonnés. Il était désormais parfaitement certain que Phadrig Amena détenait la clé du complot qui avait abouti à la disparition du prince Zastrow. Oscarovitch avait disparu. Il avait été retrouvé à Copenhague, puis complètement perdu de vue. Trois agents, tous experts choisis, avaient été chargés de surveiller Phadrig et les Pentanas, comme il les appelait, et en quinze jours, ils étaient tous morts. L'un d'entre eux était tombé en traversant le côté nord de Trafalgar Square : le verdict avait été un arrêt cardiaque. Un autre s'est jeté dans la rivière depuis le Tower Bridge ; et la troisième, une femme qui était l'une des espionnes les plus habiles au service de l'Internationale, avait fait sa connaissance et avait dîné avec lui au «Monico», et fut retrouvée morte le lendemain matin avec une seringue de morphine vide dans son corps. main et une piqûre enflée au bras gauche.

Ainsi, quatre vies plus ou moins précieuses avaient été perdues, et pas la moindre preuve tangible obtenue contre l'Égyptien. Convaincu que cet homme était aussi responsable de leur mort que de celle de Josèphe, ni lui ni ses collègues ne trouvaient le moindre motif de demander un mandat d'arrêt contre lui, et pendant ce temps les choses allaient de mal en pis. en Russie. La dynastie Romanoff était sur le point de tomber. Les dirigeants responsables de la Révolution, furieux et déconcertés par la perte de l'homme qu'ils avaient pratiquement choisi pour gouverner eux, distribuaient des milliers d'exemplaires d'un manifeste non signé qui ne pouvait provenir que du « nouveau Skobeleff ». Ce qui restait de l'armée et de la marine se ralliait à l'étendard anonyme du sauveur encore inconnu de la Russie. Von Kessner et le capitaine Vollmar avaient apparemment cessé d'exister, et la princesse Hermia vivait avec sa dame d'honneur dans la retraite la plus stricte de Dresde.

« Il me semble que les choses sont dans une impasse totale », dit Nicol Hendry au chef de la section allemande, venu à Londres pour conférer avec lui. "Quatre de nos meilleurs agents sont morts en quinze jours, et les autres deviennent timides. Vraiment, on ne peut pas leur en vouloir. Ce n'est pas comme combattre l'anarchiste ou le régicide ordinaire, qui, après tout, se contente de par des moyens physiques. Ce scélérat infernal, comme je dois l'avouer qu'on m'avait prévenu au début, est tout à fait indépendant des règles du jeu. Il tue les gens de leurs propres mains, pas des siennes, et, littéralement, il ne semble pas possible de l'attraper. ".

"Il doit y avoir un moyen, mon cher Hendry", répondit l'Allemand, qui était l'incarnation même du officialisme mécanique. "Vous considérez ces choses comme des conséquences, je ne les considère que comme des coïncidences assez extraordinaires. Si cela ressemble à ce que vous semblez penser, c'est surnaturel, et je n'y crois pas."

"Il existe un moyen très simple de s'en convaincre, mon cher Von Hamner", répondit Hendry en haussant légèrement les épaules. « Et si vous alliez vous-même interviewer ce Méphistophélès moderne ?

« Veux-tu venir avec moi si je le fais ? » demanda l'Allemand en regardant fixement à travers ses lunettes.

"Certainement. Dans notre métier, il faut prendre des risques. La chose est allée assez loin. Nous voici dans ma chambre à New Scotland Yard, le centre et fief de la police britannique, et il y a cet homme ou ce surhomme. , si vous voulez, ne faisant aucun signe, ne faisant rien qui puisse nous donner une emprise sur lui, et pourtant tuant nos agents aussi vite que nous les envoyons pour découvrir à quoi il travaille, et nous en savons autant aujourd'hui que nous l'avons fait il y a trois semaines. Maintenant, quelle est votre idée ? »

"Juste ceci : si la loi anglaise ne le touche pas, faites comme nous faisons en Allemagne, faites justice de vos propres mains. Nous savons où se trouve cet individu, dans ce bidonville près de Borough Road. Envoyez-en quelques-uns. de vos hommes en civil cet après-midi, et nous vous suivrons en taxi. Apportez vos bracelets et je prendrai mon revolver. Nous ne voulons pas de bêtises cette fois. Si cela dure plus longtemps, nous le serons. la risée de toute l'armée d'un bout à l'autre de l'Europe, et cela ne nous servira à rien. Serait-ce pour cet après-midi ?

" Ce sera mieux fait maintenant. Il a fait assez de mal, et si nous voulons le faire, autant mettre les choses au point immédiatement, comme on dit aux États-Unis. Maintenant, je vais donner les instructions, et nous irons déjeuner. Ce sera peut-être le dernier que nous mangerons, vous savez.

« Pouf ! » s'exclama Von Hamner, qui ne se sentait pas un peu agacé par ce défi discret visant à tester son courage personnel. " Vous êtes le dernier homme sur terre que j'aurais dû soupçonner de superstition, mon cher Hendry. Mais là, donnez vos ordres, et nous irons déjeuner, puis vers quatre heures nous pourrons faire notre visite à Candler's Court. ".

Pendant que les deux chefs de l'Internationale parlaient, Phadrig lisait un télégramme chiffré dont la signification était la suivante :

" REVAL. —Le professeur est tombé par-dessus bord il y a trois jours. Le corps n'a pas été retrouvé. Horus Stone a fait son travail. N. consent. Je l'épouse à Oscarburg. La Russie est prête. Fool International pour quelques jours et reviens à Viborg quand tu en auras fini avec eux. .

Ô."

"C'est une bonne nouvelle", dit Phadrig dans un murmure confidentiel; "Pour un homme du niveau inférieur de l'existence, le Prince est merveilleusement intelligent. C'est un coup de maître. S'il a vraiment la Reine en son pouvoir, tout le reste sera facile."

"Il y a deux messieurs pour vous voir, M. Amena." La porte s'ouvrit et la sale petite fille de sa logeuse passa sa tête traînée à travers le petit espace derrière le montant de la porte. "Ils sont en bas ; dois-je les envoyer en haut ?"

"Certainement, Jane. Dites à ces messieurs que je serai ravi de les voir."

Le visage sale disparut lorsque la porte se ferma. Phadrig ferma le haut du grand secrétaire et le verrouilla. Des pas lourds résonnaient dans les escaliers branlants. Il y eut un bruit de pas sur le petit palier, un coup sec à la porte, et il dit à voix basse :

« Entrez, messieurs. Je vous attendais.

La porte s'ouvrit et Nicol Hendry entra, suivi de son collègue allemand. Exercés comme ils l'étaient dans tous les arts de leur métier, ils regardaient avec des yeux curieux la pièce mesquine et misérablement aménagée. Phadrig, vêtu du même costume miteux semi-oriental dans lequel il avait reçu Isaac Josèphe, salama et dit :

"Messieurs, bien que ce ne soit qu'une mauvaise pièce pour vous recevoir, je suis heureux que vous soyez venus. Vous êtes des officiers de l'Internationale, si je ne me trompe."

Puis son discours passa à l'allemand et il poursuivit :

"Vous, monsieur, êtes M. Nicol Hendry, et votre ami est Herr von Hamner, chef de la section de Berlin. Que puis-je faire pour vous servir ?"

C'était tout sauf la salutation à laquelle ils s'attendaient. Ils pensaient avoir traqué le véritable criminel jusqu'à sa dernière cachette. Ils avaient établi l'identité entre Phadrig, le pauvre vendeur de bibelots, et Phadrig Amena, le faiseur de miracles, dont parlait tout le monde chic de Londres ; et le voilà dans cette pièce misérable et délabrée, vêtu de vêtements sur lesquels aucun prêteur sur gages n'avancerait quelques shillings, souriant et s'inclinant devant eux comme s'ils étaient les seigneurs de la terre, et lui, l'homme qui avait envoyé trois hommes et une femme à leur mort par, pour ainsi dire, un simple mot d'ordre — un ver sous leurs pieds. Nicol Hendry parvint à garder son sang-froid, mais Von Hamner regrettait déjà d'être venu, et son visage le montrait.

"Nous sommes venus vous demander, M. Amena", dit Hendry, pensant qu'il valait mieux en venir immédiatement au fait, "pourquoi vous avez jugé nécessaire de tuer ces gens. Je n'ai pas besoin de citer de noms. Vous les connaissez aussi bien que vous. Nous faisons."

"Je ne les ai pas tués, messieurs. Ils se sont suicidés, selon les journaux. Et maintenant, puis-je vous demander pourquoi vous avez jugé nécessaire de charger vos espions de surveiller chacun de mes mouvements nuit et jour ? Qu'ai-je fait ? pour me mettre aux quatre coins de votre loi anglaise ?

" Malheureusement, rien pour lequel nous puissions obtenir un mandat ", répondit Hendry, essayant de ne pas le regarder dans les yeux, " et nous avons donc fait justice de nos propres mains. Allons, M. Amena, le jeu est terminé. Nous savons tout au sujet de votre participation à la conspiration visant à éliminer le prince Zastrow afin de faire place à votre patron, le prince Oscarovitch. Nous avons des copies de son manifeste à Scotland Yard, et nous savons que vous avez reçu aujourd'hui un télégramme chiffré de sa part.

"Ah!" » dit Phadrig d'un ton dont la douceur était intensément agaçante, « c'est très intéressant. Puis-je vous demander si vous avez traduit le chiffre ?

"Non, bon sang, toi et ton prince !" » éclata Von Hamner. "Si nous avions fait cela, nous saurions encore plus sur vous qu'aujourd'hui – et cela devrait suffire à vous pendre."

Il avait balbutié les mots avant qu'Hendry n'ait eu le temps de l'arrêter. Il s'attendait à une tragédie sur-le-champ, mais celle-ci ne s'est pas produite. Phadrig sortit le télégramme de la poche de son manteau, le tendit à Von Hamner avec un salut gracieux et dit :

"Vos informations sont tout à fait exactes, messieurs. C'est le télégramme, et voici sa signification."

Puis, tandis qu'ils lisaient ce fouillis inintelligible de mots, il en répétait le sens comme s'il s'agissait d'un message le plus ordinaire, au lieu d'une dépêche qui pourrait, comme ils le savaient bien, ébranler l'Europe dans ses fondements sociaux et politiques dans la semaine prochaine ou donc.

"Alors c'est une autre de vos diableries, je suppose", grogna Von Hamner. " Ainsi vous avez tué le grand professeur Marmion, le génie le plus doué du monde entier, comme vous avez tué les autres, pour promouvoir vos projets infernaux ; et vous avez aidé ce scélérat d'Oscarovitch à enlever sa fille. Eh bien, loi ou pas loi, ce sera la fin de vos actes. Vous viendrez avec nous comme notre prisonnier, ou vous ne quitterez pas cette pièce vivant.

"Ce sont des mots durs, mein Herr", dit Phadrig, toujours en allemand. "Je suis votre prisonnier ! Pourquoi ? Qu'ai-je fait pour rendre possible cet outrage à la loi anglaise ?"

« Vous feriez mieux de venir, M. Amena, » dit Hendry de son ton calme et officiel ; " Cela vous évitera bien des ennuis, à vous et à nous. Cela doit être pareil en fin de compte, vous savez. Nous vous avons eu, et nous n'avons pas l'intention de vous laisser faire davantage de mal. Vous avez fait beaucoup de mal. Assez déjà. Maintenant, viendrez-vous tranquillement, ou devons-nous vous emmener ? Nous vous accuserons à Lambeth d'être recel de biens volés : vous serez détenu pendant une semaine, et à ce moment-là, nous aurons votre prince en sécurité. gardant à Saint-Pétersbourg.

« Vraiment ? » demanda Phadrig en levant les paupières pour la première fois au cours de l'entretien. "J'aurais pensé qu'un homme de votre expérience européenne aurait appelé la capitale russe par son nom propre. Vous savez sûrement que seuls les journalistes font cette erreur. Il s'agit de la ville de Pierre le Grand, et non de l'apôtre Saint-Pierre. La forteresse de Petro-Paulovsky ne porte pas le nom de saints, mais seulement d'après les tsars.

Il y avait un ricanement dans sa voix alors qu'il faisait cette correction triviale qui provoqua la colère de Hendry et de Von Hamner. L'Allemand sortit son revolver de la poche de sa hanche et Hendry sortit une belle paire de menottes polies de la poche gauche de son pantalon.

"Ah, je vois que vous êtes venus préparés, messieurs !" » dit Phadrig, avec un ricanement rieur dans son murmure à voix basse. " C'est ce que vous appelez les bracelets en Angleterre, n'est-ce pas ? Eh bien, puisque vous êtes déterminé à faire justice de la justice, voici les miens. Mettez-les à M. Hendry, et alors votre ami ne jugera peut-être pas nécessaire de le faire. " essayez de me tirer dessus.

Il tendit les mains. La façon dont il a dit "essayez de me tirer dessus" ne leur a pas bien plu, mais Nicol Hendry pensait que le travail devait être fait maintenant ou pas du tout. Il fit quelques pas vers Phadrig, et quelques claquements secs informèrent Von Hamner que leur prisonnier était en sécurité. Mais le prisonnier ne semblait pas le penser. Il leva les mains et regarda les menottes. Il semblait les examiner comme s'il s'agissait de curiosités.

"Est-ce vraiment avec cela que vous emmenez les criminels en prison ? Ils ne semblent pas très forts. Je pourrais les briser comme s'il s'agissait de fils."

"Cela fera l'affaire, M. Amena. Vous les avez mis maintenant, et nous ne voulons plus de vos tours de prestidigitation. Venez et prenez-le tranquillement comme un homme sensé."

Hendry perdait rapidement patience et Von Hamner faisait tout ce qu'il pouvait pour garder son doigt sur la gâchette du revolver.

" Ah oui, c'est vous qui appelez ça des tours de prestidigitation, vous les ignorants ! Maintenant regardez. Vous m'avez mis les menottes aux poignets. Est-ce un tour de prestidigitation ? Vous voyez ! "

Il tendit les bras vers eux, les deux mains enchaînées.

"M. Hendry, ayez la bonté de prendre ma main droite, et vous, Herr von Hamner, ma gauche. Alors, maintenant, serrez-moi la main. Vous voyez, il y a les menottes sur le sol."

Ce n'était qu'une poignée de main, mais le tintement de l'acier suivit tandis que les bracelets tombaient de ses poignets. Il se baissa et dix secondes plus tard ils furent accrochés autour de celui de Von Hamner. Au même instant, il avait retiré le revolver de sa main et l'avait pointé sur le visage de Hendry.

"Maintenant, messieurs, vous parliez de faire justice vous-mêmes. Vous voyez, je l'ai prise en main. Que proposez-vous de faire? Je suis tout à fait à votre service. Votre idée de m'arrêter sous une accusation de recevoir des biens volés est, si vous me permettez de le dire, absurde. Vous ne pourriez pas plus me rendre coupable de cela que vous ne pourriez me pendre pour la mort de vos insensés espions. moi, Herr von Hamner : les bracelets vous dérangent. Permettez-moi. Il a pris les menottes entre son doigt et son pouce, a secoué la chaîne et elles sont tombées dans sa main. "Vous vous sentirez plus à l'aise maintenant."

"Oui, et je te rendrai moins à l'aise en enfer, où tu aurais dû être il y a longtemps", cria Von Hamner, sautant sur lui au moment où ses mains furent libres, et lui arrachant le revolver des mains. Le pistolet s'est levé avant qu'Hendry ait pu saisir son bras et il a tiré. Phadrig leva la main, et quand la fumée se fut dissipée, il la tendit à Von Hamner et dit :

"Je pense que c'est votre balle, mein Herr."

La balle gisait dans la paume de sa main, un peu déformée par le passage des rayures, mais toujours la même balle.

Le visage de l'Allemand vira au gris rougeâtre et Nicol Hendry, malgré tout son courage, ne se sentait pas particulièrement bien. En fait, pour la première fois de sa vie, il était complètement effrayé. Un homme capable de manipuler des menottes comme si elles étaient en coton et d'attraper une balle dans ses mains n'était pas le genre de criminel pour lequel il avait été entraîné. Quant à Von Hamner, il était dans un état d'effondrement total. Il se laissa tomber sur une chaise, un spectacle pitoyable de peur lâche, paraissant environ la moitié de sa taille réelle, tant il semblait physiquement rétréci.

"Laisse le diable partir, Hendry," marmonna-t-il. "Il est plus qu'un homme. A quoi ça sert ? Si vous ne pouvez pas lui tirer dessus, vous ne pouvez pas le pendre, et si les menottes ne le retiennent pas, les portes de la prison ne le tiendront pas. Allons et laissons le diable à lui-même. Je' j'en ai assez. »

"Mais peut-être que le diable ne l'a pas fait", dit Phadrig avec une politesse qui était exaspérante dans sa douceur. " Vous comprendrez, messieurs, que je ne souhaite plus que cet espionnage se poursuive. Si vous ne pouvez pas promettre qu'il cessera immédiatement, je devrai, pour ma propre protection, vous suggérer de vous retirer, car le d'autres l'ont fait."

"Non, non, pas ça, mec, pas ça !" cria Von Hamner en sautant de son siège et en se dirigeant vers la porte. "J'en ai fini avec toute cette affaire, maudis-le ! Laisse-moi partir, laisse-moi partir ! Hendry, fais ce que tu veux, mais fais-le seul. J'ai fini."

Avant que Hendry ne puisse répondre, ou avant que Von Hamner ne puisse l'atteindre, la porte s'ouvrit brusquement et Franklin Marmion entra dans la pièce. Von Hamner rampa jusqu'à sa chaise. Il n'aimait pas l'air d'un mort ressuscité. Nicol Hendry tendit la main et dit :

" Et est-ce bien vous, professeur ? M. Amena vient d'apprendre que vous étiez mort : " tombé par-dessus bord dans la Baltique depuis le yacht du prince Oscarovitch. Le corps n'a pas été retrouvé ", dit le télégramme. "

"Le corps est ici, monsieur Hendry. Je ne suis pas tombé par-dessus bord. J'étais pieds et poings liés, j'avais une masse de fer attachée aux pieds, et j'ai été jeté hors d'un hublot par le prince et son capitaine. Bien sûr, je me suis débarrassé de la corde et du fer encore plus facilement que cet homme ne s'est débarrassé de vos menottes il y a peu, et après m'être maintenu à flot pendant environ une demi-heure, j'ai été récupéré par un bateau de pêche. ce qui m'a emmené à Stralsund. J'y ai acheté des vêtements de rechange et je suis rentré chez moi *via* Hambourg et Ostende. Ma fille est partie en yacht jusqu'à Oscarburg, où le prince compte en faire sa femme et où elle fera un très bon mariage. c'est un imbécile de sa part. C'est tout, et maintenant je suppose que je ferais mieux de m'occuper de cet homme.

"Miséricorde, miséricorde, Toi qui sais ! Pitié, pitié !"

Phadrig leva les mains au-dessus de sa tête, se retourna lentement trois fois et s'effondra sur le sol.

"Toi qui fut autrefois Grand Prêtre dans la Maison de Ptah : toi qui as tenu la Doctrine : tu oses demander grâce, sachant bien qu'il n'y a pas de pardon des péchés : tu as ôté des vies innocentes, te croyant au-dessus de la loi humaine. A la vie gaspillée est derrière toi : veille à ce que tu fasses mieux pour le bien de ton âme dans l'avenir. Meurs maintenant ! Les Dieux Supérieurs ont parlé, et la punition du péché est la mort - et la vie au-delà meurt ! »

Et Phadrig est mort. Ses yeux étaient vitreux et sa chair se desséchait ; ses lèvres et ses gencives se desséchèrent et se ratatinèrent au niveau de ses mâchoires. Ses vêtements tombaient de son corps en lambeaux pourris, et avant que Nicol Hendry et Von Hamner n'aient compris tout le sens de l'horreur qui se déroulait sous leurs yeux, tout ce qui restait de lui était un petit tas d'os jaunes avec quelques des fragments de tissu s'y accrochaient.

"Messieurs", dit Franklin Marmion, "il y a certaines choses qu'on ne peut pas dire. Je pense que vous conviendrez avec moi que celle-ci en est une. M. Amena a quitté le monde pour le moment. Ces os ne seront plus que poussière dans quelques instants. Ce ne sera qu'une autre disparition mystérieuse, et je ne pense pas que quiconque, à l'exception des Pentanas et du prince Oscarovitch, s'inquiétera beaucoup de lui. Les Pentanas sont maintenant privés de tout pouvoir de nuire, et le prince sera probablement inoffensif. fou quand il reviendra au monde. Je balayerais cette poussière et la mettrais dans la cheminée, si j'étais toi, tu trouveras dans ce bureau des documents relatant toute l'histoire de l'Affaire Zastrow. Ils te seront utiles. Il va falloir m'excuser maintenant. L'Europe est au bord de la guerre, et je dois aller retirer la cause. Je compte sur votre discrétion quant aux événements de cet après-midi. J'aurai le plaisir de vous revoir. prochainement."

La porte se referma et ils furent abandonnés à leur tâche quelque peu macabre.

CHAPITRE XXVI

COMMISSION DU CAPITAINE MERRILL

Franklin Marmion a trouvé un fiacre sur Borough Road et s'est rendu à Waterloo. Il eut juste le temps de télégraphier à Merrill pour le retrouver au « Keppel's Head » pour le dîner et prendre le nouveau express 4h55 pour Portsmouth. Merrill l'attendait dans le fumoir. En se serrant la main, il dit sur le ton calme qui caractérise son métier :

"Votre télégramme était une nouvelle assez soudaine, Professeur. Je pensais que vous étiez quelque part dans la Baltique. Votre retour comme ça semblait vouloir dire quelque chose, et j'ai donc pris la liberté d'avoir une salle privée pour notre dîner."

"Parfaitement vrai, mon cher Merrill," répondit-il. "Montons tout de suite. J'ai beaucoup de choses à vous dire, et ce que je vais dire, il faudra le faire vite."

"Nous avons nos ordres de départ pour la Baltique, et l'escadron spécial quitte Spithead à minuit. Montez, professeur, et nous pourrons parler."

Le dîner fut servi quelques minutes après leur entrée dans la chambre que Merrill avait réservée au premier étage. Le serveur fut renvoyé et la porte verrouillée, puis Franklin Marmion raconta à Mark Merrill l'histoire la plus merveilleuse qu'il ait jamais entendue. Si cela était venu de quelqu'un d'autre, il l'aurait considéré comme un mensonge, mais il se souvint de ce qui s'était passé dans la salle de conférence de la Royal Society, et il garda donc le silence. Il lui était tout à fait impossible de ne pas croire ce que lui disait le père de sa meilleure bien-aimée. Quand le professeur eut fini l'histoire de Nitocris et du Prince, il appuya ses coudes sur la table et dit :

"Maintenant, mon cher Merrill, je vais mettre en votre pouvoir de sauver l'Europe des horreurs d'une guerre universelle : mais pour cela, vous devez être prêt à prendre des risques qui peuvent aboutir à votre renvoi du Service. D'un autre côté, D'un autre côté, si vous réussissez, comme vous êtes presque certain de le faire si vous agissez strictement selon les instructions que je vais vous donner, vous serez capitaine dans un mois et vice-amiral dans un an.

"Mais je suis Capitaine maintenant, Professeur. Je gardais pour vous cette petite nouvelle. J'ai hissé mon fanion ce matin sur le navire de Sa Majesté *Nitocris* : nouveau croiseur de seconde classe, huit mille tonneaux et vingt-quatre nœuds : un navire aussi joli qu'Elswick ait jamais été produit. Et le nom : cela m'est venu comme une révélation.

"Peut-être que c'était le cas, dans un sens que tu ne comprends peut-être pas tout à fait maintenant, mais tu le comprendras quand toi et Niti serez mariés. Elle sera mieux à même de l'expliquer à ce moment-là que moi maintenant."

« Et quels sont les ordres, je veux dire, bien sûr, les ordres privés ? Les nôtres sont : naviguer à minuit, atteindre Cronstadt dans quarante-huit heures : commander les abords de Riga et de Saint-Pétersbourg, et attendre les développements de ce manifeste qui Cela semble mettre le feu à ce qui reste de la Russie. L'Allemagne est pour le moment parmi nous : la France, l'Italie et notre escadre méditerranéenne s'occuperont des choses au Proche-Orient, et dans l'ensemble, les perspectives d'un très bel avenir semblent s'ouvrir. une sorte de dispute."

" Ce que vous, mon cher Merrill, serez le moyen d'empêcher ", dit Franklin Marmion en sortant un morceau de papier calque plié de la poche intérieure de son manteau. "Je cède aux circonstances. Le nom de votre nouveau navire me convainc que j'ai eu tort dans certaines autres circonstances. Vous me donnerez un passage pour Viborg sur le *Nitocris*. Vous prendrez congé de la flotte française dès que vous apercevrez Cronstadt, entrez à toute vitesse dans la Baie de Viborg, débarquez vos hommes, prenez le Château qui n'est pas défendu, emmenez le Prince Zastrow et Oscarovitch et, bien sûr, Niti, mettez vos deux princes à bord du vaisseau amiral, ramenez-les en Angleterre ; , et dicter les conditions depuis Londres, cela semble être une bonne affaire à faire, mais je le rendrai possible, si vous êtes prêt à faire ce que je vous conseille. Il y a la carte montrant les approches d'Oscarburg.

"Je vais le faire, monsieur", dit Merrill en prenant le tracé de sa main. "Je vais diviser chaque règlement du Service en petits morceaux pour y parvenir. Maintenant, je devrais embarquer. Êtes-vous prêt ?"

"Tout à fait", dit Franklin Marmion en se levant de sa chaise. "Je vois maintenant où entre en jeu l'homme d'action. Je ne l'avais pas vu auparavant, je dois l'avouer."

CHAPITRE XXVII

LA MARIÉE D'OSCAROVITCH

L'escadron des services spéciaux quitta Spithead alors que l'horloge de l'hôtel de ville de Portsmouth sonnait midi ce soir-là. Trente-six heures plus tard, une cérémonie de mariage avait lieu dans la chapelle du château d'Oscarburg. Elle s'est déroulée selon les rites de l'Église orthodoxe, et les témoins étaient le prince Zastrow et son médecin, le docteur Hugo. Les serviteurs du Château, dirigés par le majordome et la gouvernante, formaient la congrégation. Jenny était dans la chambre de sa maîtresse, faisant ses valises comme pour un départ immédiat. Elle était très effrayée par les événements des trois ou quatre derniers jours, mais elle se contentait de penser que sa maîtresse allait être une princesse et que, par conséquent, son propre sort dans la vie serait éclairé par un reflet de gloire.

Une fois la cérémonie terminée, le repas de noces eut lieu dans la grande salle à manger du château, selon l'ancien style finlandais. Lorsque la coupe d'amour fut bue, Nitocris prit congé de son seigneur et se rendit dans sa chambre. La chambre nuptiale brillait de lumière et le grand lit suspendu en soie était un canapé digne d'une reine. Elle baissa les draperies, s'allongea sur le lit épais et moelleux, puis se leva et retourna dans le sien.

"Je dormirai ici cette nuit, Jenny, et je ne me déshabillerai pas. Vous ne devez pas le faire non plus. Verrouillez la porte et placez le canapé en face. Vous constaterez que quelque chose va se passer ce soir. Est-ce que tout est prêt pour notre départ ? »

"Oui, Votre Altesse", répondit Jenny, se demandant ce qui allait se passer ensuite.

"Vous ne devez pas m'appeler Altesse, Jenny", dit sa maîtresse en riant. "Je n'ai pas épousé le prince aujourd'hui. C'était quelqu'un d'autre qu'il a connu il y a longtemps. Je l'ai couchée dans sa magnifique chambre nuptiale. Elle l'attend maintenant."

"Mais je ne comprends pas, mademoiselle—je———"

"Tu n'as pas besoin de comprendre, Jenny. Sois juste une gentille fille et fais ce qu'on te dit. Quand nous reviendrons en Angleterre, j'expliquerai les choses autant que je peux."

Miss Jenny a sagement décidé de garder ses pensées pour elle et a continué ses bagages. Nitocris a changé sa robe de mariée pour son costume de yachting et s'est allongée sur le canapé pour attendre la progression des événements.

Au bout d'une heure environ, Oscarovitch quitta la compagnie dans la salle à manger pour se réjouir, et monta vers son sort dans la chambre nuptiale. Il frappa et ouvrit doucement la porte, la verrouilla et se dirigea vers le lit. Il se pencha dessus un instant, puis un cri rauque mêlé de rage et de terreur retentit dans la pièce. Il jeta les vêtements du lit. Où était la charmante épouse qu'il avait épousée quelques heures auparavant ? Quelle était cette chose horrible qui gisait là où *elle* aurait dû être ? Pas Nitocris – et pourtant, c'était *Nitocris* . Comme un éclair déchirant les ténèbres du ciel de minuit, le fossé de l'oubli entre ses vies se déchira et la lumière s'enflamma dans son âme. Phadrig lui avait menti. La fille de Ramsès n'était pas morte cette nuit-là dans la salle des banquets du palais de Pépi. Elle avait vécu et régné vierge, reine de la Terre Sacrée. Son corps avait été soumis aux mains des paraschites et enterré dans la Cité des Morts, face à Memphis, sur la rive est du fleuve. Et voilà que sa maman était allongée dans son lit nuptial, se moquant de lui avec sa rigidité hideuse et pierreuse.

Pendant quelques instants terribles, il resta à le regarder, les poings fermés levés au-dessus de sa tête. Puis, avec un autre cri, il se jeta dessus.

Lorsqu'ils enfoncèrent la porte, ils trouvèrent l'homme qui, dans quelques jours, aurait été empereur des Russies et de l'Orient, allongé en travers du lit, fauchant et bafouillant comme un singe fou, et raclant des poignées de poussière brune sur les draps tachés.

Vingt-quatre heures plus tard, l'amiral commandant l'escadron spécial britannique au large de Cronstadt a vu le signal privé jaillir du nord-est. C'était un amiral très en colère, car il avait perdu un croiseur flambant neuf et l'un des capitaines les plus intelligents du service. Mais le signal épelait " *Nitocris* . Tout va bien. J'arrive. "

"Très bien, et au diable, Capitaine Merrill !" murmura l'amiral dans sa barbe, quand le signal lui fut lu. "C'est une belle façon de commencer un nouveau commandement. J'ai à moitié envie de le mettre en état d'arrestation : mais c'est un homme bon. Je ferais mieux d'entendre d'abord ce qu'il a à dire pour lui-même. Je me demande ce qu'il a à dire. que tu fais avec ce croiseur depuis qu'il l'a emmenée sans permission ? Eh bien, la voici, je suppose.

Mais ce n'est pas le HMS *Nitocris* qui est sorti de la nuit, scintillant de lumières électriques et volant sur l'eau à une vitesse que le destroyer le plus rapide de l'escadron n'aurait pas pu égaler. Un sifflet retentit doucement, une forme blanche surgit de l'obscurité et ralentit à côté du vaisseau amiral. Un bateau tomba à l'eau et, trois minutes plus tard, le capitaine Mark Merrill gravit l'échelle de la passerelle, salua la dunette et tendit son épée à l'amiral.

"J'ai mal agi, monsieur, mais j'espère avoir aussi, dans un autre sens, bien fait. J'ai amené les deux princes avec moi."

« Les deux princes… Bon Dieu, monsieur, que voulez-vous dire ?

" Puis-je descendre avec vous, monsieur, et vous expliquer ? Cela a été un travail plutôt délicat, mais nous l'avons bien fait, je pense. "

"Alors garde ton épée pour le moment et viens me dire ce que tu as à dire."

Le capitaine Merrill suivit l'amiral jusqu'à sa chambre et raconta l'histoire de la prise de l'Oscarburg, affaire très facile avec une centaine de gilets bleus derrière lui, la capture d'Oscarovitch, qui était maintenant en gilet droit à bord de son propre yacht, le sauvetage du prince Zastrow et de Nitocris, et...

"L'autre Nitocris suit, monsieur", conclut-il. " J'ai pensé que je ferais mieux de prendre le yacht. Il peut faire un bon trente-cinq nœuds, et c'est utile quand on est pressé. Et maintenant, monsieur, je suis à votre disposition. "

"Déchets!" dit l'amiral en lui tendant la main. " Capitaine Merrill, je ne sais pas vraiment comment vous avez fait, mais vous avez sauvé l'Europe, et peut-être le monde, de la guerre. Si vous n'aviez pas amené vos deux princes ce soir, nous aurions dû Vous avez combattu l'Allemagne pour la possession de Cronstadt avant midi demain. Tels étaient les ordres. Maintenant, bien sûr, ils ne peuvent rien faire, puisque vous avez ramené le prince Zastrow d'entre les morts, et vous feriez mieux. emmenez-le et l'autre à Londres dès que je les aurai vus, et vous pourrez emporter avec vous mon rapport sur ce noueur de trente-cinq heures demain matin après le petit-déjeuner. Maintenant, il se fait tard, je vais vous dire bonsoir. ".

ÉPILOGUE

Le double mariage qui eut lieu à St George's, Hanover Square, en juin suivant, fut l'un des événements les plus brillants de l'année. Leurs Majestés de Russie et de Grande-Bretagne ont honoré la cérémonie de leur présence et, en guise d'acte de grâce particulier envers l'homme qui, avec l'aide de Franklin Marmion, avait sauvé le monde de ce qui aurait pu être l'une des guerres les plus sanglantes de l'histoire, le HMS *Nitocris* fut mis en service pour une croisière dont l'objet était tout sauf guerrier. Deux des couples les plus heureux sur terre ou sur mer ont fait en elle le tour du monde. Avant leur retour, la princesse Hermia avait pris le dernier médicament de Phadrig et s'était endormie pour ne plus jamais se réveiller, et dans la plénitude de son bonheur, Nitocris avait gracié Oscar Oscarovitch et l'avait laissé mourir.

LA FIN